# 교사를
## 위한 발도르프교육의
## 인간학 인간 이해

# 교사를 위한 인간학

발도르프교육의 인간 이해

ⓒ 김훈태, 2016

2016년 4월 27일 처음 펴냄
2026년 1월 22일 초판 8쇄 찍음

글쓴이 | 김훈태
기획·편집 | 이진주, 설원민
출판자문위원 | 이상대, 박진환
디자인 | 이수정
제작 | 세종 PNP

펴낸이 | 김기언
펴낸곳 | 교육공동체 벗
이사장 | 오정오
사무국 | 최승훈, 설원민, 공현
출판등록 | 제2011-000022호(2011년 1월 14일)
주소 | (03998) 서울시 마포구 월드컵북로7길 76-12 102호
전화 | 02-332-0712
전송 | 0505-115-0712
홈페이지 | communebut.com

ISBN 978-89-6880-026-9 03370

# 교사를
# 위한
발도르프교육의
인간 이해
# 인간학

김훈태 씀

교육공동체벗

# 차례

## 책을 펴내며

아이들은 세상을 향해 열려 있고 생명력으로 가득 차 있는 존재입니다. 세상에서 벌어지는 수많은 일들을 아이들은 경외감을 갖고 바라보며 이해하고자 합니다. 따라서 아이들에게 배움이란 놀이와는 또 다른 즐거움입니다. 새로운 것을 배우고 익히는 일이 아이들에게는 도전이자 모험입니다. 그 전에는 하지 못했던 일을 할 수 있고, 알지 못했던 것을 알게 되는 과정은 참으로 행복한 경험입니다. 또한 아이들은 노래하고 싶고 그림 그리고 싶고 힘껏 달리고 싶습니다. 시를 외우고 셈을 하고 책을 읽는 일 역시 아이들에게는 커다란 기쁨입니다. 생생하게 살아 숨 쉬고 세상을 향해 나아가는 존재가 바로 아이들입니다.

그러므로 교육이란 아이들의 그 생명력이 더욱 건강하고 아름답게 자랄 수 있도록 돕는 행위일 것입니다. 아이들이 이미 갖고 있는 생명력의 씨앗에 물을 주면 됩니다. 그러나 지금 우리 사회에서 아이들은 학년이 올라갈수록 자신을 불행하다고 여기는 듯합니다. 초등학교 저학년보다 고학년이, 중학생보다 고등학생이 더 많은 학업 스트레스에 시달립니다. 스스로 목숨을 끊는 극단적인 사례도 줄어들지 않습니다. 아이들을 만나고 가르쳐야 할 선생님들도 마찬가지로 행복해 보이지 않습니다. 아무리 수업을 재미있게 준비해 가도 듣지 않는 아이들이 많습니다. 대화가 잘 되지 않고 마음이 통하지 않아 선생님들도 교실에 들어가는 게 행복한 일만은 아닙니다.

교사와 아이들이 모두 불행해진 이유를 저는 지금 교실에서 벌어지는 배움과 가르침이 정작 아이들에게 맞춰지지 않아서라고 생각합니다. 인간에 대한 올바른 이해 없이 교육 활동이 벌어지기 때문입니다. 조기 교육과 선행 학습을 통해 공부할 내용을 미리 배워 온 아이들은 교실 속 수업에서 흥미를 느끼지 못합니다. 사전 학습이 없는 아이들에게도 어려움은 있습니다. 현행 교과서가 지나치게 어렵기 때문입니다. 아이들의 발달단계에 맞지 않는 어려운 교과서가 아이들의 흥미를 빼앗아 갑니다. 학년이 올라갈수록 암기해야 할 내용이 너무 많고, 제한된 시간 안에 정해진 정답을 적어 내야 하는 시험 위주의 공부도 아이들을 숨 막히게 합니다. 예술성과 상상력을 도외시하는 수업 방식도 일조할 것입니다.

아이들의 내적 흥미와 상관없는 지식을 오로지 시험을 위해 공부시키는 일은 아이들의 생명력을 해칠 뿐만 아니라 도덕성마저 약화시킵니다. 시험을 치르기 위해서 외워야 하는 많은 지식은 시험이 끝난 뒤 사라지게 마련입니다. 진정으로 즐겁고 흥미롭게 어떤 일에 몰두해 본 경험이 부족하기 때문에 아이들의 자아와 삶은 괴리되곤 합니다. 머리로는 해야 할 일을 알지만 가슴까지 가 닿지는 못합니다. 이런 상태가 지속되면 생명력도 도덕성도 점점 약해집니다. 아이들 내면의 본질적인 부분과 연결하지 않고 일방적으로 내용을 암기하게 하는 것은 영혼을 망가뜨리는 것과 같은 일입니다.

발도르프 교육의 창시자인 루돌프 슈타이너는 교육이 일종의 예방의학이라고 말한 바 있습니다. 발병 전에 치료하는 것이 예방의학입니다. 아이들은 어른과 다른 존재입니다. 신체적 성장을 마친 어른과 달리 아이들은 아직 모든 측면에서 열려 있어 연약하고 다치기 쉽습니다. 따라서 교사는 아이들에게 음식이나 환경, 교육 방식에 대해 좀 더 세심한 주의를 기울여야 합니다. 아이들이 먹는 음식이 어디에서 오는지, 주변 환경은 아이들의 감각 기관을 보호하고 있는지, 어떤 자세로 아이를 대해야 하는지 좀 더 깊이 숙고할 필요가 있습니다. 불같이 화를 내거나 냉담하게 무시하는 등의 행위가 아이들의 성장과 발육, 신체 기관의 형성에까지 문제를 일으킬 수 있다는 걸 알아야 합니다.

그리고 우리는 시대적 압력에 대해서도 생각해야 합니다. 대부분의 교육 문제는 사회로부터 기인하는데, 지금 사회의 주류 가치는 이기주의입니다. 사회 발전의 원동력이 이기주의라고 믿는 시대에 우리는 살고 있습니다. 슈타이너는 사회 문제가 오로지 교육을 통해서 해결될 수 있고, 그래서 우리에게는 이기주의를 극복할 수 있는 교육이 필요하다고 말합니다. 교육에서부터 올바른 삶을 회복한다면 아이들의 건강뿐만 아니라 병든 사회의 치유도 가능하다는 이야기입니다. 감각혼의 교육이 아니라 의식혼의 교육이 필요합니다.

교육이 더 이상 외부적인 목표, 즉 국가의 인적 자원이나 '산업역군'을 만드는 일 따위에 매달리는 것이 아니라 인간의 본질에 대한 주시에서 출발한다면 병이 생길 이유가 없습니다. 오히려 기존의 어려움들이 자연스럽게 해결될 것입니다. 그럴 때 교육의 외적 형태는 예술이 될 것이고, 모든 예술이 그렇듯 교육 역시 치유의 속성을 띠게 됩니다. 발도르프 교육을 교육예술이자, 치유 교육이라고 말하는 까닭입니다. 최근 들어 발도르프 교육에 대한 관심이 커지는 이유도 이러한 특성 때문이라고 생각합니다.

한국에서 발도르프 교육은 1990년대부터 관심을 받기 시작해, 2000년대 이후 수많은 발도르프 어린이집이 생겨났고, 발도르프 학교가 탄생했습니다. 현재 한국에서 발도르프 교육을 지향하는 학교는 모두 10개가 넘습니다. 또한 공교육의 교사들 역시 발도르프 교육에 지대한 관심을 보이고 있습니다. 1919년 독일의 슈투트가르트에서 첫 발도르프 학교가 개교한 이래 발도르프 교육은 전 세계적으로 개혁 교육으로서, 그리고 미래 교육으로서 인정을 받아 왔습니다.[1]

우리는 이제 교육의 본질을 다시 물어야 하는 시점에 와 있습니다. 방법론적 노력뿐 아니라 바깥만을 향해 있던 우리의 시선을

---

1) 1994년 스위스 제네바에서 열린 유네스코 제44차 세계교육장관회의에서는 발도르프 교육의 성과를 인정하여 21세기 개혁 교육의 모델로 선정한 바 있습니다. 2015년 통계에 따르면 발도르프 학교는 61개국에 1,063개가 있는 것으로 조사되었습니다. Freunde der Erziehungskunst Rudolf Steiner의 사이트(freunde-waldorf.de)에 상세한 내용이 나와 있습니다.

안으로 돌려야 하는 전환점이라고 할 수 있습니다. 인간에 대한 온전한 이해에서 더 나아가 자기 자신에 대해 돌아봐야 합니다. '나는 누구인가?'라는 정체성의 문제에 교육의 본질이 있습니다. 그래서 교육은 고유한 내적 삶의 과제를 인식하는 길에 이르게 됩니다. 그 여정에 슈타이너의 인지학 사상이 큰 도움이 될 것이라고 믿습니다.

이 책에서는 발도르프 교육학의 기초가 되는 인지학적 인간학을 살펴보려 합니다. 루돌프 슈타이너가 제시한 인간 이해를 철학적 인간학의 관점에서 검토하고, 발도르프 교육학 자체를 교육 인간학으로 보는 것입니다. 1부에서는 철학적 인간학과 교육 인간학을 간단히 소개한 뒤 발도르프 교육학의 인간 이해를 다루고, 2부에서는 발달단계별 특성을 자세히 살펴보겠습니다. 그리고 3부에서는 인간의 구성 요소에 기반한 기질론에 대해 알아보고, 4부에서는 인간의 감각적 특성을 12감각을 중심으로 정리해 보려고 합니다. 중간중간에 인지학 용어의 번역 문제, 동양학과 인지학의 비교 등에 관한 내용을 덧붙였습니다.

"어린이를 학교에 맞추는 것이 아니라 어린이들에게 학교를 맞춰야 한다." 영국의 서머힐 학교를 설립한 알렉산더 닐의 말입니다. 교육을 사회적 입장이 아니라 인간 고유의 입장으로 전환해야 한다는 주장입니다. 슈타이너는 "기존의 사회 질서를 위해 인간이 무엇을 알아야 하고, 할 수 있어야 하는가?"라고 물어서는 안 된다고 주장합니다. 올바른 질문은 다음과 같아야 한다고 말합니다. "어떤 소질이 인간 내부에 담겨 있는가? 그 인간 내부로부터 무엇을 계발할 수 있는가?"

엉망이 된 사회를 바로잡을 수 있는 것은 다시 사람입니다. 우리

아이들이 생명력 넘치는 성인으로 자랄 때 이 사회 역시 역동적이고 활기찬 세상이 될 것입니다. 그래서 인간 교육이 필요합니다. 그러나 인간 교육이 내실을 채우지 못하고 단지 구호에 그치고 만다면 교육은 거짓이 되고 말 것입니다. 인간 교육을 위해 필요한 교육 철학은 무엇보다 올바른 인간학입니다. 인간 본연의 특성을 알고 그에 맞게 교육과정을 재구성하는 노력이야말로 진정한 인간 교육의 시작일 것입니다. 교육과정을 창조적으로 재구성하여 아이들 개별의 특성에 맞추기 위해서는 인간의 본성과 발달단계, 기질별 특성 및 감각 교육의 의미에 대해 아는 일이 먼저라고 생각합니다. 모쪼록 이 부족한 책이 동료 선생님들께 작은 도움이 되기를 기도합니다.

2016년 4월
김훈태

1부

# 인간 이해와 교육

# 인간학과 교육

"사람들은 교사가 무엇을 말하고 어떻게 행동하느냐에 관심을 기울일 뿐, 정작 그 교사가 한 인간이자 교사로서 어떤 사람인가가 얼마나 중요한지는 잘 모른다."[1]

우리는 아이들을 가르칩니다. 가르치면서 아이들에게 많은 것을 배웁니다. 어떻게 가르쳐야 하는가에 대해서도 배우지만, '나'라는 사람이 어떤 사람인가에 대해서도 배웁니다. 아이들이 진지한 눈으로 묻기 때문입니다. '당신은 누구입니까?' 아이들은 또 묻습니다.

---

1) 루돌프 슈타이너의 말. [마이클 럭스포드, **도움이 필요한 아이들**, 조종상 옮김, 知와사랑, 2012 : 96]에서 재인용.

'나는 누구인가요?' 교사란 본질적으로 그 질문들과 씨름하는 사람일 것입니다. 교직 경력이 쌓일수록 '인간이란 대체 어떤 존재인가?'라는 질문의 무게가 커집니다. 알면 알수록 잘 모르겠는 게 인간이고 교육은 오로지 인간을 위한 작업이기 때문입니다.

인간이란 무엇일까요? 우선 이야기할 수 있는 것은 인간의 '되어 가는' 특성입니다. 그래서 교육학의 본질적 질문은 '되어 가는 인간이란 무엇인가?'여야 합니다. 인간은 되어 가는 존재, 성장하는 존재입니다. 처음부터 완성된 인간이란 존재할 수 없습니다. 그리고 인간적 특성은 오로지 교육에 의해 만들어집니다. 인도에서 늑대에게 키워진 아이들에 관한 사례를 기억하실 겁니다.[2] 이 아이들은 늑대처럼 걷고 소리 지르고 음식을 먹었다고 합니다. 나중에 한 가정에 입양이 되었지만 언어와 예절을 배우는 것이 어려웠고 결국 오래 살지도 못했다고 합니다. 어린 시절의 교육이 인간을 인간으로 되어 가게 하는 데에 얼마나 중요한 일인지 보여 주는 사건입니다.

이 되어 가는 존재로서의 특성 덕분에 인간은 교육이 가능합니다. 인간은 독립된 한 개체로 성장하기까지 아주 오랜 시간이 걸립니다. 다른 동물들을 보면 유년기가 매우 짧습니다. 태어난 지 몇 달이 채 안 되어 고유한 특성을 획득하는 것이 대부분입니다. 그리고 동물은 생식 기관이 완성되면 곧바로 어른이 됩니다. 하지만 인간은 다릅니다. 생식 기관이 완성되는 시간도 오래 걸리지만 완성이 되었다 해도 곧바로 어른이 되는 것은 아닙니다. '청소년기'라는 내적 성숙의 시간이 더 필요합니다.

---

2) 1920년 인도 벵갈에서 선교사에 의해 발견되었다고 전해지는 소녀들의 이름은 아말라Amala 와 카말라Kamala입니다. [Michael Newton, *Savage Girls and Wild Boys: A History of Feral Children*, Picador USA, 2000] 참고.

인간은 어떻게 보면 동물 중에서 가장 약하고 불완전한 형태로 태어납니다. 쥐처럼 이빨이 튼튼한 것도 아니고 고양이처럼 날카로운 발톱이 있는 것도 아닙니다. 개처럼 뛰어난 후각이 있는 것도, 말처럼 강인한 근육이 있는 것도 아닙니다. 손의 형태를 보더라도 인간은 특별한 능력이 없는 모습입니다. 그러나 역설적이게도 인간의 손은 다른 모든 동물의 특성을 흉내 낼 수 있고, 도구를 이용해 더 강력한 활동을 할 수 있습니다. 그런 의미에서 인간은 자유로운 존재입니다.

다윈 이후 과학자들은 인간이 동물로부터 진화해 왔다고 설명하지만 이를 뒤집어 보면 인간은 진화의 과정을 거치며 동물적 특성을 벗어 버렸다고 할 수 있습니다. 점점 인간 본연의 모습을 향해 나아온 것입니다. 인간과 가장 가까운 동물인 침팬지의 어린 시절 모습은 인간을 그대로 빼닮았습니다. 그러나 어른이 될수록 동물적 특성이 강해지는데 성년기에 이르면 턱이 앞으로 툭 튀어나오게 됩니다. 또한 인간에 비해 어른이 되는 시간도 매우 짧습니다. 사춘기에 도달하기까지 인간은 14년이 걸리는 데 비해 침팬지는 7년에서 8년 정도 걸립니다. 침팬지의 암컷은 약 11세가 되면 첫 새끼를 낳습니다.

영장류의 화석을 통해 발달 과정을 추적해 보면 인간은 점점 더 어린 존재의 모습으로 진화해 왔습니다. 진화 생물학자들은 이러한 현상을 유형 성숙幼形成熟. neoteny이라고 부릅니다. 어른이 되어도 유년 시절의 특성을 유지하는 유아화 현상입니다. 인간은 이 유형 성숙을 통해 다른 영장류보다 느리게 성숙하면서 성인으로부터 많은 것을 학습할 수 있는 시간을 가졌습니다.[3] 그래서 인간은 다른 어

---

3) [클라이브 브롬홀, **영원한 어린아이, 인간**, 김승욱 옮김, 작가정신, 2004] 참고.

떤 동물보다 긴 유아기, 아동기, 청소년기를 가지며, 전체 삶의 거의 30%가 발달에 바쳐집니다.

〈유아 침팬지와 성인 침팬지〉

슈타이너는 이 지점에서 약간 다른 이야기를 합니다. 오스트랄로피테쿠스에서 네안데르탈인을 거쳐 호모 사피엔스에 이르기까지 구인류에서 현생 인류까지의 두개골을 진화 단계에 따라 성인의 것과 유아의 것을 나란히 늘어놓으면 재미있는 사실을 발견하게 됩니다. 앞서 말한 것처럼 인간은 점점 더 어린 존재의 모습으로 진화하는데, 다음 단계 인류의 성인기 두개골 모습이 전 단계 인류의 유아기 두개골 모습과 흡사한 것입니다. 이 현상이 단계적으로 진행됩니다. 계산을 해 보면 200만 년 후 성인의 두개골은 오늘날 열두 살짜리의 두개골과 같은 모습일 것이라는 결론을 내릴 수 있습니다.[4] 슈타이너는 이런 과정에서 인류가 점점 젊어지고 있고, 이러한 인류 진화의 원동력은 인간의 재육화에 있다고 말합니다.

---

4) [흐스 게르하르트 비네켄, 청계자유발도르프학교외부 초청강사 강연록 ─ 비네켄, 2010] 참고.

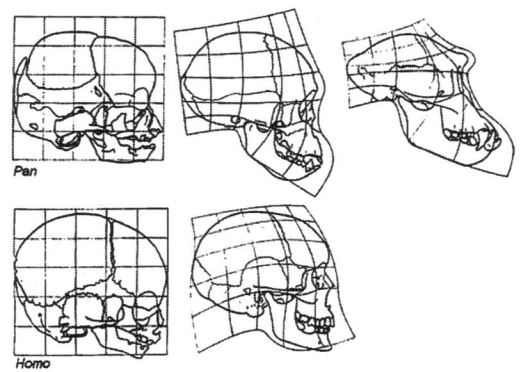

〈침팬지와 인간의 두개골 비교〉

재육화란 윤회를 뜻합니다. 인지학에서는 사후 세계의 존재를 인정합니다. 인간은 죽으면서 이전 생의 경험을 정신세계에 가져가서 작업을 한다고 봅니다. 그렇게 작업한 결과물을 가지고 지상 세계에 다시 태어나는 것이 재육화입니다. 이러한 과정에 따라 인간은 점차 젊은 모습을 띠며, 현생의 성인 두개골은 과거 생의 유아 두개골의 모습에 점점 가까워지는 것이라고 슈타이너는 설명합니다. 재육화를 통해 점점 동물적 특성에서 벗어나는 것입니다. 진화를 거듭할수록 인간의 원형적 모습에 가까워지는 것을 알 수 있습니다.

이런 이야기가 어떤 사람들에게는 당황스러울 수도 있겠습니다. 엉뚱한 소리로 일축할 수도 있습니다. 그러나 인지학이 비과학이라거나 신비주의라고 단정하기에는 이릅니다. 뒤에 가서 더 이야기하겠지만 슈타이너는 자신의 사상을 과학의 토대 위에 세우기 위해 애썼습니다. 물론 정신세계의 존재를 인정하지 않는 현대인의 관점에서는 낯선 이야기일 수밖에 없습니다. 그럼에도 이런 이야기를 하는 것은 기존의 물질주의적 시각에서 벗어나 보자는 제안을 하기 위해서입니다. 한쪽으로 치우친 시각은 전체를 못 보게 만듭니다. 교육학은 인간을 바라보는 관점에서부터 시작됩니다. 인간을 어떻게 보느냐에 따라 교육의 성격이 달라집니다. 지금의 주류 교육학은 인간을 산업의 인적 자원, 특화된 기술자, 더 심하게 말하면 일종의 기계처럼 보고 있습니다. 주입식으로 지식을 쏟아붓는 형태의 교육과정도 편향된 관점에 따른 무지에서 벌어지는 일이라고 봅니다.

처음의 질문을 이렇게 바꿔 봐도 좋을 듯합니다. '되어 가는 인간으로서 참다운 인간이란 무엇인가?' 이 질문은 가르치는 아이들을 상대로 한 것이지만 교사 자신을 향한 것이기도 합니다. '나는 무엇이 되려 하는가? 대체 어떤 과제가 주어졌는가?' 하는 질문에 늘 새로운 답을 찾아가는 사람만이 자기 자신을 온전히 인식할 수 있다고 믿습니다. 이러한 질문들에 정답이 있을 리 없습니다. 끊임없이 자문하고 새로운 답을 내놓아야 합니다. 교사 스스로 자신이 어떤 사람인지 인식할 때 아이들을 온전히 이해할 수 있습니다. 교사가 진지하게 자기 자신을 찾아가는 과정을 아이들은 본받을 것입니다. 아이들은 교사의 성장을 보면서 성장하는 법입니다.

되어 가는 인간이 우리 앞에 서 있습니다. 그러나 그 인간은, 그가 태어나기 이전에 초감각적인 세계에서 일어났던 바로 그것의 연속입니다.[5] 이것은 발도르프 교육의 기본 관점입니다. 나에게 다가온 아이들이 누구인지 모른다면 교육적 행위는 애당초 벌어질 수 없습니다. 인간이라는 존재의 본연, 그리고 인간의 발달단계, 기질

---

5) 루돌프 슈타이너, **발도르프 교육 방법론적 고찰**, 최혜경 옮김, 밝은누리, 2009 : 58.

적 특성 등에 대해 교사들은 끊임없이 연구해야 합니다. 나비에 비유하자면, 한 인간의 지금 모습이 애벌레의 단계인지, 번데기의 단계인지, 날개를 펴고 날아가는 나비의 단계인지 알아야 합니다. 그리고 배추흰나비인지, 호랑나비인지도 알아야 합니다. 그래야 되어가는 존재들에게 적절한 도움을 줄 수 있습니다.

이제부터 인간학의 학문적 토대에 대해 간략하게 이야기하겠습니다. 인간학이란 무엇일까요? 좀 더 정확한 명칭은 '철학적 인간학'입니다. 철학적 인간학은 막스 셸러라는 철학자로부터 시작되었습니다. 그의 저작《우주에서 인간의 위치》[6]가 출판된 1928년을 철학적 인간학이 탄생한 해라고 합니다. 이 책에서 셸러는 인간과 동물의 차이를 규정하면서 인간에게는 수준 높은 인격적 자아가 있다고 하였습니다. 이 자아가 갖는 절대적 정신이 삶의 방향을 찾게 하며, 개별적 자유와 책임의 근거가 된다고 했습니다. 셸러의 주된 관심사는 전인全人으로서의 인간이 동물과 어떻게 다른지를 확인하는 것이었습니다. 그 과정에서 인간의 특수한 위치를 우주적 관점에서 통찰했습니다. 철학자들은 이 책이야말로 인간에 관한 철학적 과제를 규명한 최초의 책이라고 말합니다.[7] 하지만 인간에 대한 탐구가 그 이전에는 없었다는 말이 아닙니다. 인간이란 무엇이고 무엇이어야 하는지에 대한 진지한 물음과 대답은 고대 그리스 이전에도 있었을 것입니다. 그러나 그러한 질문과 답변은 철학적인 반성을 거쳤다고 볼 수 없기에 엄밀한 의미에서 학문으로서의 인간학은 아닌

---

6) 막스 셸러, 우주에서 인간의 위치, 이을상 옮김, 지식을만드는지식, 2012.
7) 정영근, 인간과 교육의 이해, 문음사, 1995 : 294.

것입니다.

그럼에도 인간에 대한 이해는 일찍이 다양한 사상적 토대 위에서 수행되어 왔습니다. 옛사람들은 신화와 전설, 민담 등의 이야기를 통해서 인간이란 무엇인지를 탐구해 왔습니다. 대부분의 신화는 인간을 이 땅에 정착시키고 삶을 올바르게 이끄는 데에 의미가 있습니다. 신화는 인간 삶의 조화로움과 올바름을 정서적으로 알려 줍니다. 인간이란 무엇이고 어떤 존재여야 하는지 꿈결 같은 의식으로 이야기해 줍니다. 신화 시대에 이어 구석기 시대의 토템이나 원시 종교를 살펴보면 인간은 동물과 식물, 그 밖의 다른 존재들과 특별히 구별되지 않습니다. 인간의 특성을 만물 속에서 발견하고 그런 존재들을 의인화해서 대합니다. 모든 존재가 생명력을 얻어서 활기차게 살아갑니다. 이러한 시대를 '마법의 시대', 또는 '샤머니즘의 시대'라고 부를 수 있습니다.

신석기 시대에 오면 인간은 농경을 시작합니다. 정착을 하여 집을 짓고 농사를 짓는 것입니다. 이제는 사람이 주변 환경을 서로 연결하고 이용합니다. 땅에서 일을 하면서 자연과 관계를 맺는데, 그 안에 이원적인 것이 나타납니다. 한 측면은 땅과의 관계에서 발생하는 힘, 다른 측면은 하늘과의 관계에서 발생하는 힘입니다. 이 두 힘과 관계를 맺으며 인간 자신의 감정과 욕구 등에 집중하게 됩니다. 전래되는 이야기를 보면 이 시기는 전투 또는 전쟁의 상황과 관련이 깊습니다. 땅의 힘과 하늘의 힘 사이에 전쟁이 벌어지는 것입니다. 그런데 이 전쟁은 우리가 생각하는 선과 악의 싸움이 아니라 빛과 어둠의 싸움입니다. 인간이 지상에서 무엇인가를 하기 위해 이 땅을 자신의 터전으로 삼는 과정이라고 할 수 있습니다.

그 다음으로 '문명의 시대'가 나타납니다. 이때는 자기가 속한 민족을 중심으로 인간을 이해하게 됩니다. 이 시기에는 하늘을 향해 서 있는 건축물이 세워지지만 이는 오히려 인간들이 하늘과 더 단절되어서 점차 고립되어 가는 특성을 보여 줍니다. 즉, 위로는 하늘을 향해 서 있으면서도 땅에는 성벽을 쌓는 모습입니다. 이 시기까지 인간은 개념적인 사고가 미숙했습니다. 대상에 대한 합의된 정의가 없기에 비슷한 무언가를 경험할 때마다 새롭게 경험하는 느낌을 받았고, 생동감이 풍부한 정서를 가졌습니다. 고대 이집트나 중국, 메소포타미아의 문헌들을 보면 반복되는 이야기가 계속 나옵니다. 그리고 하늘의 뜻을 대변하는 강력한 지도자가 나타나 피라미드나 치수 사업 같은 엄청난 토목공사를 벌이곤 했습니다.

인간이 개념을 통해 사고를 시작한 것은 그리스 시대에 이르러서였습니다. 우리에게 개념이 없다면 우리는 어떤 물체를 보았을 때 제대로 알아차릴 수 없을 것입니다. 우리가 시계라는 물건을 난생처음 본다면 몇 번을 보아도 무엇인지 알 수가 없습니다. 개념이 형성된 뒤에야 정확히 인식할 수 있습니다. 그리스인들은 이러한 인간의 능력을 이성이라 불렀고, 이성은 우주적 힘인 로고스에서 왔다고 보았습니다.

그런데 이러한 개념을 얻으면서 잃은 게 있습니다. 바로 그 이전 시대에 생생하게 지녔던 감각입니다. 개념은 자아를 둘러싸고 보호하는 역할을 합니다. 외부에서 자극이 다가오면 개념이 그 자극에 반응을 하는 것입니다. 마치 주인을 보호하는 개처럼 자아를 대신하여 바깥의 상황을 해결해 줍니다. 이로써 우리는 사고의 주인이 될 수 있지만 동시에 우리의 자아는 세상과 단절될 수도 있습니다.

그리스인들은 로고스로부터 가지고 온 이성이 모든 사람에게 있음을 깨닫고, 이 이성을 진리라고 표현했습니다. 모든 개인 안에 이미 로고스로부터 받은 진리가 있다고 믿었기에 민주주의가 가능했습니다. 이후 로마인들이 이것을 제국의 원리로 가져갔지만 인간 이성의 근원인 로고스에 대한 생각은 점점 잃어버리게 되었습니다.[8]

초기 그리스 철학에서 철학자들은 주로 자연의 근원에 대해 관심을 쏟았습니다. 만물을 지배하는 근본 원리로서 자연의 배후에 존재하는 영구불변의 존재가 무엇인지 탐구했습니다. 이후 소피스트들이 등장하면서 철학의 관심은 자연에서 인간으로 옮겨 왔습니다. 소피스트들에게 인간은 만물의 척도이자 우주의 중심이기 때문입니다. 자연 안에서 인간의 위치에 대한 문제가 소피스트들에 의해 처음 제기되었습니다. 그러나 소피스트들에게 진리란 오로지 인간의 사고에 의존하는 상대적인 것이었습니다. 그들은 객관적이고 절대적인 진리는 없다고 믿었습니다. 이에 소크라테스는 인간 중심의 극단적 상대주의를 극복하려 했습니다.

소크라테스에게 중요했던 것은 무엇이 옳은지 아는 것과 아는 대로 살아가는 일이었습니다. 그리고 그것을 가능케 하는 것은 인간에게 로고스로부터 받은 이성이 있기 때문이라고 생각했습니다. 이성적 존재로서의 인간은 감각 세계를 초월하여 보편적 진리를 추구하는 존재라고 본 것입니다. 소크라테스는 이성을 통해 인간이 다른 동물과 구별된다고 보았습니다.

플라톤에 따르면 이성은 인간의 영혼 중 가장 높은 부분입니다. 아리스토텔레스나 스토아학파 사람들에게도 마찬가지였습니다. 그들은 인간이 자연으로부터 구별되며 자연에 대해서 더 높고 지배

---

8) [디테르 쿠스, **청계자유발도르프학교 외부 초청강사 강연록 – 쿠스, 2011**] 참고.

적인 위치를 가지고 있다고 여겼습니다.[9] 이러한 구별은 동양의 전통에서는 낯선 것입니다. 동양 사람들은 오래전부터 자연과 인간을 포함한 대우주를 하나의 법칙이 지배한다고 생각했습니다. 인간은 자연과 본질적으로 구별되는 존재가 아니었습니다. 오히려 자연을 본받고 조화를 이루며 살아야 하는 것이 동양의 기본 관점입니다. 서양의 로고스에 해당하는 것이 동양에서는 도道인데, 도는 인간에게만 국한되는 게 아니라 만물에 편재하는 것입니다.

서양에서는 중세 철학에 와서도 그리스 철학의 이성적 인간론이 그대로 이어졌습니다. 중세 기독교 철학자들은 인간 영혼의 구원을 위해 믿음을 강조하고 신의 계시에 의존해야 한다고 주장하면서도 이성의 중요성을 강조했습니다. 다른 게 있다면 이성만으로는 진리를 추구할 수 없다는 것이었습니다. 그리스 철학자들이 세계가 로고스에 의해 생겨났다고 여겼다면, 중세 철학자들은 세계가 신의 자유의지에 따라 창조되었다고 보았습니다. 신의 창조물인 인간도 자유의지를 부여받았습니다. 따라서 원칙적으로 인간은 자신의 자유의지에 근거해 신의 계시를 따르거나 거역할 수 있었습니다. 다만 인간은 궁극적으로 신의 법칙과 의지에 종속되어 있다고 보았으므로 교리에 의문을 품는 것은 용납되지 않았습니다.

토마스 아퀴나스는 이성의 영역과 믿음의 영역을 엄격히 구분하였는데, 신의 계시에 대한 믿음은 이성을 초월하는 것이라고 하였습니다. 이성이 독립적으로 믿음의 진리를 증명할 수는 없으며, 오직 신의 계시를 인정하고 계시 내용에 대한 믿음을 전제할 때만이 이성이 종교적 진리를 깨달을 수 있다는 것입니다. 그에 따르면 이

---

9) 이규호, **사람됨의 뜻**, 좋은날, 2000 : 28.

성은 로고스가 아닌 감각적 경험을 토대로 해서 거기에서 추상적 형상을 이끌어 냅니다. 이러한 생각은 근대 철학의 토대가 되었습니다.[10]

르네상스 시대가 열리면서 서양 사람들은 교회의 절대적 권위에 저항했고, 점차 인간의 주체적인 능력과 존엄성을 강조했습니다. 인간이 세계를 지배할 수 있고, 세계의 내적 비밀을 인식할 수 있으며, 세계의 진로를 인간 자신의 능력으로 결정해 나갈 수 있다고 생각했습니다. 이러한 경향은 철학적으로 볼 때 '주관으로의 전환'입니다. 근대에는 인간의 주관적 능력에 의해서만 확실한 인식이 가능하다고 보는 시각이 주류를 이룹니다.

인간은 이제 주관적 인식의 중심으로서, 인식의 출발점은 인간 의식의 순수한 자기 확실성이 되었습니다. 합리주의 철학에 따르면 인간의 이성은 감각적 경험에 의존하지 않고도 합리적 판단으로 인식을 할 수 있습니다. 그러나 경험주의 철학에서는 인간의 인식이 모두 경험에서 출발한다고 주장합니다. 경험주의자들에게 이성이란 다만 경험이 가져다주는 외부 세계와 내면세계에 대한 표상들을 서로 연결해서 우리의 인식을 완성하는 역할을 하는 존재입니다. 그럼에도 모든 인식이 이성에 의해 완성된다는 점에서 경험주의 역시 인간에게 가장 고귀한 것은 이성이라는 종래의 인간관에 변함은 없습니다.

근대 철학의 합리주의와 경험주의의 대립을 극복하려 했던 철학자는 칸트입니다. 그는 우리의 인식이 감각적 경험에서 출발한다고 말합니다. 인간의 이성은 감각적 인상을 정리해서 인식에 도달하게

---

10) F. C. 코플스턴, **중세철학사**, 박영도 옮김, 서광사, 1989 : 496-507.

되지만 그 일을 경험에 의존하지 않고 본래 갖고 있던 법칙에 따라 작업한다는 게 칸트의 생각이었습니다. 그가 바라보는 이성적 판단은 선험적이고 보편적이며 절대적입니다. 동시에 그는 우리의 인식에 넘을 수 없는 한계선이 있다고 주장합니다. 칸트에 따르면 우리의 인식은 감각적 경험이 미치는 현실 세계에서만 가능할 뿐 현상의 원인이 되는 물자체, 즉 형이상학의 세계는 탐구할 수 없습니다. 영원하고 불변하는 신과 영혼, 그리고 전체 세계의 통일성은 과학적으로 인식할 수 없고, 단지 그것들을 철학적으로 사유만 할 수 있다는 것입니다.

이에 비해 헤겔은 이성의 한계선을 설정하거나 인식과 믿음의 영역을 구분하는 데에 관심이 없었습니다. 그는 칸트가 본질과 현상을 비변증법적으로 분리시켜 인식을 현상 세계에만 국한시킨 것을 비판했습니다.[11] 물자체라는 개념도 내용 없는 추상이라며 평가 절하했습니다. 헤겔에게 이성은 인간의 본질일 뿐만 아니라 우주의 본질입니다. 그래서 그는 이성적 인간학과 이성적 형이상학을 결합시킵니다. 헤겔의 철학에서 이성은 완전히 신격화되어 인간과 국가, 역사와 문화, 그리고 절대자로서의 신까지도 이성의 변증법 속에 포괄됩니다. 헤겔에 의해 이성은 철학적으로 정점에 도달한 것입니다. 슈타이너는 이러한 헤겔의 작업에 경의를 표합니다. 동시에 그 역시 칸트의 인식론에 반기를 듭니다.

흔히 낭만주의로 분류되는 괴테는 독특한 인식론을 전개합니다. 그는 시인이기에 앞서 자연학자로 인정받기를 원했고, 평생 자연현

---

11) 한국 철학사상연구회 편, **철학대사전**, 동녘, 1989 : 1083.

상을 탐구했습니다.[12] 괴테의 자연 개념은 신과 자연의 존재론적 합일에 근거한 범신론적 자연관에 기초합니다. 괴테에게 신성이란 자연의 외부에서 자연을 지배하는 초월성이 아니라 자연 그 자체에 내재하는 내재성입니다. 이러한 내재성은 헤겔이 전제로 삼는 신과 자연의 분리, 나아가 정신과 물질의 길항적 양분을 인정하지 않습니다. 그에게 자연이란 끝없이 움직이고 생성하는 내재적 활동이며, 자연 활동의 목적 역시 자연 그 자체에 내재한다고 보았습니다.

괴테는 보편적 자연법칙을 파악하는 인식 수단으로 사유와 함께 직관을 듭니다. 그에게 보편성과 개별성은 서로 분리될 수 없이 상호 연관되어 있습니다. 보편성이란 개별성을 통해서만 파악할 수 있다고 보았습니다. 보편적 자연법칙은 개별 자연 현상을 통해서만 드러난다고 보았기 때문입니다. 이 보편 법칙에 이르기 위해 우리는 개별 현상들에 직관적으로 침잠해야 합니다. 개별 현상을 하나 둘 직관적으로 천착해 나가다 보면 보편과 개별이라는 경계가 허물어지고 총체성이 있는 그대로 드러난다는 게 괴테 인식론의 특징입니다.

슈타이너는 괴테의 인식론과 함께 명상을 통한 자신의 경험적 연구를 근거로 형이상학의 세계 역시 과학적으로 탐구할 수 있다고 주장합니다. 인간에게는 감각 기관뿐만 아니라 직관처럼 감각을 넘어서는 초감각적 기관이 있으며 누구나 수련을 통해 그것을 계발할 수 있다는 것입니다. 그는 헤겔의 관점을 옹호하면서도 헤겔에게는 구체적 정신세계에 대한 직관이 결여되어 있다고 지적했습니다.[13] 슈타이너는 자신의 정신 체험에 근거하여 인간은 우주 진화의 과정

---

12) [김연홍, 괴테의 자연개념, **독일문학**, 제81집, 2002 : 29-35] 참고.
13) 귄터 델브뤼거, **인식의 상처와 치유**, 현욱 옮김, 서광사, 2012 : 75.

에 능동적으로 참여하는 공동 창조자이고, 인간의 인식은 인간과 우주를 연결하는 고리가 된다고 말합니다. 이를 위해 이성을 통한 정신적 수련이 필요하다고 강조하며, 초감각적 세계 인식을 통해 우리가 우주 진화에 창조적으로 참여할 수 있고, 그 과정에 도덕적 책임감을 느끼게 된다고 주장합니다.[14)]

고대에서부터 철학은 인간을 다른 동물과 구분하는 기준으로 이성을 제시해 왔습니다. 그러나 19세기 이후 다양한 동물 실험과 다윈의 진화론을 통해 동물과 인간 사이에 본질적인 차이가 없다는 이론이 대두되었습니다. 인간은 다른 동물에 비해 좀 더 진화하였을 뿐 본질적으로 인간과 동물은 다르지 않다는 것입니다. 막스 셸러는 이러한 입장에 반대하면서 새로운 관점에서 인간의 특수한 위치를 부각시키려고 했습니다. 그는 고등 동물에서도 확인할 수 있는 지능에 대비해 인간을 인간이게 하는 것은 정신이라고 하였습니다. 이 정신이 발현되는 것이 바로 인격입니다.

셸러에 따르면 인간은 대상으로 주어진 세계에 대한 자신의 내적 체험을 다시 대상화할 수 있는 능력을 지닙니다. 이는 인간에게 자아의식이 있기 때문입니다. 오로지 자아의식을 지닌 인간만이 본능적 반응을 뛰어넘어 삶의 목표를 향해 나아가는 의지를 가질 수 있다고 셸러는 말합니다. 그렇게 인간은 유한한 지상 세계와 무한한 신적 존재에 관계하며, 유기체적 세계에서 실존적으로 분리되어 있습니다. 인간이 다른 동물과 달리 자유로울 수 있는 이유입니다.

---

14) 인지학적 정신 수련에 관해서는 《초감각적 세계 인식》 또는 《고차 세계의 인식으로 가는 길》, 《부차수련》 같은 책들을 참고할 수 있습니다.

철학적 인간학이 등장하면서 시작된 인간에 대한 학문적 논의는 교육학에 많은 영향을 주었습니다. 교육학에서도 '인간이란 무엇인 가?'라는 질문을 바탕으로 교육 사상을 고찰하고 인간의 문제에 대해 총체적으로 논의하려는 경향이 생겨났습니다. 철학적 인간학이 교육 인간학의 모태인 셈입니다. 교육의 문제는 이제 인간학적 차원에서 다뤄지게 되었습니다. '되어 가는 인간'으로서 인간에게 교육이란 떼려야 뗄 수 없는 조건과 같습니다. 교육은 개별적 인간이 자신의 고유한 특성을 바탕으로 삶의 과제를 인식하고 수행하며 온전한 인간으로 나아가는 것을 돕는 일입니다. 인간은 근본적으로, 그리고 언제나 교육을 필요로 합니다. 왜냐하면 자신의 전 생애를 통해 늘 새로운 단계로 자신을 발전시켜 나가면서 언제나 새로운 삶의 과제를 갖게 되기 때문입니다.[15] 그러므로 인간학은 모든 교육적 행위를 인간에 대한 이해를 바탕으로 다시 체계화해야 합니다.

볼노브는 철학적 인간학의 성과를 단순히 교육학에 적용시키는 방식이 아닌, 철학적 인간학의 문제 설정 방식을 교육학이 받아들여야 한다고 주장합니다. 그럴 때 철학적 인간학의 인식이 직접적으로 교육학적 의미를 지니게 된다고 보았기 때문입니다.[16] 교육 인간학은 인간에 대한 올바른 이해를 통해 되어 가는 인간과 교육 사이의 연관성을 밝히는 학문이라고 할 수 있습니다. 발도르프 교육학은 정확히 이러한 관점에 입각해서 발전해 왔습니다. 슈타이너의 인지학을 철학적 인간학이라고 본다면, 발도르프 교육학은 교육 인간학으로 볼 수 있는 것입니다.

---

15) 오토 프리드리히 볼노브, **교육의 인간학**, 오인탁·정혜영 옮김, 문음사, 1999 : 71.
16) 정혜영, **교육인간학**, 학지사, 2005 : 19.

# 인지학적 인간학

루돌프 슈타이너는 교육이 인간에 대한 참된 이해를 바탕으로 이루어져야 한다고 주장했습니다. 또 인간에 대한 올바른 인식을 위해서는 인간 내면의 본성을 드러내야만 한다고 말했습니다. 인간의 본성을 파악하기 위한 것으로 그는 인지학人智學, Anthroposophie이라는 독특한 사상을 제시하였습니다. 발도르프 교육의 인간학은 이 인지학을 토대로 하고 있습니다.

1906년 3월, 슈타이너는 수년간의 강연 활동 중 처음으로 교육과 관련된 강연을 합니다. 그리고 그 강연의 내용을 기초로 이듬해인 1907년 《정신과학에서 바라본 아동교육》이라는 책을 출간합니다. 슈타이너는 이미 인간학과 관련된 책을 여러 권 낸 바 있지만 교육학과 직접적인 연관이 있는 책은 이 책이 처음입니다. 이 책의

도입부에서 슈타이너는 이런 말을 합니다.

우리가 되어져 가는 인간의 본질을 바르게 인식하려면, 인간의 감추어진 본성 자체를 고찰해 보는 것으로부터 출발해야 한다.[1]

여기에서 우리는 슈타이너의 관점이 괴테의 독특한 인식론인 변형론Metamopose에 기반한다는 것을 알아야 합니다. 괴테는 자연 현상을 분석적 사고로 해체하거나 가설을 세워 추론하는 방식을 사용하지 않았습니다. 철저하게 현상학적 접근을 추구했습니다. 그 방식은 현상을 직관적으로 인식하는 것이었습니다.[2] 괴테에게 자연은 끊임없는 생성이자 창조였습니다. 따라서 자연의 법칙은 곧 생성의 법칙으로, 생성 활동의 주된 내용은 조형Gestaltung, 즉 형상을 만들어 내는 것입니다. 이때 자연은 하나의 기본 형상을 만들어 낸 뒤 이 기본 형상에 근거해 다른 형상들을 만들어 갑니다. 이 '변형의 법칙'o' 괴테에게는 모든 자연 현상의 보편적 기본 법칙이 됩니다. 슈타이너 역시 이 관점을 이어갑니다.[3]

《정신과학에서 바라본 아동교육》은 교육을 위한 인간학의 효시와 같은 책으로 인지학적 인간학의 핵심을 짧은 분량으로 기술한 것입니다. 또한 그 내용의 깊이에서 철학적 인간학으로 보기에도 손색이 없습니다. 그 외에 슈타이너의 인간학을 대표하는 책으로는 《자유의 철학 : 현대 세계관의 근본 특징》과 《신지학 : 초감각적 세

---

1) 루돌프 슈타이너, **정신과학에서 바라본 아동교육**, 이정희 옮김, 섬돌, 2008 : 25.
2) 김연홍, 괴테의 자연개념, **독일문학**, 제81집 : 41.
3) 슈타이너는 이렇게 말하기도 합니다. "우리들은 괴테주의를 역동적으로 사고하고, 앞으로 나아가ず 않으면 안 된다. 이것은 정신과학을 통해서만 가능한 일이다."(루돌프 슈타이너, **색채의 본질**, 양억관·타카하시 이와오 옮김, 물병자리, 2000 : 77.)

계 인식과 인간 규정 입문》, 그리고 1919년 슈투트가르트에 세워진 첫 발도르프 학교에서 교사들을 위해 행한 강연을 담은 《일반 인간학 : 교육학의 기초가 되는 인간에 대한 보편적인 앎》 등이 있습니다. 막스 셸러의 《우주에서 인간의 위치》가 출판된 것이 1928년이니 철학적 인간학의 기원은 오히려 슈타이너에 있다고 할 수 있습니다.

슈타이너와 셸러는 동시대를 살았고, 예상컨대 셸러가 슈타이너의 사상에 깊은 영향을 받았을 것으로 보입니다. 실제로 슈타이너와 셸러는 교류한 적이 있으며, 1904년경에는 예나대학에서 만나 정신적 인식에 대해 토론을 하기도 했습니다. 슈타이너는 셸러와의 만남에 대해 자신의 자서전 《내 삶의 발자취》에서 다음과 같이 밝힌 바 있습니다.

> 나는 인지학적 주제에 관한 바이마르 강연을 계속했다. 그것은 예나대학의 작은 모임에서 했던 강연을 바탕으로 한 것이었다. 아주 작은 모임에서 청중들은 신지학에 대해 토론하길 원했다. 거기에서 예나대학의 철학 교수인 막스 셸러 씨를 만났다. 그 토론에서 그는 내 이목을 끌었고, 나는 그의 지적인 탐구열에 깊은 여운을 느꼈다. 그가 나에게 남긴 인상은 내적 포용력이었다. 그러한 포용력은 진정으로 인식하고자 하는 이에게 반드시 필요한 덕목이다. 우리는 정신적 인식의 인식론적 정당성에 대해 토론했다.[4]

---

4) Rudolf Steiner, *Mein Lebensgang : Eine Nicht Vollendete Autobiographie*, Hofenberg, 2013 : 248-249.

슈타이너의 사상을 철학적 인간학으로 보았을 때 그가 일구어 낸 발도르프 교육학은 교육 인간학으로서 당당한 위상을 갖습니다. 그럴 때 우리는 그의 사상을 좀 더 객관적으로 탐구할 수 있습니다. 또한 우리는 슈타이너의 인간학을 온전히 우리의 것으로 소화할 수 있어야 합니다. 인지학 사상이 주는 수많은 통찰이 자연스럽게 우리의 인식 안에 녹아들도록 애써야 합니다. 그의 이론은 우리가 믿어 온 상식과 다른 부분이 많기 때문에 처음 접하는 사람은 당황할 수도 있습니다.

　　실제로 학계에서는 슈타이너의 인지학에 대해 학문으로 인정하지 않는 경향이 있습니다. 독일의 학계에서는 대체로 발도르프 교육학의 학문적 성격을 문제 삼으며, 인지학을 신화와 과학의 중간쯤에 있는 것으로 여깁니다.[5] 그의 초감각적 인식에 대해 자연과학적인 증명이 불가능하다고 보기 때문입니다. 그러나 슈타이너는 근대 자연과학의 결과와 방법들을 완전히 인정했고, 한 번도 인지학과 자연과학을 대립적으로 보지 않았습니다.[6] 그는 자신의 인지학 사상을 '정신과학Geisteswissenschaft'이라고 부르며 과학적 태도를 끝까지 견지했습니다.

　　'정신과학'이란 용어는 본래 이탈리아의 철학자 비코가 1725년에 《새로운 과학의 원리》라는 책을 발표하면서 만들어 냈습니다.[7] 그는 르네상스와 17세기에 일어난 과학 혁명의 역사를 보면서 인간이 발전시킨 정신적 모험에 관심을 기울였습니다. 딜타이는 1883년

---

5) 강상희, 발도르프 교육을 둘러싼 독일 교육학계의 논란, **한독교육학연구**, 제7권 제1호, 2002 : 58.
6) 디트리히 에스테를, **발도르프 학교에서 인지학은 무엇인가?**, 이정희 옮김, 섬돌, 2010 : 23-24.
7) 에른스트 페터 피셔, **과학한다는 것**, 김재영 외 옮김, 반니, 2015 : 54.

에 《정신과학 입문》을 펴내면서 정신과학이 자연과학과는 다르다고 주장했습니다.[8] 삶의 철학 또는 생철학이라 불리는 그의 사상에 따르면, 인간에 의해 구성되는 삶의 세계는 일반화와 보편화라는 자연과학의 방법으로 파악될 수 없습니다. 보편 법칙을 정립하는 자연과학과 달리 정신과학은 개별 특성을 기술하는 과학이라는 것입니다. 그러나 슈타이너는 딜타이의 견해를 따르지 않습니다.

근대의 경험주의 또는 실증주의 연구 방법들은 칸트의 사상처럼 인식에 한계를 두기 때문에 인간 영혼의 주관적인 체험에서 의미 있는 것들을 모두 배제시킨다는 게 슈타이너의 통찰이었습니다. 다시 말해, 근대 과학이 초감각적인 것의 경계 앞에 멈추어서 초감각적 영역을 신비주의자들에게 넘겨주었다는 것입니다. 슈타이너가 보기에 초감각적 힘들의 작용 역시 물리적 자연력과 똑같이 하나의 현상이기에 모두 인식의 대상으로 고려되어야 합니다. 그는 감각적인 현상뿐만 아니라 초감각적 현상 또한 인간 내부의 새로운 기관의 발달을 통해 인식할 수 있다고 믿었기 때문에 내적 수련을 강조했습니다.[9] 슈타이너가 자신의 사상이 자연과학과 모순되지 않음을 논증한 《신비학 개론》의 제1장 '신비학의 성격'은 이렇게 끝을 맺습니다.

정신과 참된 감각의 세계에서, 진정한 과학자라면 감각계의 여러 사실에 기초한 자신의 과학과 초감각적 세계를 연구하는 방법 사이에 어떠한 모순도 찾아낼 수 없을 것이다. 과학자는 특정한 도구와 방

---

8) 정윤경, **발도르프 교육학**, 학지사, 2004 : 51.
9) 정혜영, 발도르프 학교 교육의 사상적·이론적 기초, **교육학연구**, 제35권, 1997 : 5-6.

법을 만들어 사용한다. 그는 자신의 도구를 '자연'이 그에게 제공한 것을 변화시켜 만들어 낸다. 초감각적 인식 역시 도구를 사용한다. 그 도구는 인간 그 자신이다. 이 도구 또한 고차적인 연구를 위해 먼저 준비되어야 한다. 인간의 도움 없이, 자연으로부터 인간에게 주어진 역량과 힘을, 더욱 고차적인 역량과 힘으로 변화시켜야 한다. 그렇게 함으로써 인간은 자기 자신을 초감각적 세계를 연구하기 위한 도구로 만들 수 있다.[10]

인간의 탄생에 대해서도 슈타이너의 생각은 기존의 인식과 상당히 다릅니다. 윤회와 카르마, 그리고 정신적 존재들에 대해 말하기 때문에 종교적 관점에 가깝다고 느낄 수도 있습니다. 그러나 우리에게는 그의 관점이 오히려 상식적으로 다가온다고 생각합니다. 슈타이너의 인간학에서는 근본적인 질문부터 던집니다. '인간은 어디에서 오는가?' 물론 아기는 아버지와 어머니의 사랑에 의해 탄생합니다. 열 달 동안 어머니의 뱃속에서 아기는 세상에 나갈 준비를 합니다. 그렇다면 아기는 아버지와 어머니가 만나기 전에는 존재하지 않았을까요? 그렇지는 않을 것입니다. 어떤 경우에도 무無에서 유有는 탄생할 수 없습니다. 아기의 물질적 존재는 아버지와 어머니의 만남에 의해 생겨나지만 정신적 존재는 그 이전부터 있어 왔을 것입니다. 정확히는 몸이라는 옷을 입기 위해 아버지와 어머니의 만남을 기다리고 있었을 거라 예상할 수 있습니다.

슈타이너에 따르면, 다시 지상에 발을 들여놓을 시점이 다가온

---

10) Rudolf Steiner, *An Outline of Occult Science*, translated by George and Mary Adams, Rudolf Steiner Press, 2011 : 35.

존재의 내부에서는 부모가 될 남녀에 대한 표상이 영혼의 차원에서 형성된다고 합니다. 이 경우 대부분은 어머니의 형상을 먼저 바라보며, 아버지에 대해서는 어머니의 내면을 통해 보게 됩니다.[11] 전생과 내생을 자연스럽게 여기고 일상의 대화에서도 윤회에 관한 어휘를 자주 사용하는 우리에게 그러한 관점은 낯설지 않습니다. 사람이 죽으면 저승에 가고 언젠가 다시 태어날 것이라고 우리는 생각합니다. 그래서 "너는 다음에 뭐로 태어나려고 그러니?"라는 말을 하기도 합니다. 또한 "너는 전생에 뭘 했기에?"라는 식의 표현도 사용합니다. 신세를 한탄할 때면 자신의 전생이 무엇이었을지 진지하게 궁금해합니다. 전생과 현생이 밀접하게 관련되어 있다는 생각은 우리에게 상식적인 것입니다.

봄에 새싹이 자라고 여름에는 잎이 무성해지며 가을에 결실을 맺고 겨울이 되면 씨앗으로 새봄을 기다렸다가 다시 싹을 틔우는 식물처럼 우리의 삶도 윤회합니다. 지상의 삶을 마무리하는 노인은 정신세계로 돌아갈 날을 기다립니다. 우리는 누군가 노인이 유명을 달리했을 때 죽었다는 표현보다 돌아가셨다는 표현을 씁니다. 죽음은 삶의 끝일 것 같지만 저승에 간 존재들은 다시 이승에 올 날을 기다릴 것입니다. 그리고 아기로 태어날 것입니다. 아기는 정신세계로부터 온다고 할 수 있습니다. 이러한 관념은 비과학적이라고 비난받을 수도 있습니다. 그러나 우리는 오랫동안 그런 믿음을 바탕으로 문화를 만들어 왔고, 일상과 교육에서도 그런 관점을 견지해 왔습니다. 자연과학으로는 검증할 수 없겠으나 우리의 생사관과 윤회

---

11) 루돌프 슈타이너, 죽음과 새로운 탄생 사이에서의 삶의 반영으로서의 탄생과 죽음 사이의 삶, **엄마와 아이들을 위한 기도**, 조준영 옮김, 섬돌, 2006 : 22-23.

관은 우리 삶에 건강한 질서를 부여했습니다.

씨앗이 땅에 묻혀 뿌리를 내리면 커다란 나무가 될 때까지 자랍니다. 죽는 순간까지도 나이테는 자랍니다. 나무의 삶은 성장을 위해 있다고 말할 수 있습니다. 자손을 널리 퍼뜨리는 것도 중요한 목적이겠지만 한 나무의 삶에 초점을 맞춘다면 씨앗이 뿌리를 내린 이후부터 고목이 될 때까지 나무는 더위와 추위, 가뭄과 장마를 겪으며 새싹을 틔우고 무성한 잎과 열매를 맺습니다. 그리고 커 갑니다. 인간의 삶에서도 자손을 낳아 기르는 것은 물론 중요한 일이지만 자기 삶의 과제를 인식하고 발전시키며 성장하는 것이 삶의 본질적인 목적일 것입니다.

이 땅에 오는 인간은 무언가 자기만의 과제를 갖고 옵니다. 그걸 일컬어 카르마karma, ※라고 할 수 있습니다. 그 과제는 당장은 실체를 알 수 없다 하더라도 살아가면서 겪게 되는 일들을 보면서 대략 짐작해 볼 수 있습니다. 삶에서 벌어지는 모든 일은 한 개인의 과제와 연관되어 있습니다. 그리고 그 과제는 해결 가능한 것이고 과제를 풀어 가면서 자신의 존재성과 존재 가치를 깨닫게 될 것입니다. 따라서 자기 자신이 누구인가를 알아 간다는 것은 자기 과제가 무엇인지 알아 가는 것이고 또한 그것을 풀어 가는 과정입니다.

부모에게 아이가 찾아오듯 교사에게도 아이가 찾아옵니다. 이때 잊어서는 안 될 질문이 '이 아이는 왜 나에게 왔을까? 대체 어떤 과제를 갖고 왔을까?'입니다. 모든 인간은 저마다의 과제를 갖고 성장하고자 합니다. 인간을 대하는 올바른 관점은 그런 것입니다. 여기에는 근본적인 질문이 하나 더 숨어 있는데, 바로 교사 자신에 관한 것입니다. '그렇다면 나는 왜 이 아이를 만나게 되었을까? 나는 누구이고 어떤 과제를 갖고 있는가?' 교사는 아이들을 대하기에 앞서 자기 스스로 그러한 질문을 던져야 합니다. 쉽게 답을 구할 수는 없겠지만 그 답을 구하는 과정 자체가 아이들을 위한 좋은 본보기이고 교육적 행위입니다.

모든 사람은 저마다 다르기에 각자 자기만의 특수성을 갖고 있습니다. 그러나 동시에 인간 존재라는 보편성도 갖습니다. 괴테가 식물을 관찰하면서 식물의 원형을 찾은 것처럼 우리도 인간의 원형을 찾아야 합니다. 그래야 나를 이해할 수 있고, 다른 모든 사람을 이해할 수 있습니다. 슈타이너의 인지학적 인간학도 그와 같은 노력의 일환입니다.

슈타이너는 인간에 대한 인식을 '신체, 영혼, 정신'이라는 삼지체로 파악하였습니다. 영혼과 정신을 뭉뚱그려 인간을 단순히 '몸과 마음' 또는 '육체와 정신'이라고 보는 기존의 이분법적 인간 이해에서 벗어난 것입니다. 기독교 전통에서는 서기 869년 콘스탄티노플에서 열린 제8차 공의회에서 '인간은 신체와 영혼으로 이루어진 존재이며 정신은 오로지 신의 소유이다. 인간은 신체와 영혼만을 지녔다'라고 공식적으로 결정된 이후 정신은 인간 존재의 구성 요소에서 제외되었다고 합니다.[12] 그 이후로 정신과 영혼의 구분은 불명확해졌고, 이 두 개념은 섞여서 쓰이게 되었습니다. 유럽의 정신사에서 정신이 인간의 본질로부터 추방당한 셈입니다.

19세기에는 영혼의 세계조차 부정당하기 시작했습니다. 인간의 근본적 실재는 영혼이나 관념이 아니라 물질이라고 주장하는 유물론이 지배적인 상식이 되었습니다. 유물론에서는 인간의 내적 현상

---

12) 루돌프 슈타이너, **인간에 대한 보편적인 앎**, 최혜경 옮김, 밝은누리, 2007 : 70.

이 물질의 작용이나 그 작용의 산물이라고 봅니다. 사회적으로도 교육, 문화, 사법 등 사회의 상부 구조는 경제적이고 물질적인 하부 구조의 반영에 지나지 않는다는 것이 사적 유물론의 주장입니다.

20세기에 들어서는 행동주의가 득세하여 실험을 통해 외적으로 결과를 낼 수 있는 것만 인간의 행동 양식으로 인정하려 했습니다. 정신사의 흐름 속에서 인간은 먼저 정신을 잃었고 그 다음에는 영혼마저 잃게 된 것입니다. 남는 것은 신체뿐이라는 견해에 대항하여 슈타이너는 인간이 본래 신체와 영혼, 정신으로 이루어진 존재라고 주장합니다. 그는 현대의 물질주의적 사고방식으로는 인간을 제대로 파악할 수 없다고 여러 차례 이야기합니다. 뿐만 아니라 유물론의 시각으로는 물질 역시 제대로 파악할 수 없다고 하였습니다. 물질 안에는 정신적인 것이 끊임없이 활동하고 있기 때문입니다.

이분법적으로 세계와 인간을 이해한다고 해도 물질적인 신체만큼 비물질적인 정신의 존재를 인정하는 게 논리적으로 정당해 보입니다. 동양에서는 천지인 삼재를 통해 인간이 땅(물질세계)과 하늘(정신세계) 사이에 있는 존재라고 보았습니다. 정신세계를 인정한다는 것은 인간의 물질성뿐만 아니라 정신성을 인정하는 것이 됩니다. 우리가 인간의 정신성, 즉 영성을 인정한다면 자연과학만으로 인간의 실체를 밝히려는 노력을 거둘 수 있을 것입니다. 우리는 감각적인 세계와 초감각적인 세계를 과학적으로 탐구하면서 자연과학과 정신과학을 모두 이용할 수 있습니다. 자연과학과 정신과학은 서로 보완적인 역할을 할 것입니다.

오랫동안 명확한 구분 없이 사용해 왔기에 정신과 영혼을 구별하기란 쉽지 않은 일입니다. 두 개념을 좀 더 쉽게 풀어 보면, 신체가 물리적으로 객관적인 개념인 반면 정신과 영혼은 모두 눈에 보이지 않는 주관적 개념입니다. 그런데 그 눈에 보이지 않는 세계가 한 번 더 주관과 객관으로 나누어집니다. '내'가 없어지면 사라져 버리는 나의 기쁨, 슬픔, 괴로움 등 주관적 감정의 세계와 설령 '내'가 없어져도 여기에 엄연히 남아 있는 객관적 정신세계가 바로 그것입니다.[13]

슈타이너는 《신지학》을 통해 신체, 영혼, 정신의 본성을 들판의 꽃과 밤하늘의 별에 비유해 설명하였습니다. 예를 들어, 여기 한 자루 초가 있다고 가정하겠습니다. 초에 불을 붙이면 초는 밝은 빛을 내며 타오를 것입니다. 촛불은 내 눈을 통해 밝은 빛을 전하고, 손을 가까이 대면 따뜻함이 전해집니다. 그렇게 촛불은 나에게 어떤 의미로 다가옵니다. 그 촛불을 보면서 나는 잔잔한 기쁨을 느낍니다. 이 감정을 통해 나는 촛불과 나의 존재를 연결시킵니다. 이것이 신체의 영역입니다. 다음 날 꺼져 있는 초를 보면서 나는 어제의 환한 촛불을 떠올리며 웃음 지을 것입니다. 초에 불은 타오르고 있지 않지만 기쁨의 감정은 내 기억 속에 남아 있습니다. 이것이 영혼의 영역입니다. 만일 내가 촛불이 타오르는 원리와 법칙을 알고 있다면, 언제든 촛불을 켤 때마다 그것을 인식할 것입니다. 변치 않는 원리와 법칙의 세계가 바로 정신의 영역입니다. 촛불을 보면서 갖게 된 감정은 오로지 나와 관련되어 존재하는 반면, 촛불의 원리와 법칙은 나의 존재와는 무관하게 내 바깥, 즉 세계 속에 있습니다. 인간은 이와 같이 늘 이 세 가지 방식으로 세계와 연결되어

---

13) 고야스 미치코·아게마스 유우지, **슈타이너 학교의 예술로서의 교육**, 김수정 옮김, 밝은누리, 2003 : 139-140.

있습니다.

첫째, 인간은 눈앞에 주어진 세계와 관련되어 있습니다. 세계는 우리의 감각 기관으로 끊임없이 정보를 보내는 대상입니다.

둘째, 이런 대상들은 나에게 호감을 느끼게도 하고 반감을 느끼게도 합니다. 그것이 나에게 '유용한가, 해로운가', '마음에 드는가, 안 드는가'를 따지게 되며, 그 대상과 관련하여 욕망을 느끼거나 혐오감을 갖기도 합니다. 이렇듯 인간은 세계를 자신에게 의미 있는 무엇으로 삼습니다.

셋째, 그 밖에 좋고 싫음을 떠나서 객관적인 태도로 대상을 탐구하여 얻은 인식이 있습니다. 그것은 대상이 나에게 밝힌 작용과 존재의 비밀입니다. 이처럼 인간은 참다운 인식을 얻기 위해 쉼 없이 노력합니다.

신체는 촛불처럼 인간에게 자신의 존재를 드러내는 물질적 존재입니다. 영혼은 사물을 자기 자신과 관련시켜 자기 마음에 들고 안 들고, 싫고 좋고, 기쁘고 슬프고를 느끼는 내면의 주체입니다. 정신은 사물을 있는 그대로 보려고 할 때 내적 주체에게 제시되는 어떤 것입니다. 정신에 의해 세계는 고차적인 방식으로 인간 앞에 모습을 드러냅니다. 세계의 비밀은 인간의 내면에서 밝혀지지만 정신적 존재인 인간은 자신을 벗어나, 사물이 스스로를 말하게 합니다. 인간 자신에게 의미 있는 것이 아니라, 사물이 품고 있는 의미를 스스로 말하게 하는 것입니다.[14]

## 1. 신체

---

14) 루돌프 슈타이너, **신지학**, 양억관·타카하시 이와오 옮김, 물병자리, 2001 : 20-23.

2. 영혼

3. 정신


슈타이너에 따르면 인간의 신체는 지구상의 광물, 식물, 동물과 같은 방식으로 구성되어 있습니다. 그렇기 때문에 우리는 감각 기관을 통해 자신과 타인의 신체를 지각할 수 있는 것입니다. 또한 인간의 신체는 사고 활동에 알맞은 구조를 갖고 있습니다. 광물계의 소재와 힘은 신체 속에서 사고 활동이 일어날 수 있도록 구성되어 있습니다. 사고하는 기관인 뇌를 향하여 조직된 신체의 구성 요소를 광물과 같은 물질체, 식물의 생명력과 같은 생명체, 동물과 같이 공유하는 영혼체로 나누어 볼 수 있습니다.[15] 그리고 인간만이 갖고 있는 자아체가 있습니다. '나'라고 호명되는 자아는 한 개인의 고유한 본성이며, 정신세계로 들어갈 수 있는 유일한 통로입니다. 이러한 네 가지 구성 요소가 발도르프 교육학의 기본적인 테마입니다. 여기에서 '-체'는 내용물을 담는 틀의 의미로 이해하면 됩니다.


1. 물질체

2. 생명체(에테르체)

3. 영혼체(아스트랄체)

4. 자아체


인간의 물질체는 무생물계인 광물과 같은 물질적 소재와 힘으로 구성되어 있습니다. 물질적인 측면을 광물계 전체와 공통으로 소유

---

15) 루돌프 슈타이너, **정신과학에서 바라본 아동교육** : 25-40.

하고 있는 것입니다. 광물계에서 작동 중인 것과 똑같은 법칙에 따라, 동일한 물질들을 물질체에서 혼합하고 결합하여 형성하고 분해할 수 있습니다. 따라서 우리가 죽은 뒤에 물질체는 광물, 즉 흙으로 돌아가게 됩니다. 이 물질체로서의 몸이 지금처럼 인간의 형태를 갖추는 것은 생명체의 영향에 의해서입니다. 우리가 살아 있는 것도 당연히 생명체가 있기 때문입니다. 생명체를 통하여 인간은 생명계에 속하게 됩니다.

생명체 또는 에테르체[16]는 물질적 소재나 힘을 살아 있는 것으로 바꾸는 독립적이고 현실적인 본성입니다. 인간은 이러한 생명체를 식물 및 동물과 공통으로 지니고 있습니다. 이것은 신체의 물질과 힘들이 성장과 생식, 체액의 내적 흐름 등으로 나타나도록 합니다. 생명체는 또한 형성력체로서 우리 몸의 건설자이자 조각가이며 거주자이자 건축가입니다. 따라서 물질체로서의 신체는 이러한 생명체의 묘사 또는 표현이라 말할 수 있습니다. 생명체가 떠나갈 때 인간은 죽음을 맞이합니다. 그렇게 되면 물질체는 즉각 본래의 형태가 붕괴되고 말 것입니다. 반대로 생명체가 존재하는 한 인간은 어떤 경우에도 분해되지 않고 신체의 형태를 유지합니다.

영혼체 또는 아스트랄체[17]는 고통과 흥미, 충동, 감정, 욕구와 열

---

16) 물리학에서 에테르Äther는 전파나 빛을 전달하는 매체로서 우주에 존재한다고 생각되어 온 물질을 뜻합니다. 하지만 슈타이너는 자신의 용어가 그것과는 무관하다고 말합니다. 일반적으로 인지학에서 에테르는 형태가 없고 눈에 보이지 않는 생명력을 뜻하며, 동양에서 말하는 기운 또는 기氣와 흡사합니다. 열 에테르, 빛 에테르, 소리 에테르, 생명 에테르 등이 있습니다.
17) 뒤에서 설명하겠지만, 정확히 말하자면 아스트랄체Astralleib는 영혼체Seelenleib와 감각혼 Empfirdungsseele이 결합된 것입니다. 그러나 아스트랄체는 영혼체의 의미에 더 가까우며, 느낌체Empf.findungsleib나 감각체, 감정체 등으로도 불립니다. 아스트랄은 별을 뜻하는 아스터Aster의 형용사형으로, 아스트랄체가 본래 태양과 같은 별에서 온 구성 요소이므로 성기체星氣體 또는 성체星體로도 번역됩니다.

정 등의 운반자입니다. 인간은 영혼 활동의 운반자인 영혼체를 동물과만 공유하고 있습니다. 식물은 동물이나 인간과 달리, 정확한 의미에서 아무런 느낌도 갖고 있지 않습니다. 느낌은 외부 자극에 대한 단순한 반응이 아니라 오히려 그 자극이 즐거움이나 고통, 충동, 욕망과 같은 내적 과정을 통해 나타나는 것입니다. 생명체가 물질이 아니라 활동적인 힘의 형태라면, 영혼체는 스스로 움직이고 색채를 띠며 빛을 발하는 그림들로 이루어진 형태입니다. 영혼체를 통해 인간은 외부로부터 받아들인 감각인상을 내적으로 체험하고 내면화하게 되는 것입니다. 따라서 영혼체가 떠난 우리의 몸은 식물인간 상태일 수밖에 없습니다.

인간이 모든 자극에 감각적으로 반응하여 인상을 만들어 낼 수 있는 것은 내적인 주체가 있기 때문인데, 이런 활동을 가능하게 하는 것은 영혼체가 아닙니다. 영혼체의 배후에 있는 감각혼이 감각인상의 내적 주체입니다. 영혼체는 감각혼과 긴밀하게 연결되어 있습니다. 신체의 본성이 영혼의 존재 기반이 되는 것입니다. 인간의 영혼은 영혼체에 살고 있습니다. 영혼은 인간의 고유한 내면세계이며, 이 고유한 세계는 단순한 감각적 지각, 즉 느낌에 우리가 주의를 기울이는 순간 나타납니다. 그러나 개인의 느낌은 주관적인 것이어서 타인도 자기 자신과 똑같은 방법으로 느낄 수 있는지 알 수 없습니다. 뿐만 아니라 우리는 타인의 느낌을 지각할 수 없습니다.

느낌은 기분, 감정, 분위기, 정서 등을 불러옵니다. 어떤 느낌은 좋은 기분을 가져오고, 또 어떤 느낌은 나쁜 기분을 가져옵니다. 이것은 영혼의 내적 움직임에 의한 것입니다. 인간은 감정을 통하여 외부에서 작용해 오는 세계에 대해 제2의 세계를 만들어 냅니다. 나아가 제3의 세계, 즉 의지가 여기에 더해집니다. 의지에 의해 인간은 다시 외적 세계에 작용합니다. 그렇게 자신의 내적 본질을 세계에 새겨 넣습니다. 인간의 영혼은 의지 행위를 통해 밖으로 흘러 나가지만 내면생활을 한다는 점에서 외적 자연의 일들과 구별됩니다. 이렇게 영혼은 인간 고유의 세계로서 외부 세계와 대치하고 있는 것입니다. 인간은 외부로부터 다양한 자극을 받아들이는 동시에 이러한 자극에 응하여 자기만의 주관적인 세계를 형성하면서 살아갑니다.

영혼은 신체와 정신 사이에서 두 지체와 상호작용합니다. 먼저 정신의 사고가 감각혼을 위해 일합니다. 인간은 자신의 느낌에 대해 이런저런 생각을 하고 그것을 통해 세계를 이해합니다. 아기는 몸으로 세상과 부딪혀 가며 수많은 느낌을 받게 되고 그 느낌에 대해 생각을 정립해 나갑니다. 예를 들어, 얼음은 차갑고 불은 뜨겁다는 것, 낮은 밝고 밤은 어둡다는 것 등의 생각을 갖는 것입니다. 이러한 생각을 통해 인간은 욕망, 충동, 본능을 만족시킬 수 있는 적절한 기회를 만들어 냅니다.

생명체의 생명 형성력이 물질체에 침투하는 것과 마찬가지로 사고의 힘은 감각혼에 깃들어 있습니다. 그래서 인간은 동물에서 벗어난 존재로서 지성혼을 지닙니다. 사고 능력을 가진 높은 차원의 영혼을 슈타이너는 지성혼이라고 하였습니다. 인간은 사고를 통하여 개인의 영역을 벗어납니다. 개인의 영역을 벗어나기 위해 사고는 자기중심적인 상태에 머무를 수 없습니다. 자기중심적 사고는 감각혼에 봉사하는 개인적이고 이기적인 수준에 지나지 않습니다. 따라서 올바른 사고란 세계와의 관계에 대한 사고이며, 올바른 관계를 위해 우리는 이성적 사고의 힘과 감성적 의지의 힘 모두를 필요로 합니다. 그래서 지성혼은 감성혼이기도 합니다. 이성적 사고를 역지

사지라 한다면, 감성적 의지는 이심전심이라고 할 수 있습니다.

사고의 법칙은 우주 질서와 일치하며 진리와 선을 추구하는 인간의 영혼은 정신의 빛으로 밝아집니다. 영혼 안에서 영원히 빛을 발하는 그것을 의식혼이라고 합니다. 감각, 충동, 격정 등에 휩쓸리기도 하는 지성혼과 달리 의식혼은 진리가 살아가는 영혼의 부분입니다. 진리는 인간의 개인적 감정이나 감각적 지각과는 무관합니다. 의식혼은 앞서의 감각혼과 지성혼의 특성을 모두 포함하면서 전체적이고 본질적인 성격을 갖습니다. 지성혼이 주로 분류하고 분석하면서 물질적 대상을 파악한다면, 의식혼은 모든 현상 속에 숨겨진 정신과 연결되어 있습니다. 이 차원에 이르러서야 비로소 우리는 대상을 있는 그대로 바라볼 수 있고 사랑할 수 있습니다. 슈타이너는 현재 인류가 도달해야 할 인간적 성숙의 단계가 바로 의식혼이라고 말합니다.

인간은 자아를 통해 다른 모든 것과 자신을 구별하며, 자신을 유일무이한 '나'라고 지칭합니다. 우리가 몸과 마음을 통해 체험하는 모든 것은 바로 이 자아 속에서 통합됩니다. 따라서 인지학적 인간 이해의 핵심은 자아에 있다고 할 수 있습니다. 신체-영혼과 함께 '나'가 있고, 신체-영혼 속에서 '나'는 활동합니다. 신체의 중심이 두뇌이듯, 영혼의 중심은 '나'입니다. '나'의 특성을 분류하면 다음과 같습니다.[18]

(1) '나'는 단독자로서 세상의 유일무이한 존재이다.
(2) '나'는 인간 그 자체이다.

---

18) 루돌프 슈타이너, 신지학 : 42-51.

(3) '나'는 인간의 진정한 본성이다.


인간의 신체와 영혼은 '나'의 외피이자, '나'가 활동하기 위한 조건입니다. 심신은 '나'의 옷이자 집이며 도구인 것입니다. 따라서 교육은 '나'를 위해 그 도구들을 제대로 사용하는 법을 배우는 것이라고 할 수 있습니다. 교육의 목적은 이 '나'를 심신의 지배자로 만드는 것입니다. '나'는 신체와 영혼의 체험을 통합하고, 진리와 선에 관한 사고를 자신 안에 부어 넣습니다. 한쪽에서는 감각이, 다른 한쪽에서는 직관이 '나'에게 자신을 드러냅니다. 신체와 정신은 '나'에게 봉사하고 의지하지만, '나'는 자신의 목적을 이루기 위해 정신에게 자신을 내맡깁니다. 정신의 존재를 받아들임으로써 '나'는 정신의 법칙에 따르는 것입니다.

또한 '나'는 영혼 안에 살고 있으며 의식혼에서 빛을 발하여 영혼 전체를 빛으로 가득 채우고 그렇게 신체에 작용합니다. '나'의 영향에 의해 얼굴의 인상이 변하고, 몸짓과 움직임, 그리고 몸 전체의 모습이 바뀌게 됩니다. '나'가 충분히 강해져 영혼체를 변화시킨 것이 바로 '정신자아'이고, 생명체에 관여하여 변형을 일으킨 것이 '생명정신'이며, 혈액순환과 맥박 등 신체적 요소에 작용하여 물질체가 변형되면 '정신인간'이 되는 것입니다.

다른 측면에서 '나' 속에는 정신이 살고 있습니다. 정신은 영혼과 '나'의 관계와 똑같이 '나' 속에 살아가고, '나' 속에서 '나'를 밝히며 '나'라는 외피를 두르고 있습니다. 이 '나' 속에 살고 있는 정신을 슈타이너는 정신자아라고 하였습니다. 정신자아는 '나' 속에서 정신세계를 표현합니다. 물질세계의 표현이 감각이라면, 정신세계의 표현은 직관입니다. 우리는 사고 내용을 손으로 만지거나 눈으로 볼 수 없기 때문에 어떠한 생각에도 직관이 담겨 있음을 알아야 하고, 그것을 정신자아를 통해 파악해야 합니다.

인간이 독립된 존재로서 물질세계와 분리되어 있는 것처럼 우리는 정신세계와도 분리되어 있습니다. 이렇게 독립된 정신존재를 슈타이너는 정신인간이라고 했습니다. 물질세계에서 인간이 살아가기 위해 신체를 가져야 하는 것처럼 정신세계를 살아야 하는 인간에게도 비유적인 신체가 있어야 하는 것입니다. 이러한 정신적인 신체를 일컬어 정신인간이라고 하며, 생명체가 물질체를 형성하듯이 정신인간은 생명정신에 의해 형성되어 있습니다. 이때, 인간의 신체적 본성은 한정되어 있지만 정신적 본성은 무한하여 정신인간은 인간의 진화와 함께 끝없이 확장하고 성장합니다.[19]

저마다 다른 '나'인 우리들은 세상에 단 하나뿐인 고유한 존재이자, 소우주입니다. '나'는 감각혼, 지성혼, 의식혼으로 이루어져 있는 영혼 전체를 빛으로 채웁니다. 그리고 물질체와 생명체, 영혼체에 작용하여 그러한 하위 구성 요소를 정신자아, 생명정신, 정신인간으로 변형시킵니다. 이렇게 해서 인간의 신체, 영혼, 정신은 각각 세 지체로 이루어지는 것입니다. 지금까지 논의했던 인간의 요소를 다음과 같이 아홉 가지 부분으로 정리할 수 있습니다.


1. 물질체
2. 생명체 또는 에테르체

---

19) 슈타이너는 인간에게 세 가지 초감각적 능력이 있다고 말합니다. 영시靈視, 영청靈聽, 영적 합일靈的合一이 그것으로, 각각 상상, 영감, 직관으로 번역되기도 합니다. 영시는 사물의 영적 본성을 인식하고 고차 세계의 존재들을 볼 수 있는 능력, 영청은 그 존재들의 이야기를 들을 수 있고 그들 사이의 관계를 인식할 수 있는 능력, 그리고 영적 합일은 그들의 내면까지 인식할 수 있는 최고의 능력입니다. 이것은 인간에게 정신자아, 생명정신, 정신인간이 있기에 가능한 일입니다.

3. 영혼체

4. 감각혼

5. 지성혼

6. 의식혼

7. 정신자아

8. 생명정신

9. 정신인간

영혼체와 감각혼은 지상을 살아가는 인간 속에서 하나가 되어 있으며, 의식혼과 정신자아는 본래 하나입니다. 따라서 인간은 다시 아래와 같이 일곱 가지 부분으로 구성됩니다.

1. 물질체

2. 생명체 또는 에테르체

3. 감각을 지닌 영혼체

4. 지성혼

5. 정신으로 충만한 의식혼

6. 생명정신

7. 정신인간

영혼 안에서 '나'는 빛을 발하고 정신의 작용을 받아들여 정신인간의 매개체가 됩니다. 이렇게 하여 인간은 물질계, 영혼계, 정신계라는 세 가지 세계를 살아갑니다. '물질체, 생명체, 영혼체'를 통하여 물질세계에 뿌리를 내리고, '정신자아, 생명정신, 정신인간'을 통해 정신세계에서 꽃을 피웁니다. 뿌리를 내리고 꽃을 피우는 나무

줄기는 어디까지나 영혼입니다. '나'는 의식혼 속에서 빛을 발하지만 영혼은 신체의 구성 요소처럼 명확히 구별되지 않기 때문에 지성혼과 의식혼은 '나'에 속하며, '나'의 외피입니다. 정신자아와 통합되는 의식혼을 분리한다면 '나'는 영혼의 핵심인 심혼心魂에 머물며, 심혼은 지성혼 또는 감성혼과 같습니다.

그리고 영혼체와 감각혼을 통합하여 '아스트랄체'란 말을 쓸 수 있습니다. 감각혼은 어떤 면에서 '나'에 의해 힘을 갖게 되지만, 영혼체와 더욱 밀접한 관련을 가지므로 아스트랄체라는 하나의 말로 표현할 수 있는 것입니다. 그러나 일반적으로 영혼체와 아스트랄체를 구분 없이 사용하기도 합니다. 인지학 의사인 알베르트 수스만은 아스트랄체에 대해 다음과 같이 설명합니다.

> 우리가 우리 스스로 움직일 수 있는 능력, 이 역동적인 힘의 원리를 인지학에서는 아스트랄체라고 합니다. (……) 아스트랄은 우주의 성체星體 — 태양을 포함한 — 와 관련이 있는 개념입니다. (……) 태양이 에너지를 발산하고 이 에너지로 인해 비로소 모든 것이 가능하듯이, 아스트랄체는 인간에게 에너지를 공급하는 원천입니다. 매순간 저는 움직이며, 제 몸에서 에너지를 느낍니다. 저는 지금 백묵을 잡기도 하고 무거운 것을 들어올리기도 하면서 몸의 에너지를 사용합니다. 이 에너지의 원천은 우리 몸의 태양체, 아스트랄체 혹은 성체입니다. 용어의 의미보다는 우리가 그 에너지를 경험한다는 사실 자체가 더욱 중요하다고 하겠습니다.[20]

---

20) 알베르트 수스만, **영혼을 깨우는 12감각**, 서영숙 옮김, 섬돌, 2007 : 57-58.

'나'의 활동을 통해 인간의 신체는 정신으로 거듭나며 그것은 감각을 통해서도 지각할 수 있습니다. 마지막으로 인간의 구성 요소를 정리하면 다음과 같습니다.

1. 물질체
2. 생명체
3. 아스트랄체
4. 나 – 영혼의 핵심
5. 정신자아 – 변화된 아스트랄체
6. 생명정신 – 변화된 생명체
7. 정신인간 – 변화된 물질체

# 3강
# 영혼이란 무엇인가

앞서 윤회에 대해 이야기하면서 인간이란 존재가 물질로만 이루어진 게 아님을 살펴봤습니다. 유물론은 지난 몇 세기 동안 사람들의 상식을 쥐고 흔든 힘센 관념입니다. 우주 만물의 궁극적 실재를 물질로 보고, 정신-영혼적인 것을 모두 이에 환원시키려는 입장인 유물론은 다윈의 진화론과 함께 과학적 상식으로 여겨졌습니다. 그러나 인간에게는 영혼과 함께 정신이 있습니다. 물질주의적 관념으로는 인식할 수 없는 이 정신은 인간의 본질로서 윤회의 주체입니다. 죽음과 새로운 출생 사이에도 발달이 이루어지며, 물질체와 생명체를 통해서만 얻을 수 있는 것이 있기 때문에 인간은 재육화한다고 슈타이너는 말합니다.[1] 그리고 현세의 삶은 출생 이전에 정신세계에서 선행되었던 삶을 반영하는 것입니다. 그러한 관점으로 어린이가 하나의 연속적인 존재라는 인식을 바탕으로 한 것이 발도르프 교육학입니다.

인간이 이 세상에 발을 들여놓기 전에 이미 정신과 영혼 사이에는 하나의 관계가 형성됩니다. 그러한 정신-영혼, 또는 영혼-정신의 존재가 지상에 내려오면서 다시금 인간의 신체와 연결되며, 광물계, 식물계, 동물계와도 결합됩니다. 그러나 어린이의 영혼-정신은 온전하게 신체와 연결되지 못한 상태이기 때문에 교사는 그 둘을 조화롭게 만들 수 있도록 도와야 합니다. 구체적인 방법으로 크게 두 가지가 있는데, 하나는 올바른 호흡이고 다른 하나는 잠과 깨어 있음 사이의 올바른 리듬입니다. 호흡은 물질세계에 들어서는 인간을 외부 세계와 연결하는 가장 중요한 매개자입니다. 잠과 깨어 있음 사이의 올바른 리듬이란 물질세계에서 경험한 것을 잠을 통해 정신세계로 가져갈 수 있도록 하는 것입니다.

이에 근거하여 슈타이너는 교육학의 바탕에 진정한 심리학이 있어야 한다고 주장합니다. 그는 헤르바르트에 의해 세워진 근대의 심리학과 교육학이 본질을 놓친 말장난에 지나지 않으며, 표상이나 의지에 대해 정확한 개념을 제시하지 못하고 있으므로 비실제적이라고 비판합니다. 인지학적 세계 인식에서 얻어진 심리학이야말로 진정한 심리학이며, 그 위에 수업과 교육제도가 이루어져야 한다는 것입니다. 헤르바르트를 비롯한 오늘날의 심리학자들은 영혼의 본질이 전 우주와 관련되어 있다는 것을 이해하지 못합니다.[2] 한 개인

---

1) 루돌프 슈타이너, **인간에 대한 보편적인 앎** : 35.
2) 루돌프 슈타이너, **발도르프 학교와 그 정신**, 최혜경 옮김, 밝은누리, 2006 : 28-39. 슈타이너는 그것이 현시대가 '의식혼의 시대'임에도 불구하고 의식혼의 의미를 제대로 파악하지 못하고 있기 때문이라고 진단합니다. 인류의 문화는 법칙적인 발달을 거치며, 현시대의 과제는 물질주의를 극복하는 것입니다.

과 우주 전체의 관련성을 의식할 때만이 비로소 인간 본성에 대한 참된 이해가 생겨난다는 게 인지학의 요지입니다.

영혼은 감각적인 눈에는 보이지 않습니다. 다만 내면에서 일어나는 사고, 감정, 의지의 세 활동을 통해 알 수 있습니다. 마음 안에는 세 가지 활동, 즉 무언가를 떠올리거나 따지는 마음, 무언가를 느끼는 마음, 무언가를 하려는 마음이 있습니다. 이 마음들이 곧 영혼의 활동입니다. 마음은 호감Sympathie[3]과 반감Antipathie이라는 양극적인 힘의 작용에 의해 이루어집니다. 슈타이너는 호감과 반감을 좋거나 싫은 감정적 차원의 뜻을 포괄하여 호감을 끌어안아 하나가 되려는 힘으로 보았고, 반감은 밀어내어 분리하려는 힘으로 보았습니다. 호감과 반감 간의 상호작용으로 이루어진 것이 우리의 감정입니다. 이는 숨을 들이쉬고 내쉬는 것, 심장이 수축과 이완을 반복하는 것과 연관이 있습니다. 호감은 우리의 마음을 의지로 이끌고 반감은 우리의 마음을 사고로 이끈다는 차이도 중요하게 인식해야 할 지점입니다.


## 1) 사고

표상Vorstellung이란 말은 우리에게 다소 낯선 용어입니다. 일상

---

3) Sympathie는 우리말로 흔히 공감共感으로 번역되지만 그렇게 하면 Empathie와 혼동될 수 있습니다. 중국에서는 Sympathie를 융합감融合感이라는 말을 만들어 번역해 사용하고 있습니다. 접두사 'sym'의 뜻이 融과 合이기 때문에 조합해서 쓰는 것입니다. 보통 Sympathikus를 교감 신경으로 번역하기 때문에 교감交感으로 옮길 수도 있지만, 문맥상 호감好感으로 옮기는 게 나을 때가 많습니다. Sympathie를 호감으로 옮긴다고 해서 '좋게 여기는 감정(호감정)'만을 뜻하는 것은 아닙니다.

에서는 거의 사용하지 않는 철학적 개념이기 때문입니다. 그럼에도 인지학에서 이 말은 사고 작용을 설명하기 위해 많이 쓰이므로 기초적인 개념 정리부터 시작하는 게 좋을 듯합니다. 표상은 감각 Sinn이나 지각Wahrnehmung처럼 직관적인 인식 형태에 속합니다. 그러나 지각과는 달리, 현재 감각 기관에 작용하는 대상을 직접 모사한 것이 아니라 앞서 지각된 대상을 재생한 지각상知覺像입니다.[4] 쉽게 말해, 감각으로 지각한 사물의 형상을 마음속으로 떠올린 상, 즉 사물에 대한 내적 영상이 표상입니다. 이 용어는 객관적 관점에서의 사물보다는 오히려 주체의 마음 상태에 주의를 돌리고 있습니다.[5]

표상은 객관적으로 실재하는 대상과 더 이상 직접적으로 결합되어 있지 않습니다. 인간의 표상, 즉 사고는 실재가 아니라는 이야기입니다. 사고는 실제로 존재하는 것이 아니라 단지 그림에 지나지 않습니다. 인간의 눈, 귀, 코, 입, 몸뚱이가 실제로 존재하면서 인간의 본질과 하나인 반면, 표상은 마음속 그림일 뿐 인간이라는 존재와 하나가 될 수는 없습니다. 실재가 먹음직스러운 진짜 '떡'이라면, 표상은 '그림의 떡'일 뿐입니다. 그럼에도 인류는 수백 년 동안 큰 착각에 빠져 있었습니다. 존재를 사고와 동일시했던 것입니다. 근대

---

4) 한국 철학사상연구회 편, **철학대사전** : 1349. 사전적인 설명을 좀 더 옮기면 다음과 같습니다. '표상은 인간이 과학적 인식을 하고, 실천적 행동을 하며, 예술적 활동을 하는 데 있어서 중요한 역할을 한다. 왜냐하면 표상으로 인해, 어느 정도의 한계 내에서 현재의 실재로부터 분리되고, 과거의 실재를 재구성하며, 미래의 실재를 선취하는 것이 가능하며 나아가 관념 속의 대상은 물론 환상적인 대상까지도 형성해 내는 것이 가능하기 때문이다. 인식과 행동의 중요한 추진력인 인간의 환상Phantasie은 바로 여기에서 기인한다. 인간의 모든 활동은 표상과 결합되어 있다.'
5) R. B. 훼럴, **독일어 동의어 사전**, 조영수 옮김, 세기문화사, 2000 : 9.

세계관의 근간이라 할 수 있는 데카르트의 "생각한다, 고로 나는 존재한다$^{Cogito, ergo sum}$"라는 선언은 커다란 오류일 뿐이라고 슈타이너는 지적합니다.[6]

여기에서 인지학은 표상에 대해 기존 학문의 시각과는 전혀 다른 관점을 제시합니다. 인지학에서 표상이란 출생 이전인 정신세계에서 우리가 체험했던 모든 것에 대한 모상模像입니다. 정신세계에서의 삶이 현재의 삶 속에 거울처럼 반영되면 이 반사가 바로 표상이라는 것입니다. 태어나기 이전의 정신세계에서 체험한 행위가 현재의 신체성에 되던져짐으로써 사고의 형상을 그리는 것입니다. 이렇듯 사고는 그림으로 가득 차 있습니다. 이때의 그림이란 정신세계의 원형을 모사하는 것에 지나지 않습니다. 마치 자연의 풍경이라는 원형을 캔버스에 그리는 것과 같습니다.[7]

슈타이너가 제시하는 관점은 플라톤의 이데아론을 떠올리게 합니다. 플라톤에게 이데아란 객관적이고 영원불변하는, 완전한 사물의 본질입니다. 우리가 보고 듣고 느끼는 모든 사물에는 각각의 이데아가 있습니다. 의자에는 의자의 이데아가 있고, 고양이에게는 고양이의 이데아가 있습니다. 우리가 일상에서 보는 사물들은 이데아를 모방한 것에 지나지 않습니다. 플라톤의《국가》에 나오는 비유처럼, 동굴에 갇힌 죄수들이 바라보는 동굴 벽의 그림자는 이데아의 모상에 지나지 않습니다. 슈타이너의 표상 개념은 이 동굴 벽의 그림자와 매우 흡사해 보입니다.

---

6) 루돌프 슈타이너, **교육의 기초로서의 일반인간학**, 김성숙 옮김, 물병자리, 2002 : 40.
7) 우리말로 '그리다'는 '물건의 모양을 그와 같게 그림으로 나타내다'라는 뜻과 '사랑하는 마음으로 간절히 생각하다'라는 뜻이 있습니다. '그림'과 '그리움'은 어원이 같습니다. 이처럼 사고의 형상은 언제나 원형에 대한 그리움을 품고 있습니다.

슈타이너는 사고가 우리의 물질적 두뇌에서 생성된다는 통설에 대해 이런 비유를 들어 반박합니다. 어떤 사람이 아침에 신선한 우유가 담긴 항아리를 누군가에게 받습니다. 우유로 가득 찬 항아리를 브며 그는 우유가 항아리를 구성하는 흙에서 나왔다고 믿기 시작합니다. 물론 말이 안 되는 이야기입니다. 그러나 오늘날의 과학은 이런 가정 위에 있습니다. 경험주의 과학은 이런 오류를 범해 왔습니다. 그렇다면 우유는 어디에서 어떻게 온 것일까요? 출생 이전에 머물렀던 세계에서 이 지상 세계로 어떻게 사고가 들어오는 것일까요? 슈타이너는 인간의 에테르체(생명체)를 만들어 낸 세계 에테르에 대해 말합니다. 사고의 운반자가 바로 세계 에테르라는 것입니다.[8]

좀 더 구체적으로 이야기한다면, 사고는 반감에 의해 생겨납니다. 출생 이전의 세계가 세계 에테르를 통해 밀어내는 거대한 반감과, 영혼이 에테르체를 통해 밀어내는 반감이 부딪혀 표상이 발생합니다. 그렇게 우리는 출생 이전의 정신적 실재를 무의식적으로 반감 속에 반영하며, 반감의 힘을 통해서 그것을 사고의 형상으로 변화시킵니다. 따라서 인간의 사고 활동은 출생 이전인 정신세계의 삶이 얼마나 밝고 빛났는가에 달려 있습니다. 출생 이전에 엄연한 실재였던 그 인식의 빛이 반감에 의해 형상으로 약화됩니다. 만일 정신세계로부터 비쳐 들어오는 실재가 반감에 의해 약화되지 않는다면 인간은 말 그대로 불타 버릴 수도 있을 것이라고 슈타이

---

8) 루돌프 슈타이너, **발도르프 특수 교육학 강의**, 최혜경 옮김, 밝은누리, 2008 : 46-47. 에테르체가 탄생하는 7세 이후에 본격적인 학습이 시작되는 이유도 여기에 있다고 할 수 있습니다.

너는 말합니다.[9] 그 강렬한 빛이 내적인 반감에 의해 약화되었기 때문에 표상이 가능한 것입니다. 이 힘은 끊임없이 지금의 삶으로 들어와 영향을 줍니다. 이때 우리의 영혼에는 반감이 작동해 그 힘과 반대되는 작업을 하게 됩니다. 이 두 개의 힘이 부딪히는 지점에서 표상, 즉 내적인 형상이 생겨납니다. 이것이 바로 사고 작용입니다.

우리가 사고를 하게 되면 모든 표상은 또다시 반감을 만나게 되며, 그 반감이 충분히 강화되면 기억 형상, 즉 '기억'이 생성됩니다. 이렇듯 기억은 더 강한 반감의 결과물입니다. 이 과정은 수증기가 응축되어 물방울이 되는 것과 같습니다. 만약 우리가 자신의 사고에 대해 커다란 호감을 지니게 되면, 이 경우에는 표상을 '삼켜 버려서' 아무것도 기억할 수 없을 것입니다. 반면에 형상적으로 사고를 하고 그것을 기억 속에 되던져서 그 형상적인 것을 고정하면 '개념'이 생성됩니다.[10] 개념은 기억보다 더 큰 반감의 결과물입니다. 물방울이 더욱 응축되어 얼음이 된 것과 같습니다.

표상과 기억, 개념은 모두 반감에 의해 세계로부터 떨어져 나와 고정화되는 경향이 있습니다. 사고 자체는 물질화의 경향 또는 사멸화의 경향이라고 할 수 있습니다. 표상이 기억이 되고, 기억이 개념이 되는 것은 죽어 가는 과정입니다. 세계로부터 분리되어 딱딱한 고정관념이 되어 가는 것입니다. 살아 있는 모든 존재가 죽음을

---

9) 앞서 말한 것처럼 출생 이전의 삶은 원형적인 형상, 즉 이데아의 세계입니다. 플라톤도 이 원형의 상에 대해 이야기했고 붓다도 언급했는데, 공통적으로 그 힘이 너무나 강력해서 우리가 감당할 수 없다고 하였습니다. 이 원형의 상은 굉장히 강하고 큰 힘으로 나타나기 때문에 우리가 준비되지 않은 상태로 만나게 된다면 우리를 불태우고 말 것입니다. (한스 요하임 젠녹, **한국 발도르프학교교사연합 연수강연집 제1~3회**, 2011 : 164.)
10) 루돌프 슈타이너, **인간에 대한 보편적인 앎** : 56.

향해 가는 것처럼 우리의 사고도 이렇게 죽음의 과정을 겪게 됩니다.

따라서 앎의 과정은 끊임없이 변화하고 성장하는 인간을 전제로 해야 합니다. 슈타이너는 교육에서 가르쳐야 할 '개념'이 살아 있는 인간과 마찬가지로 '살아 있는 개념'이어야 한다고 말합니다. 살아 있는 개념이란 의지의 도움을 받아 시간의 흐름에 따라 변화 성장하 가는 개념입니다. 죽어 있는 개념은 아무런 변화도 없이 광물처럼 딱딱하게 굳어 있습니다. 아이들에게 교과서의 지식을 무조건 암기하게 하는 주입식 교육은 딱딱한 돌멩이들을 머릿속에 욱여넣는 것과 같습니다. 하나의 사실이나 상태에 대해서 아이들은 나이에 따라 다른 개념을 가질 수 있어야 합니다. 그래서 우리는 개념을 '규정하는' 방식이 아니라, 하나의 특성을 새롭게 묘사하고 기술하는 방식으로 가르쳐야 합니다. 이것이 바로 교과를 살아 있는 지식으로 가르칠 수 있는 방법입니다.

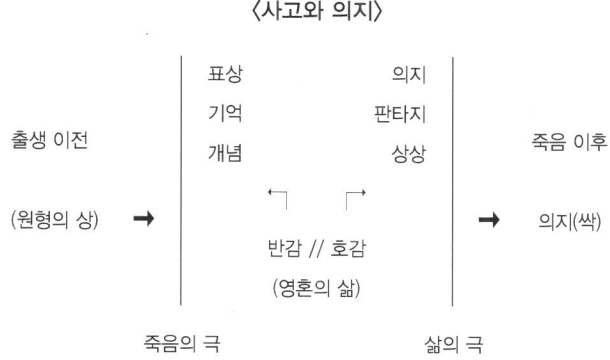

〈사고와 의지〉

## 2) 의지

의지의 사전적 의미는 어떤 일을 이루려는 마음, 또는 무언가를 하고자 하는 마음입니다. 슈타이너는 의지 그 자체에 고유한 내용이 있지는 않다고 말합니다. 의지는 죽음 이후의 세계에서 영혼과 정신의 실재가 될 싹 외에는 다른 어떤 것도 아니라는 것입니다. 앞서 살펴본 사고의 특성보다 더욱 알쏭달쏭합니다. 쇼펜하우어는 인간의 이성이 표상의 세계를 파악할 수는 있어도 우리의 삶과 세계의 본질인 의지의 세계는 알 수 없다고 말합니다.[11]

의지 영역은 현대 심리학에서도 연구가 활발해 보이지는 않습니다. 인지과학[12]이 발달하고, 감정 영역에 관한 폭넓은 연구가 진행됨에도 의지라는 것이 무엇인지에 대해서는 연구가 거의 이뤄지지 않았습니다. 우리도 의지의 중요성에 대해 자주 언급하는 것에 비해 정작 의지가 무엇인지는 잘 모르는 경우가 많습니다. 대체 의지란 무엇일까요? 슈타이너의 설명을 계속 따라가 보도록 하겠습니다.

사고가 반감에 근거하듯이 의지는 호감에 기초합니다. 앞에서 말한 것처럼, 사고가 출생 이전의 경험에 대한 형상이라면, 의지는 죽음 이후의 세계에서 실재가 될 영혼의 싹입니다. 현재의 인생은 죽음과 함께 끝나지만 삶 속의 의지는 죽음을 넘어 계속 살아갈 것

---

11) 쇼펜하우어는 칸트가 말한 물자체의 세계가 사실 의지의 세계라고 역설합니다. 우리는 단지 표상의 세계를 인식할 뿐이고, 표상의 세계 뒤편에 의지의 세계가 놓여 있다는 것입니다. ([아르투르 쇼펜하우어, **의지와 표상으로서의 세계**, 홍성광 옮김, 을유문화사, 2015] 참고.)
12) 인지과학認知科學, cognitive science은 인간의 지능과 인식에 관한 학문으로 인간이 느끼고 생각하고 표현하는 것을 구체적인 공식이나 절차를 통해 표현하는 연구를 지향합니다. 인지학人智學, anthroposophy과 별개의 학문입니다.

입니다. 이 싹은 죽음 이후에도 정신세계에서 자라날 것이기 때문에 의지는 그 자체로 정신적입니다. 슈타이너는 우리가 이러한 관점을 지닐 때 비로소 모든 인간이 우주적 수수께끼라는 느낌을 얻게 된다고 합니다. 우리가 이 느낌을 잃게 되면 인간을 하나의 기계 장치로 느끼게 된다는 것입니다.

의지 교육을 위한 자극은 교사 스스로 아이들에 대한 호감을 발달시키는 것 외에는 아무것도 없다고 합니다. 슈타이너는 교사가 아이들에 대한 호감을 발달시킬수록 더 나은 교육 방법을 얻게 될 것이라고 조언합니다.[13] 쉽게 말해, 아이들과 아이들의 행위를 사랑하라는 것입니다. 또한 아이들에게 가르칠 내용에 대해 교사가 스스로 감동하고 그것과 하나가 된다면 수업은 아이들의 머리와 가슴뿐만 아니라 전체 인간을 사로잡게 될 것입니다.

표상이 더 강한 반감에 의해 기억이 되듯이, 호감이 충분히 강해지면 의지에서 '판타지Phantasie'가 생겨납니다. 어린아이들은 강한 호감을 통해 판타지를 만들어 내고 그 판타지 안에서 노는 걸 즐깁니다. 유치원에 다니는 아이들이 어떻게 노는지 관찰해 보면 그것이 사실임을 알 수 있습니다. 반감보다 호감이 강한 어린 시절의 아이들은 환상적인 방식으로 세상을 이해하고 옛이야기 듣기를 좋아합니다. 이제 판타지가 더욱 강해져 인간의 전체 감각 기관까지 관통하게 되면 '상상/형상작용Imagination'이 생겨납니다. 이 형상작용의 힘으로 우리는 하늘이 푸르다고 느낍니다. 기억에서 개념이 생겨나듯이, 판타지에서 감각적 직관을 내주는 상상이 생깁

---

13) 루돌프 슈타이너, **발도르프 교육 방법론적 고찰** : 58.

니다.[14]

의지에 대해 우리가 어렴풋이 느낄 수 있고 일부분 알 수도 있지만 순수한 의지에 대해서는 결코 인식할 수 없습니다. 다시 말해, 순수한 의지라는 것은 본질적으로 보이지 않고 감지할 수 없기 때문에 우리가 의지를 지적으로 장악할 수 없는 것입니다. 머릿속에서는 얼마든지 '나는 이걸 원하고, 저걸 원하지 않아'라고 생각할 수 있지만 그것을 의지 영역으로 가져가기는 쉽지 않습니다. 글쓰기보다 말하기가 쉽고 말하기보다 생각하기가 쉬운 것은 그것들이 순차적으로 덜 의지적이기 때문입니다. 생각한 것을 글로 쓰기 위해서는 아주 강한 의지가 필요합니다.

의지는 정신적인 것이므로 미래로 나아가는 경향이 있습니다. 의지의 본성은 완전한 호감 속에서 정신적인 것과 하나가 됩니다. 생각 속에서 나는 지금 현재 있는 것, 되어 있는 것을 생각할 수 있고, 기억을 통해 과거까지도 바라볼 수 있습니다. 물론 생각으로 미래를 예견할 수도 있습니다. 하지만 진정한 미래의 형상을 실현하기 위해서는 의지 속으로 완전히 들어가야만 비로소 가능해집니다. 의지를 가져야만 그것이 현실이 될 수 있는 것입니다. 표상은 본질적으로 과거와 관련되어 있고 의지는 미래와 연결되어 있기 때문에, 사고는 이미 되어 있는 것이고 의지는 되어 가는 것입니다.

어떤 결정을 의지를 통해 실행에 옮기면, 죽음에 이르기까지 삶속에서 고갈되지 않는 어떤 것이 인간 내면에 남아 있게 됩니다. 모

---

14) 루돌프 슈타이너, **인간에 대한 보편적인 앎** : 57. 슈타이너는 부연을 통해, 인간이 무언가를 바라본 뒤 그것을 추상화함으로써 표상을 얻는다고 여기는 기존의 심리학은 잘못되었다고 말합니다. 상상/형상작용의 감각적 직관이 있기에 표상이 가능하다는 것입니다.

든 의지적 결정과 의지 행위로부터 죽음을 넘어서 연속되는, 인간 내면에 계속해서 살게 되는 무언가가 존재합니다. 이것은 전체 삶을 통틀어 특히 아동기에 고려되어야만 합니다. 우리가 의지의 영역 위에서 교육을 한다면 미래로 나아가는 것이고 살아 있는 것이 됩니다. 사후에 우리가 물질세계의 신체를 다 벗게 될 때 싹으로 있던 의지는 정신세계에서 꽃을 피우고 열매를 맺을 수 있게 됩니다. 만약 우리가 항상 생각으로만 작업을 하게 된다면 우리는 정신세계로 나아가지 못하고 과거를 향하면서 점점 시들어 죽게 될 것입니다.[15] 마찬가지로 교사가 아이들에게 추상적인 개념을 강조하는 식으로 사고 교육만을 한다면, 아이들은 정신적으로 공허해지고 의식적으로는 잠들어 버리게 될 것입니다.

넓게 보았을 때, 생각하는 것 자체도 사실은 의지의 과정입니다. 개념적인 사고를 할 때는 물론 의지가 적게 사용됩니다. 물질적 방식의 사고는 의지가 별로 필요하지 않기 때문입니다. 그에 비해 정신적인 방식으로 사고하려면 굉장한 의지가 필요합니다. 예를 들어, 한 아이가 내적으로 힘들어하고 혼란스러워할 때 그 아이의 겉모습만 관찰하는 것은 비교적 쉬운 일입니다. 그러나 그 아이의 내면에 있는 것이 무엇일까, 하고 생각하는 것은 대단히 큰 의지의 힘이 필요한 일이고 정신적인 작업입니다.

한 사람의 본질적인 내면까지 이해하면서 대화를 하기 위해 비폭력 대화의 방법론을 사용할 수 있습니다.[16] 마셜 로젠버그의 비폭력 대화는 기본적으로 상대방의 언어 표현을 관찰하고, 거기에서

---

15) 루돌프 슈타이너, **발도르프 교육 방법론적 고찰** : 65.
16) [마셜 로젠버그, **비폭력 대화**, 캐서린 한 옮김, 한국NVC센터, 2011] 참고.

어떤 느낌이 드는지 교감하며, 그 안에 담긴 욕구를 바라보는 방식입니다. 그리고 원하는 것을 강요가 아닌 부탁의 방식으로 표현합니다. 이러한 작업은 대단히 치유적이며 의지적인 행위입니다. 교육학은 아이의 내적 영혼에 대해 작업할 때만이 치유적인 효과를 가져올 수 있다고 슈타이너는 강조합니다.

인지학에서는 인간의 내부에 스펙트럼처럼 의지의 여러 단계가 존재한다고 봅니다. 인간의 구성 요소를 일곱 단계로 구분했을 때, 우선 동물과 공유하고 있는 물질체의 '본능(또는 천성)'을 알아야 합니다. 동물은 종류에 따라 각각의 본능을 가지고 있습니다. 사자는 사자의 본능을, 소는 소의 본능을, 독수리는 독수리의 본능을 가지고 있습니다.[17] 물질체 안에서 의지는 본능으로 존재하는데, 생명체가 본능을 지배하기 시작하면서 의지는 '성향(또는 충동)'이 됩니다. 본능이 성향으로 바뀌는 과정은 더욱 내적이고 확고해지는 과정입니다. 왜냐하면 초감각적인 생명체가 의지를 본능에서 성향으로 변형시켰기 때문입니다.

이제 영혼체는 본능과 성향을 더욱 내적인 것으로 만들 뿐만 아니라 의식적으로 만듭니다. 보통 이것을 '욕구'라고 합니다. 욕구는 성향보다 영혼적인 특성을 더 많이 갖습니다. 나아가 자아에 의해 앞서의 의지 형태는 또 다른 형태를 띠게 됩니다. 자아가 지배적일 경우의 의지를 보통 '동기'라고 부릅니다. 동기는 의사 결정이나 어떤 행위의 직접적인 원인이 됩니다. 인간에게 외부의 자극과 내부의 원인은 구별됩니다. 이로 인해 인간은 자기 원인, 즉 자기 이유를 갖

---

17) 이 세 동물의 천성은 발도르프 학교의 4학년에서 도입하는 동물학 수업의 단골 주제이기도 합니다. 각각 인간의 특성과 연관하여 사자는 리듬 체계, 소는 신진대사 체계, 독수리는 감각-신경 체계와 밀접한 관련이 있습니다.

게 되고 자유가 가능해집니다. 동물도 인간처럼 본능, 성향, 욕구를 갖고 있지만 자아가 없기 때문에 동물에게 동기는 없습니다. 동기는 인간만이 가지고 있는 의지 형태입니다.

슈타이너는 인간의 의지를 본능, 성향, 욕구, 동기로 세분하여 설명하면서도 이것만으로는 인간의 의지를 설명할 수 없다고 했습니다. 왜냐하면 우리가 동기를 가졌다고 말할 경우, 그 밑바탕에는 '소망'이 깔려 있기 때문입니다. 인간은 동기로부터 솟아나는 것을 실행한 후에 소망을 분명하게 자각합니다. 이미 행한 것을 후회하지 않고 다음에는 더 잘해야겠다고 마음을 먹는 태도가 중요합니다. 그것은 소망을 분명하게 자각하기 위해 꼭 필요한 과정이기 때문입니다. 이 소망은 이미 정신자아에 속한 것입니다.

모든 인간의 내면 깊이에는 또 다른 존재가 숨어 있습니다. 이미 행한 것을 다음의 비슷한 경우에 더 낫게 이루어 보려고 결단하는 인간이 우리 안에 살고 있습니다. 조건이 비슷한 다음 상황에서 더 나은 행위를 실행하려는 '의도'가 조용하게 울려 퍼집니다. 영혼이 신체에서 해방되면 비로소 이 의도가 '결단'이 됩니다. 의도는 영혼 안에서 완전히 싹의 상태에 머물고 있으며, 결단이 나중에 따르게 됩니다. 의도가 생명정신 속에, 그리고 순수한 소망이 정신자아 속에 있는 것과 마찬가지로 정신인간 속에 결단이 존재합니다. 슈타이너는 수업을 통해 인간 천성의 저 깊은 저변에서 진행되는 일들을 교육적으로 올바르게 작업해야 한다고 이야기합니다.[18]

---

18) 루돌프 슈타이너, **인간에 대한 보편적인 앎** : 105-107.

〈의지의 일곱 단계〉

| 정신인간 | | 결단Vorsatz |
|---|---|---|
| 생명정신 | | 의도Absicht |
| 정신자아 | | 소망Wunsch |
| 의식혼 | | |
| 지성혼 | 자아 | 동기Motiv |
| 감각혼 | | |
| 영혼체 | | 욕구Begierde |
| 생명체 | | 성향Trieb |
| 물질체 | | 본능Instinkt |

## 3) 감정

슈타이너는 살아 있는 전체 영혼 안에서 하나의 활동은 항상 다른 것으로 전이되기 때문에 영혼 능력을 사고, 감정, 의지의 도식으로만 병렬해서는 안 된다고 하였습니다. 만약 인간이 표상 활동, 즉 사고를 하지 않는다면 의지 행위도 불가능합니다. 의지 행위 속에는 늘 표상의 작용이 숨어 있으며, 의지 행위에 표상 활동을 침투시키지 않으면 그 의지는 모두 어두운 본능이 되어 버립니다. 마찬가지로 모든 사고 속에도 의지가 숨어 있습니다. 표상이 어떻게 형성되고, 어떻게 판단과 결론에 이르는지를 살펴보면 사고의 모든 과정에 의지 행위가 흘러들어 감을 알 수 있습니다.

감정 또는 느낌은 사고와 의지의 중간에 놓여 있습니다. 감정은 한편으로는 사고와, 다른 한편으로는 의지와 유사합니다. 인간의 영혼 안에서 사고 행위와 의지 행위를 엄격하게 따로 구분할 수 없듯이, 감정 속에서 의지적인 요소와 사고적인 요소를 구분한다는 것은 거의 불가능에 가깝습니다. 감정 속에서 두 요소는 완전히 융합하여 존재하기 때문입니다.

슈타이너는 기본적으로 감정이라는 영혼 활동을 호감과 반감으로 설명합니다. 우리가 의식하지는 못하지만, 호감과 반감은 우리 내면에서 힘차게 움직이며 수많은 감정을 만들어 냅니다. 그렇게 감정의 세계는 호감과 반감 간의 끊임없는 수축-이완의 리듬을 갖습니다. 호감과 반감이 각각 의지와 사고 안에 잠재적인 형태로 존재하기 때문에, 앞서 말한 것처럼 감정 영역은 한편으로는 의지와 다른 한편으로는 사고와 관련되어 있는 것입니다. 그래서 슈타이너는 감정이 미래를 위해 준비해 둔 예비 단계의 의지요, 예비 단계의 인식이라고 말합니다.

영혼 활동 중 감정 영역에 대한 이러한 설명에서 주목할 만한 것은 인간의 기억이 감정 활동이 일어나는 곳과 동일한 곳에서 일어난다는 사실입니다. 이런 이유에서 슈타이너는 교육에서 지적 개념을 형성할 때 정서적인 요소가 포함된다면 더욱 효과적으로 기억하고 학습할 수 있다는 것을 강조합니다. 오늘날 우리가 강조하는 지적 능력은 정서적인 요소와 상관없이, 오로지 지적 개념과 관념만으로 키우려는 경향이 있습니다. 단지 개념들을 암기하도록 하고 문제 풀이 위주로 구성되는 주지주의적 수업에서는 감정적인 작용이 벌어지기 어렵습니다. 이렇게 해서 습득된 지적 능력은 살아 있고 변화하며 발달해 가는 지성이 아니라 죽어 있는 개념, 딱딱한 지식에 불과합니다.

우리가 수업을 할 때 표상으로만 자연과 세계에 다가서면 아이들은 죽어 가는 과정에 놓입니다. 그러나 의지로 자연과 세계에 다가서면 그것은 살아나는 과정이 됩니다. 교사로서 우리는 수업에서 죽은 것을 지속적으로 살려 내야 하는 과제를 지닙니다.[19] 이 작업이 바로 예술적인 수업입니다. 슈타이너에 따르면 예술적인 작업은 크게 조형-조각적인 것과 음악-시적인 것으로 나뉩니다. 음악-시적인 활동을 통해 우리는 함께 만나 하나가 되지만, 조형-조각적인 활동에 의해 개별화됩니다. 교사는 수업에서 조형-조각적인 활동으로 죽어가는 것을 살려 내어야 합니다. 반면에 음악적인 활동에서는 호감을 너무 강하게 자극하지 않도록 해야 합니다.[20]

감정을 위한 교육 활동은 사고를 위한 활동과 의지의 형성을 위한 활동 사이에 있습니다. 사고를 위해서는 아이들에게 쓰기와 읽기 등을 가르쳐야 합니다. 의지를 위해서는 사실상 모든 활동에서 작업을 해야 합니다. 감정 영역에 작용하는 것은 한 인간을 감동시키는 것, 즉 예술적 활동입니다. 여기에 더해, 아이가 당장은 잘 이해하지 못하고 의미를 파악할 수 없는 추상적인 것도 가르칠 필요가 있다고 슈타이너는 말합니다. 어린아이가 아직 이해할 수 없는 문장을 반복하게 하고 기억하도록 한다면, 그것이 아이의 의지에 작용한다는 것입니다. 처음에는 그 의미를 이해하지 못하더라도 반복을 통해 익힌다면 그것을 기억할 수 있습니다. 예전에는 이해할 수 없던 것을 좀 더 성숙한 뒤 파악할 수 있게 하는 이러한 작업은

---

19) 그렇다고 해서 교사가 개념적인 세계, 표상의 세계를 회피해야 한다는 것은 아닙니다. 사고 교육은 당연히 필요합니다. 다만 예술적인 수업을 통해 그 치우침을 극복해야 합니다. 교육에서 양극단의 균형을 잡는 일은 대단히 중요합니다. 발도르프 학교에서 주요 수업과 교과 수업이 서로를 보완하는 역할을 하는 것과 마찬가지 이유입니다.

20) 루돌프 슈타이너, **발도르프 교육 방법론적 고찰** : 76. 음악-시적인 것을 조형-조각적인 것과 합일시키려는 시도 속에서 발도르프 학교만의 독특한 동작예술 수업인 오이리트미Eurythmie 가 나왔습니다.

의지뿐만 아니라 아이의 감정에도 아주 강하게 작용합니다. 이런 방식으로 수업을 할 때 우리는 어떤 대상이나 현상에 대해 깊이 느낄 수 있는 인간을 길러 낼 수 있을 것입니다.[21]

감정이라는 영혼 활동을 긍정적으로 발달시킬 수 있는 구체적인 방법으로 슈타이너는 전래 동화, 우화나 성인聖人 이야기, 특히 역사적 위인들에 관한 이야기를 그림을 그리듯 생생하게 묘사하여 전달해 주고, 자연의 신비와 아름다움을 일깨워 주는 것, 음악적인 리듬감과 조형적 형태에 대한 감정을 일깨워 주는 것 등을 강조합니다. 전설이나 우화, 신화를 포함해서 아름다움과 상상력의 요소를 강조하는 내용이 발도르프 학교의 주요 교육과정으로 구성되는 것도 슈타이너가 감정 영역의 교육을 강조한 데에서 기인합니다. 그는 상상력을 자극할 수 있는 수업 내용이야말로 삶에 대한 진실을 가르칠 수 있다고 말합니다. 인지학을 통해서 우리는 다시 전설이나 우화, 신화를 새로운 방식으로 바라볼 수 있게 됩니다. 그것들은 영혼의 상상력을 일깨울 수 있는 그림의 형태로 높은 차원의 진리를 표현하기 때문입니다.

덧붙여 수업의 방식으로 제안할 수 있는 것은, 수업을 시작할 때 아이들의 감정적인 영역을 먼저 자극하는 것입니다. 주요 수업에서는 함께 촛불을 켜고 시를 외우고 노래를 하는 활동이 제안됩니다. 일반 수업에서는 간단한 노래나 시, 또는 리코더 연주를 한두 곡 하고 시작하는 것도 좋습니다. 다음으로 의지적인 활동이 벌어지고 아이들은 몸으로 수업을 체험합니다. 저학년일수록 다양한 리듬 활동과 연극적인 놀이를 많이 하는 것이 좋습니다. 그리고 사고 활

---

21) 루돌프 슈타이너, **발도르프 교육 방법론적 고찰** : 134-136.

동을 통해 학습 내용을 정리한 뒤 다시 감정적인 활동으로 수업을 마무리합니다. 노래와 함께 이야기를 들려주는 작업을 할 수 있습니다. 하나의 수업을 가슴에서 시작해 몸으로 활동하고, 이어 머리로 돌아보며 생각해 본 뒤, 다시 가슴으로 마무리하는 형태입니다.

사고와 감정, 의지는 같은 속도로 발달하지 않습니다. 태어나서 첫 7년 동안 아이들은 거의 모든 것을 신체 활동 속에서 배우며 주로 의지 속에서 살아갑니다. 이 기간에 어린아이들은 어른과 좀 더 큰 아이들의 행동을 모방함으로써 배움이 무의식적으로 일어납니다. 아이들의 감정은 7세에서 14세 사이에 가장 강렬합니다. 상상력과 예술이 이 시기의 교육에서 중요한 역할을 합니다. 이 시기에는 아이들의 인간관계 또한 대단히 중요합니다. 발도르프 학교에서는 담임교사와의 오랜 관계를 통해 그 힘을 길러 갑니다. 담임교사는 8년 동안 같은 학급을 맡는 것이 원칙이며, 아이들도 반이 바뀌지 않고 계속 관계를 성숙시켜 나갑니다. 14세 이후에는 인식적이고 지적인 사고가 강하게 깨어나며, 아이들은 취학 전에 계발된 의지와 담임과정 시기에 무르익은 감정을 기반으로 사고력을 형성해 나갑니다.

슈타이너는 아이들의 사고가 어린 시절부터 계속된 세상에 대한 경이로움, 감사함, 경외감 등에 의해 길러진다고 말합니다.[22] 교육뿐만 아니라 삶에서 이러한 느낌은 아주 중요합니다. 물질주의 문화와 주지주의 교육은 인간에게 느낌이라는 게 없는 것처럼 여깁니다. 그러나 인간에게 느낌이란 곧 살아 있음입니다. 어려서부터 섬세한 느

---

22) 존 앨먼, 창조적 사고를 위한 교육 : 발도르프적 접근, 토린 M. 핀서, **8년간의 교실여행**, 과천자유학교출판국 옮김, 과천자유학교출판국, 2005 : 252-253.

낌이 계발되지 않는다면 남는 것은 짜증이나 화, 수치심과 혐오감처럼 부정적인 감정뿐일 것입니다. 영혼을 살찌울 수 있는 기본적 토대는 자신이 이 전체 우주의 일부분이라는 자각과, 삶의 고귀한 면면에 대해 경외감을 느낄 수 있는 태도입니다. 올바른 사고 교육을 위해서도 영유아 시기부터 길러 온 의지와 감정이 얼마나 중요한지 알 수 있습니다.

# 4강

# 정신이란 무엇인가

여기에서 말하는 정신spirit은 정신의학psychiatry의 '정신psyche'과 다른 개념입니다. 현대 의학에서 말하는 '정신'은 인간의 심리적 특성을 말할 뿐 영적 차원에 대해 이야기하지 않습니다. 오로지 영혼의 차원만을 말합니다. 인지학에서 정신이란 영혼과 분명히 구분되는 영적 개념입니다. 외적 세계와 신체 생활에서 나타나는 영혼의 체험에만 주목한다면 정신을 발견할 수 없습니다. 인간의 정신에 대해 탐구하는 사람은 올바른 사고 작업을 통해 스스로를 고찰하여 신체, 영혼, 정신을 명료하게 구분해야 한다고 슈타이너는 말합니다.[1]

---

1) 루돌프 슈타이너, 신지학 : 28.

정신의 영역 역시 삼지적 관점으로 설명할 수 있습니다. 정신은 신체와 관계를 맺음으로써 의식의 여러 상태를 나타냅니다. 정신이 활동할 때 우리는 깨어 있다고 하고, 그렇지 않을 경우 자고 있다고 말합니다. 깨어 있는 것과 자고 있는 것의 중간 상태인 꿈꾸는 상태도 있습니다. 이렇게 정신의 특징인 의식의 상태에는, 깨어 있는 상태, 꿈을 꾸는 잠과 꿈이 없는 깊은 잠의 상태가 있으며,[2] 그러한 의식 상태를 통해서만 정신에 대해 파악할 수 있습니다.

깨어 있는 의식 상태는 사고하고 인식하는 동안의 의식을 말하는 반면, 잠자는 의식은 무의식 상태입니다. 우리가 사고가 아닌 의지를 행할 때는 잠을 잘 때처럼 무의식 상태입니다. 따라서 우리가 깨어서 활동하는 낮 동안에도 의지로서의 인간은 의식의 측면에서는 잠을 자고 있는 셈입니다. 사고와 의지의 중간 정도에 해당하는 감정의 영역에서 의식은 꿈꾸는 상태입니다. 우리가 감정에 사로잡혀 있을 때는 꿈속을 헤맨다고 할 수 있습니다.

인식의 모든 과정에는 자아가 개입되어 있습니다. 그럴 때 자아는 전적으로 의식의 빛 속에 존재하며, 완전히 의식적인 행위 안에 살고 있는 것입니다. 무언가를 인식할 때 우리가 완전히 의식적으로 행하지 않는다면 올바른 인식이란 불가능합니다. 우리가 무언가를 알아차리고 생각에 전념할 때 우리의 자아는 완전한 의식 상태로 그 활동 속에 존재합니다.

그러나 의지의 경우에는 그렇지 않습니다. 가장 단순한 의지 행위 중 하나인 걷기에서 우리는 사실 걷는다는 것을 표상할 때만 완전히 의식적입니다. 한 발자국씩 앞으로 움직여 나아가는 동안에

---

2) 루돌프 슈타이너, 고차 세계의 인식으로 가는 길, 김경식 옮김, 밝은누리, 2003 : 202.

근육 속에서 무엇이 일어나는지, 신체의 조직 내부와 기관에서 무엇이 발생하는지 우리는 전혀 모릅니다.[3] 그 모든 것이 신체 내부에서 무의식적으로 벌어지고 있습니다. 그 속에서 의지는 완전히 잠자고 있어야 합니다. 걸음을 위한 의지에 필수적인 그 모든 장치를 의식적으로 실행해야 한다면 세상에서 배워야 할 것은 한도 끝도 없을 것입니다.

불교의 위파사나 수행에서는 걸음을 걸으며 자기 몸의 느낌에 마음을 집중하라고 합니다. 자연스럽게 걸으며 발바닥이 땅에 닿는 느낌을 알아차리라고 합니다. 순간순간의 느낌에 집중함으로써 의지 행위를 표상하는 것은 직관의 힘을 키워 줍니다. 느낌은 그렇게 의지와 인식하는 사고의 중간에 있습니다. 느낌의 일부분은 의식에 의해 관통되어 있고, 다른 부분은 무의식인 채로 머물러 있습니다. 그래서 느낌 또는 감정은 인식하는 사고의 특성을 지니면서도 느끼는 의지, 혹은 느껴진 의지의 특성을 담당합니다.

다시 인간의 자아와 영혼 상태의 관계를 살펴보면, 사고-인식 작용에서 자아는 형상 안에서 살아갑니다. 지상에서의 생애 동안 자아는 완전히 깨어 있는 상태이고, 자아는 실제의 우주 속이 아니라 단지 우주의 형상 속에서만 살고 있습니다. 이와 달리 감정 활동 안에서 자아는 형상이 아니라, 실제 신체 안으로 들어갑니다. 신체 안으로 들어갈 때 만일 자아가 완전히 깨어 있는 상태라면 자아는 불에 타는 듯한 경험을 하게 될 것이라고 합니다. 감정 활동 중에 자아는 완전히 깨어 있는 상태가 아니라, 꿈을 꾸는 듯한 상태이기 때문에 형상이 아닌 실제 신체 안으로 들어가는 것을 참을 수 있다

---

3) 루돌프 슈타이너, **인간에 대한 보편적인 앎** : 135.

는 것입니다. 따라서 의지 활동 중에 일어나는 것은 무의식 상태에서만 경험할 수 있습니다. 우리의 의지를 외부 세계에 연장해서 그것을 완수하는 경우에도 역시 결코 완전하게 의식의 빛으로 지배하지 못합니다.

이상에서 우리는 자아의 의식에는 깨어 있는 의식, 꿈꾸는 의식, 잠자는 의식 상태가 있음을 살펴보았습니다. 깨어 있는 의식은 계속적으로 잠에 방해를 받습니다. 그러나 적당한 양의 잠 없이는 하루 일과를 망치고 자아의 감정도 파괴될 것입니다. 따라서 잠이 들고 깨어나는 것 사이의 리듬이 매우 중요합니다. 기억과 망각 간의 관계 역시 깨어남과 잠의 관계와 유사합니다. 기억은 복잡한 심상을 깨어나게 하는 것이고, 망각은 심상이 잠의 상태에 있도록 두는 것입니다. 그런데 잠자는 동안에 심상이 성숙해지기도 합니다. 마찬가지로 어떤 심상은 망각 중에 성숙해집니다. 그러므로 잠과 망각이 결코 공백이나 손실만을 의미하는 것은 아닙니다. 발도르프 학교에서 주요 수업(에포크 수업)으로 한 과목을 충분히 가르친 뒤 망각의 시간을 갖는 것은 그래서입니다.[4] 잠을 잘 자고 나면 전날 깨닫지 못한 사실들을 깨닫게 되는 경우가 많은데, 이는 잠을 자면서 우리 내면의 심상이 성숙했기 때문입니다.

자아의 삶에 관해서 영혼과 신체와 관련한 정신적 관점을 정리해 보면 아래와 같습니다.


1 깨어 있음 – 형상적인 인식

---

4) 발도르프 학교에서는 보통 주요 수업 하나를 한 달 동안 진행하고 한 학기나 일 년 뒤에 이어서 합니다. 주요 수업은 주요 교과인 국어, 수학, 사회, 역사, 과학 등을 말합니다. 한 달의 기간은 생명체(에테르체)와 관련이 있습니다.

2. 꿈꾸고 있음 - 영감으로 고취된 감정

3. 잠자고 있음 - 직관하는 의지


　영혼의 각 영역을 의지, 감정, 사고로 나누어 보고, 또 각 영역별로 의식 상태가 다르다고 이해하는 것을 통해, 아이들 개개인에 대해 민감하게 이해할 수 있습니다. 우리는 아이들 개개인이 서로 다른 수준의 의식 상태를 보인다 하더라도 전혀 이상하게 생각하지 않을 것입니다. 예를 들어, 꿈꾸는 듯한 아이가 있을 수 있습니다. 이러한 아이는 영혼의 활동 중 감정(느낌) 영역이 지배적인 경우로, 아직 사고가 충분히 깨어나지 않아 몽상적인 성향이 강하게 나타나는 것입니다. 이러한 아이에게는 강한 느낌을 통해서 영향을 주는 자극이 필요합니다. 그 느낌은 언젠가 사고를 깨우쳐 줄 것입니다. 왜냐하면 삶의 리듬에 따라 잠자고 있는 모든 것은 깨어나기 마련이기 때문입니다. 따라서 느낌 생활 속에서 꿈을 꾸고 있는 아이에게 교사가 먼저 강한 느낌으로 다가가야 합니다. 그러면 그 느낌들이 생각들로 일깨워질 것입니다.

　인지학적 인간학의 입장에서 볼 때 심약해 보이는 아이는 아직 의식이 깨어나지 않은 상태이지만 지금 현재 보이는 상태가 그 아이의 전부는 아닙니다. 그 아이는 나중에 의지 영역에서 강한 성향을 나타낼 수 있습니다. 이런 아이에게 교사는 의지 영역을 자극해 줄 수 있어야 합니다. 자고 있던 의식이 깨어나서 의식적인 의지로 바뀔 수 있게 해야 합니다. 마찬가지로 학생 중에 항상 멍하거나 잠들어 있는 의식 상태처럼 보이는 경우도 있습니다. 간혹 기억력 테스트나 지능검사 등을 통해 그 아이들을 비정상으로 구별하기도 하는데, 이러한 처방은 지나치게 성급한 결론입니다. 인간은 끊임없이 변화하고 성장하기 때문에 의식 상태가 지금은 자고 있는 상태 더라도 언젠가 그 잠에서 깨어날 것입니다. 반대로 조기 교육이나 미디어의 영향으로 너무 일찍 깨어난 아이의 경우에는 적절하게 꿈 꾸고 잠자는 의식 상태가 필요합니다. 이렇듯 교사의 과제는 아이들 의 차이를 구별해 내는 데에서 그치는 것이 아니라, 의식적으로 각기 다른 수준과 상태를 보이는 아이들을 서로 다르게 대할 수 있는 데에 있습니다. 교육은 인간에 대한 정확하고 충분한 이해에서 출발해 서로 다른 특성을 보이는 아이들에게 개별적으로 접근해야 합니다.[5]

---

5) 루돌프 슈타이너, **인간에 대한 보편적인 앎** : 139-141.

# 5강
# 신체란 무엇인가

인간 영혼의 활동은 신체와 관련지어 나타납니다. 신체는 신경-감각 체계와 리듬 체계, 신진대사 체계로 나누어집니다. 신경-감각 체계는 머리 부분, 리듬 체계는 심장과 폐 등의 가슴-몸통 부분, 신진대사 체계는 소화 기관과 사지四肢 부분입니다. 그래서 신경-감각 체계는 사고 과정, 리듬 체계는 감정(느낌) 과정, 신진대사 체계와 사지는 의지 과정을 담당합니다.[1]

| 신경-감각 체계 | 리듬 체계 | 신진대사 체계 |
|---|---|---|
| 머리 부분 | 가슴-몸통 부분 | 소화 기관/사지 부분 |
| 사고 과정 | 감정(느낌) 과정 | 의지 과정 |

---

1) 정윤경, **루돌프 슈타이너의 인지학과 발도르프 학교**, 내일을 여는 책, 2000 : 114-115.

신경 체계를 갖는 머리 부분에는 신경 체계 외에도 리듬 체계의 일부분인 코(호흡 기관)와 신진대사 체계의 일부분인 입과 턱(소화 기관)이 속해 있습니다. 이 점을 보더라도 머리 부분은 다른 리듬 체계나 신진대사 체계보다 충분하게 신체적으로 진화했음을 알 수 있습니다. 따라서 머리는 가장 진화한 신체라고 할 수 있습니다. 머리에서는 생각하고 개념화하며 관념을 형성하는 일을 담당합니다. 이 외에도 다른 신체 기관의 활동들을 종합하고, 생명체의 형성력이 몸의 각 기관으로 퍼지게 하는 역할도 합니다. 이 부분에서 일어나는 성장 활동은 태어나서 처음 7년간이 가장 왕성하고, 약 12세경에 완성됩니다.

리듬 체계는 신체 중 가슴 부분에 해당하는 기관으로 여기에서는 머리에서 형성한 개념과 관념을 중앙에 집중시키는 일을 합니다. 심장 박동이나 들숨과 날숨을 통해 리듬 체계의 활동을 알 수 있습니다. 리듬 체계에서 가장 활발한 활동을 하는 것은 생명체입니다. 외부의 물질세계로부터 머리가 물질인상을 받아들이면, 리듬 체계에서는 물질인상을 소리와 같은 감각인상으로 변형시킵니다. 이러한 감각 작용은 리듬 체계의 활동이자, 머리 부분에서 개념화한 것의 반영이라고 할 수 있습니다. 이 부분의 성장이 왕성한 것은 이갈이가 시작되는 7세 무렵부터 대략 사춘기가 시작되는 14서 무렵까지입니다.

신진대사 체계는 신진대사를 담당하는 소화 기관과 손발이 여기에 속하는데, 이들은 사지의 움직임과 관련되기 때문에 사지 체계라고도 합니다. 사지 체계는 특히 의지와 깊이 관련됩니다. 그리고 사지 체계에서는 영혼체가 가장 활발한 역할을 합니다. 머리는 사고, 가슴은 감정, 신진대사 체계와 사지는 의지로 특징지을 수 있습니다. 그러나 슈타이너는 이것이 절대적인 구분은 아니라는 점을 강조합니다. 예를 들어, 논리적인 것이 주로 머리와 관련되기는 하지만 판단이 의지 영역과 관련되기도 하고, 인정하거나 부인하는 것이 감정과 관련될 수도 있기 때문입니다. 신진대사 체계는 14세 무렵부터 21세 사이에 성장이 완성되며, 사지의 성장도 21세 무렵에는 대부분 끝나게 됩니다.

〈신체의 세 구형〉

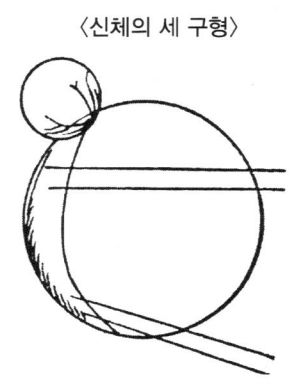

　　인간의 신체는 형태적으로 접근할 수도 있습니다. 신체에는 세 구형이 있습니다. 완성된 신체로서의 머리는 눈으로 보기에도 완전한 구형입니다. 신체적이며 영혼적인 가슴은 구형의 한 조각이기에 부분적으로만 가시적인 초승달 모양입니다. 눈에 보이는 뒤쪽은 신체이고, 보이지 않는 앞쪽은 영혼입니다. 그리고 신체적이고 영혼적이며 정신적인 사지는 극히 작은 부분에서만 가시적인 선의 형태를 띠고 있습니다.[2] 사지의 구형은 아예 보이지 않을 정도로 크기 때

---

2) 루돌프 슈타이너, **인간에 대한 보편적인 앎** : 208.

문어 전 우주를 포함한다고 할 수 있습니다. 그래서 사지의 중심점은 모든 곳에 있습니다. 다시 말해, 사지의 중심점은 정신적인 것에 있고, 가슴의 중심점은 공간에 있습니다. 머리의 중심점은 머리 안에 있습니다. 인간이 자아를 가지고 있는 한 인간의 신체에는 세 중심점이 있는 것입니다.[3]

머리가 좀 더 개별적인 인간을 향하고 있다면 사지는 우주를 향하고 있습니다. 인간의 사지는 우주의 운동과 밀접한 관계를 맺고 있습니다. 사지가 세상을 돌아다니고 세상에서 행동하는 존재라면 머리는 그 움직임을 끊임없이 진정시키고자 합니다. 가슴은 외부의 운동을 머리의 진정시키는 작업에 연결합니다. 형태적인 특징을 통해 알 수 있는 것은 인간의 머리가 우주로부터 온 것으로 천구의 형태라는 사실입니다. 그에 비해 사지는 땅으로부터 왔으며 영혼에서 의지 영역이 그렇듯 정신적인 성격을 지닌, 미래의 싹과 같은 존재입니다. 인간이 사후 정신세계에 돌아갈 때는 사지가 머리가 되고, 그것이 다시 이 땅으로 오는 것이라고 슈타이너는 말합니다. 다음 생의 머리에는 지난 생의 사지 행위 또는 의지 행위가 담겨 있습니다.

정신적 존재들의 도움을 받아 변형된 머리는 역설적으로 가장 신체화된 부분입니다. 한 인간의 특징은 그래서 물질적인 머리에서 가장 강하게 나타납니다. 우리가 누군가를 만날 때 보통 얼굴을 보고 그 사람의 특징을 확인하는 이유입니다. 가슴과 사지는 머리만큼 두드러진 특징을 갖고 있지 않습니다. 머리에 인간의 존재가 대부분 표현되었기 때문입니다. 머리에서 신체는 깨어 있고 영혼은

---

3) 한스 게르하르트 비네켄, **청계자유발도르프학교 외부 초청강사 강연록** – 비네켄 : 144.

꿈꾸며 정신은 잠을 잡니다. 신체가 깨어 있기 때문에 물질적 형성
도 가장 명확하게 되어 있습니다. 가슴은 머리만큼 신체화되지 않
았으며, 가슴에서 영혼과 정신은 꿈꾸고 있습니다. 사지에서 정신
은 깨어 있고 영혼은 꿈꾸는 상태에 있습니다. 사지는 미완성된 신
체이므로 신체적인 부분이 잠을 자고 있습니다. 머리와 사지는 이렇
게 상반됩니다. 가슴은 중간 상태이므로 신체, 영혼, 정신이 모두 꿈
꾸고 있는 것입니다.

〈신체의 세 영역과 의식 상태〉

|  | 정신 | 영혼 | 신체 |
|---|---|---|---|
| 머리 | 잠 | 꿈 | 깨어 있음 |
| 가슴 | 꿈 | 꿈 | 꿈 |
| 사지 | 깨어 있음 | 꿈 | 잠 |

머리에서는 정신이 잠을 자지만, 사지에서는 신체가 잠을 잡니다.
반대로 머리에서는 신체가 깨어 있지만, 사지에서는 정신이 깨어 있
습니다. 여기에 교육적 목표가 내재해 있습니다. 아이들의 머리에서
정신이 잠자고 있으므로 우리는 이를 깨워야 합니다. 그러나 직접
머리를 깨우는 방식이어서는 곤란합니다. 그것은 온전한 인간으로
성장해 가는 존재에게 폭력적인 방식일 수밖에 없습니다. 깨어 있
는 사지의 힘으로 머리의 정신을 깨워야 합니다. 교육은 이런 방식
으로 정신을 일깨우는 작업입니다. 다시 말해, 어린이를 교육한다
는 것은 사지로부터 힘을 가져와 잠자는 머리의 정신을 깨우는 것
입니다. 사지로 교육을 하는 것이지 머리로 하는 것이 아닙니다. 그
래서 발도르프 학교의 저학년에서는 머리가 아닌 사지의 의지로부
터 시작하는 교육을 하고 있습니다.

이갈이를 하기까지는 머리에서 시작되는 신체의 형성이 먼저 존재하며, 가슴에서 시작되는 생명의 발달 과정은 성적 기관의 성숙과 함께 끝납니다. 따라서 초등학교와 중학교 시기의 교사는 아이들의 발달단계에 따라 필요한 것이 무엇인지를 정확하게 아는 것이 특히 중요합니다.[4] 만약 교사가 과도하게 암기를 강요하면 어린아이의 키는 콩나물처럼 치솟을 거라고 슈타이너는 말합니다. 인간의 성장력을 촉진하는 것은 기억력 형성과 관계가 있기 때문입니다. 반대로 상상을 너무 많이 요구하게 되면 신체적 성장은 억제됩니다. 이렇듯 기억과 상상은 생명 발달의 힘과 비밀스러운 관계를 지니며, 교사는 이러한 관계를 주시하기 위한 안목을 길러야 합니다.

한 인간은 사지를 통해 전체 우주와 관계합니다. 되어 가는 모든 아이들을 바라보며 '너희가 어떤 것을 하면 그것은 우주 전체에서 의미 있는 것이다'라고 교사는 생각해야 합니다. 각자의 아이 내면에 대우주로부터의 중심이 존재합니다. 교실이 곧 그 중심점입니다. 대우주를 위한 수많은 중심점이 있는 것입니다. 이러한 감성을 지닐 때 교육은 예술이 될 수 있습니다. 슈타이너는 참된 교사가 되기 위해서는 전체 수업 내용을 상상력으로 채우고 항상 새롭게 형성하려고 노력해야 한다고 말합니다. 그리고 지금까지 인간학에서 다루었던 내용을 분명하게 관철해야 한다고 강조합니다. 그는 발도르프 교육학을 수용하려는 사람을 위해 다음과 같은 좌우명을 제시하였습니다.[5]

---

4) 루돌프 슈타이너, **교육의 기초로서의 일반인간학** : 222-223
5) 루돌프 슈타이너, **인간에 대한 보편적인 앎** : 288. 슈타이너는 교사들이 정신세계를 탐구함으로써 영시의 힘(상상력), 영청의 힘(영감), 영적 합일의 힘(직관)을 갖추길 원했습니다. 이것은 상상력의 필요성, 진실에 대한 감각, 책임감이라는 교육자의 세 가지 핵심적 덕목과 연관이 있습니다.

판타지 능력을 그대 자신에게 불어넣으라,

진리에 대한 용기를 지니라,

영혼의 책임감을 날카롭게 하라.


Durchdringe dich mit Phantasiefähigkeit,

habe den Mut zur Wahrheit,

schärfe dein Gefühl für seelische Verantwortlichkeit.

# 인지학 용어의 한국어 번역

   '신체, 영혼, 정신'의 독일어 용어는 'Leib, Seele, Geist'입니다. 영어권에서는 'body, soul, spirit'으로 번역하고, 중국에서는 '身, 心, 靈'[1], 일본에서는 '体, 魂, 靈' 등으로 번역해 사용합니다. 한국에서는 역자에 따라 '몸, 혼, 영', 또는 '신체, 영혼, 정신' 등으로 번역합니다.

   한국에 나온 슈타이너 저서의 번역본을 살펴보면 양억관, 김성숙처럼 일본인 인지학자 타카하시 이와오의 일어본을 중역한 경우 '몸, 혼, 영'이라는 용어를 사용합니다. 물병자리 출판사에서 나온 《초감각적 세계 인식》이나 《신지학》, 《교육의 기초로서의 일반인간학》 등의 책을 보면 그렇습니다. 김정임, 이정희, 변종인, 최혜경처럼 독어본을 바로 번역한 경우 '신체, 영혼, 정신'이라는 용어를 씁니다. 그런데 최혜경의 경우 《인간에 대한 보편적인 앎》을 비롯한 밝은누리 출판사에서 나온 책들에서 '영혼적'이라는 표현을 '영적'으로, 다시 달해 영혼을 영으로 쓰기도 하므로 '몸, 혼, 영'의 용어에 익숙한

---

1) 중국의 루돌프 슈타이너 전집번역위원회에서 Geist를 영靈으로 번역하도록 정하기 전에는 정신精神으로 쓰이기도 했습니다. 중국의 첫 발도르프 학교인 청두발도르프학교成都华德福学校 홈페이지(waldorfchina.gotoip2.com) 참고.

사람은 혼동하기 쉽습니다. 섬돌 출판사에서 《인지학이란 무엇인가》의 영어본을 중역한 조준영의 경우에는 '신체' 대신 '육체'를 쓰기도 했습니다.

이처럼 한국에서는 기본 용어가 통일되지 않고 사용되기에 혼란스러울 때가 많습니다. 보통 Leib에 대해서는 몸, 신체, 육체 등이 쓰이고, Seele는 영혼 또는 혼, Geist는 영이나 정신이라는 말이 혼재되고 있는 실정입니다. 이는 인지학 및 발도르프 교육학을 수용하는 초기 과정에서 번역이 개별적인 작업 위주로 이루어졌기 때문입니다. 따라서 앞으로는 번역 작업을 한국 전체에서 통합하여 진행할 필요가 있습니다. 무엇보다 인지학 기본 용어들을 통일하는 작업이 선행되어야 할 것입니다.

슈타이너는 《신지학》에서 인간의 구성 요소를 설명할 때 Leib뿐만 아니라 Körper를 쓰기도 합니다. 영어권에서는 둘 다 body로 번역하지만, 중국의 번역위원회에서는 둘을 구분하여 Leib을 신身으로, Körper를 체體로 번역하였습니다.[2] 이에 대해 한국에서는 둘 모두를 '몸'으로 쓸 수 있는 동시에 Leib을 신체, Körper를 육체로 번역하는 것을 제안해 봅니다. 독일어 'Reinkarnation'을 흔히 '재육화再肉化'로 번역하는 것으로 볼 때 '육肉'이라는 말은 물질적인 느낌을 더 강하게 띠는 듯합니다. 자의字意를 풀이해 보면 육肉이 살과 근육 등 물질적인 고깃덩이라면, 체體는 뼈, 신경 등의 골격 구조와 관련이 깊습니다. 신身은 아이를 뱃속에 갖고 있는 임산부의 모습을 형상화한 것으로 변화의 가능성을 내포한 인간 존재로서의 몸

---

2) 중국에서는 슈타이너 전집을 간행하기 위해 번역자들이 함께 용어를 통일한 뒤 그 첫 작업으로 2011년 《신지학》을 완역하고 부록으로 인지학 용어집을 편찬했습니다. ([人智學研究的工具, 正式的人智學詞彙表, 2011] 참고).

을 뜻한다고 할 수 있습니다. Leib이라는 말에는 실제로 자궁 또는 모태라는 'Mutterleib'의 의미를 내포하고 있습니다. 그래서 일반적인 Leib은 신체로 표기하되, 합성어의 경우에는 '-체'만 사용해 Physischer Leib, Ätherleib, Astralleib 등은 각각 물질체, 에테르체, 아스트랄체로 옮기고, Physischer Körper의 경우에도 물질체로 번역하는 것이 좋겠습니다.

독일어 용어를 완벽하게 한국어로 옮기는 것은 애당초 불가능합니다. 하나의 용어를 선택한다 하더라도 그 용어가 가지고 있는 본래의 의미와 새로 정립한 의미가 불협화음을 일으키는 데다, 독일과 한국의 문화 전통이 다르기 때문에 사고의 바탕부터 상이할 수밖에 없습니다. 번역 용어는 그러한 한계를 껴안고 가야 합니다. 한문학의 관점에서는 인간의 삼지체를 '신, 심, 신身, 心, 神'으로 제안할 수 있는데, 언어적으로도 身, 心, 神은 깊은 관계이기 때문입니다. 한문에서는 통가자通假字라 하여 음이 같으면 뜻이 서로 통하는 경우가 많습니다. '身, 心, 神'이 대표적인 경우라고 할 수 있습니다. 음만 같고 뜻은 상관없는 경우에는 동음자同音字라고 합니다. 그러나 신神이 Geist보다 Gott(신, 조물주)을 연상시킬 뿐만 아니라 신身과 음이 같아 혼동될 수 있으니 중국이나 일본처럼 영靈을 쓰는 것이 더 나을 수도 있습니다. 물론 독일어 Geist가 갖는 분명하고 깨어 있는 어감을 영이 충분히 살릴 수는 없다고 봅니다. 그래서 독어본을 번역하는 분들이 '정신'이란 말을 더 선호하는 경향이 있습니다. 그 절충점으로 정신과 영을 함께 쓰는 것을 제안할 수 있을 것입니다. 마찬가지로 Seele 역시 영혼과 혼을 함께 쓰고, Leib도 신체와 몸을 상황에 따라 바꾸어 쓸 수 있도록 허용하는 것입니다. 단, 그 이외의 옹어는 혼선을 피하기 위해 사용하지 않는 게 좋겠습니다.

## ⟨신지학의 기초 용어⟩

| | |
|---|---|
| 1. Physischer Körper | 1. 물질체 |
| 2. Ätherleib oder Lebensleib | 2. 에테르체 또는 생명체 |
| 3. Seelenleib | 3. 영혼체 |
| 4. Empfindungsseele | 4. 감각혼 |
| 5. Verstandesseele | 5. 지성혼 |
| 6. Bewußtseinsseele | 6. 의식혼 |
| 7. Geistselbst | 7. 정신자아 |
| 8. Lebensgeist | 8. 생명정신 |
| 9. Geistesmensch | 9. 정신인간 |
| 1. Der physische Körper | 1. 물질체 |
| 2. Der Äther- oder Lebensleib | 2. 에테르체 또는 생명체 |
| 3. Der empfindende Seelenleib | 3. 감각을 지닌 영혼체 |
| 4. Die Verstandesseele | 4. 지성혼 |
| 5. Die geisterfüllte Bewußtseinsseele | 5. 정신으로 충만한 의식혼 |
| 6. Der Lebensgeist | 6. 생명정신 |
| 7. Der Geistesmensch | 7. 정신인간 |
| 1. Physischer Leib | 1. 물질체 |
| 2. Lebensleib | 2. 생명체 |
| 3. Astralleib | 3. 아스트랄체 |
| 4. Ich als Seelenkern | 4. 나 – 영혼의 핵심 |
| 5. Geistselbst als verwandelter Astralleib | 5. 정신자아 – 변화된 아스트랄체 |
| 6. Lebensgeist als verwandelter Lebensleib | 6. 생명정신 – 변화된 생명체 |
| 7. Geistesmensch als verwandelter physischer Leib | 7. 정신인간 – 변화된 물질체 |

그러나 아쉬움은 남습니다. 번역 용어로 한자말을 많이 쓰는 게 한국어가 갖고 있는 정신성을 놓치는 일이라고 생각하기 때문입니다. 인간의 삼지체를 고유의 우리말로 옮긴다면 '몸, 마음, 얼'이라고 할 수 있습니다. 서양의 영혼 개념에 해당하는 우리말은 '넋'일

것입니다. 영혼과 넋의 사전적 의미는 다 같이 '사람의 몸속에 있어 마음의 작용을 다스린다고 생각되는 것'입니다. 넋이 틀이라면 마음은 그 안의 알맹이라고 할 수 있습니다. 그러나 넓게 보자면, 넋이 곧 마음이고, 마음이 곧 넋입니다. 실제로 그 둘이 섞여 쓰이는 경우도 흔합니다. 다만 일상적인 언어생활에서 넋보다 마음이 널리 쓰이므로 중국의 경우처럼 Seele를 심心, 즉 마음이라고 옮기는 게 좋을 듯합니다.

마음은 느낌과 생각, 뜻으로 이루어져 있습니다. 몸은 마음을 담는 그릇이고, 마음은 얼을 담는 그릇입니다. 우리말로 철학을 했던 다석 류영모는 사람의 주인이 곧 얼이고, 이 얼은 절대자인 신으로부터 온 것이라고 말합니다.[3] 또한 우리말을 온전히 담아낼 수 있는 문자를 한글이라 한다면, 한글에는 우리말의 정신성이 고스란히 담겨 있습니다. 그리고 한글은 소리의 성질을 글자로 표현한 문자이기 때문에 입말과 글말이 하나입니다.[4]

한국에서 좀 더 심화된 인지학 연구를 하기 위해서는 'Geist, Seele, Leib'을 '몸, 마음, 얼'과 비교해 보고, '몸, 마음, 얼'의 언어적 토대인 한글의 창제 원리를 들여다볼 필요가 있다고 생각합니다. 알려진 대로 기득권인 사대부의 반발에도 불구하고 세종대왕과 집현전 학자들은 중국 문자와 다른 우리의 고유한 문자인 한글을 창제하였습니다. 여기에는 동양의 고유한 사상인 음양오행陰陽五行과 천지인天地人의 원리가 담겨 있습니다. 훈민정음 해례본에 이러한 창제

---

3) 씨알사상의 창시자라 할 수 있는 류영모는 '얼'의 개념에 그리스도교의 영, 성령 같은 종교적인 의미를 부여하였습니다. ([류영모, **다석 마지막 강의**, 교양인, 2010] 참고.)
4) 윤석빈, 훈민정음의 제자원리와 사이존재로서의 인간, **동서철학연구, 제61호**, 한국동서철학회, 2011 : 436.

원리가 자세히 나와 있습니다.

한글의 자음은 오행의 원리에 따라 만들어졌는데, 오행에 해당하는 문자를 보자면 목<sup>木</sup>은 'ㄱ, ㅋ', 화<sup>火</sup>는 'ㄴ, ㄷ, ㅌ', 토<sup>土</sup>는 'ㅁ, ㅂ, ㅍ', 금<sup>金</sup>은 'ㅅ, ㅈ, ㅊ', 수<sup>水</sup>는 'ㅇ, ㅎ'입니다. 'ㄹ'은 이 오행 체계에 포섭되지 않는 정신적인 말이라고 할 수 있습니다. 이와 달리 모음은 천지인에 따른 것으로 양<sup>陽</sup>의 하늘소리 'ㆍ'(아래아)와 음<sup>陰</sup>의 땅소리 'ㅡ', 그리고 음양을 다 갖추어서 균형을 이룬 사람소리 'ㅣ'가 어울려 만들어졌습니다.[5]

### 제자 원리로 살펴본 우리말 속의 몸·마음·얼

우리말 '몸'의 제자 원리를 살펴보면, 몸은 초성과 종성이 모두 입술소리(순음) 'ㅁ'이고, 중성이 'ㅗ'입니다. 'ㅁ'은 윗입술과 아랫입술이 합해지는 모양이며, 성질은 만물을 품어 간직하므로 넓고 큰 것입니다. 오행으로는 토<sup>土</sup>[6]이고, 계절로는 늦여름, 음으로는 궁<sup>宮</sup>이 됩니다. 오행에서 土는 정기<sup>精氣</sup>를 품어 물질을 태어나게 하며 질적인 변화를 가져옵니다. 비유하자면, 흙이 씨앗을 품고 있다가 싹이 나도록 하는 것과 같습니다.[7] 중성 'ㅗ'는 하늘소리 'ㆍ'와 땅소리 'ㅡ'가 만나서 만들어졌습니다. 이는 하늘과 땅이 처음 사귀는 뜻입니다. 'ㆍ'가 'ㅡ' 위쪽에 놓인 것은 'ㅗ'가 낮이기 때문이며, 이 소리는 하늘소리 'ㆍ'에서 입을 오므린 소리입니다. 'ㅗ'는 'ㆍ'와 비슷하나 'ㆍ'보다 더 닫히고 둥근 하늘과 평평한 땅의 어울림을 취했

---

5) [김명호, **한글을 만든 원리**, 학고재, 2005] 참고.
6) 오행의 세 번째인 土는 중앙에 위치하여 왕과 같이 다른 木, 火, 金, 水를 다스립니다. 그래서 土는 만물을 담고 있는 땅의 주인으로서 곤<sup>坤</sup>의 체<sup>體</sup>가 되는 것입니다.
7) [강진원, **알기 쉬운 역의 원리**, 정신세계사, 2003] 참고.

습니다.

이렇게 보면 몸은 만물을 품어 간직한 땅과 같은 것으로 새로운 물질을 태어나게 하고 질적인 변화를 가능케 하는 인간의 그릇이라고 할 수 있습니다. 즉, 몸은 마음과 얼을 담는 그릇이자, 집家입니다. 음성학적으로도 몸은 앞뒤로 열려 있기보다 닫혀 있어서 위로는 하늘 ㅁ양의 덮개이고 아래로는 땅 모양의 덮개입니다. 실제로 인간의 머리는 둥근 하늘의 모양이고, 사지는 평평한 땅의 모양입니다.

우리말 'ㅁ'은 어떤 것들이 모여 있는 모습을 형상화한 것입니다. 'ㅁ'이 두 개인 것은, 하나는 하늘을 모은 것을, 다른 하나는 땅을 모은 것을 형상화한 것입니다. 우리의 몸은 하늘과 땅을 모은 것입니다. 이 몸이 마음이 됩니다. 'ㆍ'는 없었던 것, 보이지 않던 것이 막 밖으로 나오는 것을 형상화한 것입니다. 하늘을 모으고 땅을 모은 것들이 밖으로 나가기 시작하는 것입니다. 마음과 마음이 만났을 때 우리는 각자가 가지고 있는 하늘과 땅에 대해 모은 것을 서로 나누어 갖습니다. 마음과 마음이 오갈 때는 서로의 마음속에 있는 세계가 왕래를 하는 것입니다.[8]

'마음'은 줄여서 '맘'이라고 하기도 합니다. 맘은 '몸'에서 중성만 달라진 말입니다. 'ㅏ'는 'ㆍ'와 비슷하나 입이 더 벌어집니다. 그 모양은 사람소리 'ㅣ'와 하늘소리 'ㆍ'가 합하여 이루어진 것입니다. '마음'은 그것에서 더 길게 소리를 낸 것으로 'ㅏ'에 땅소리 'ㅡ'가 이어진 것입니다. 즉, 맘(마음)은 하늘과 땅의 작용이 사물에 나타나지만 사람을 기다려서야 이루어지는 뜻을 취한 것입니다. 이렇게 보면 맘은 몸과 같이 하나의 그릇으로 몸보다는 열려 있는 형태입니다. 몸

8) 이기상, **다석과 함께 여는 우리말 철학**, 지식산업사, 2003 : 35-37.

이 상대적으로 닫혀 있는 그릇이라고 한다면 맘은 열려 있기도 하고 닫혀 있기도 한 그릇인 것입니다. 이 그릇 속에 얼이 담깁니다. 그리고 그 한가운데에는 사람이 있습니다.

마음의 사전적 의미는 크게 네 가지로 분류할 수 있습니다.

1) 사람의 지智·정情·의意의 움직임. 또는 그 움직임의 근원이 되는 정신적 상태의 총체.

2) 시비선악을 판단하고 행동을 결정하는 정신 활동. 사려분별思慮分別, 생각.

3) (외부로부터의 자극에 대하여 일어나는) 기분. 느낌.

4) (어떤 사물이나 행동에 대하여) 속으로 꾀한 뜻.

1)은 몸에 머물면서 마음의 작용을 맡고 생명을 부여하는 비물질적 실체인 영혼 또는 넋과 통합니다. 2), 3), 4)는 각각 지智·정情·의意, 즉 생각·느낌·뜻의 작용을 말하는 것입니다.

우리말 '얼'은 신비하고 오묘한 낱말입니다. 우선 초성 'ㅇ'은 목구멍의 모양을 본뜬 목구멍소리(후음)입니다. 목구멍은 깊고 젖어 있으므로 오행에서 水입니다. 소리가 비어 있고 막히지 않는 것이, 물이 거침없이 흐르는 것과 같습니다. 水는 음(ㄱ)과 양(ㄴ) 사이에서 한 가닥 흘러나오는 물(ㅣ)을 뜻하므로 만물 생성의 시작을 의미하지만,[9] 만물이 활동을 마치고 갈무리하는 겨울의 의미도 동시에 갖고 있습니다. 한 해가 끝나는 순간이 곧 새로운 해가 시작되는 순간인 것과 같은 원리입니다. 극단과 극단은 통하는 것처럼 음의 극단

---

9) 오행의 시작은 木이지만, 더 근원적인 시작은 水라고 할 수 있습니다.

에 닿아 양의 극단이 시작되는 것입니다. 水는 잎을 모두 떨군 나무들처럼 부귀와 귀천의 구분이 없는 상태이고, 사람으로서는 올바른 지혜와 경청을 뜻합니다.

중성 'ㅓ'는 하늘소리 'ㆍ'와 사람소리 'ㅣ'가 합하여 이루어진 것으로 소리는 'ㅡ'와 비슷하나 입이 더 벌어집니다. 'ㅏ'와 마찬가지로 하늘과 땅의 작용이 사물에 나타나지만 사람을 기다려서야 이루어지는 뜻을 취한 것입니다. 'ㅏ'가 세계를 향해 열려 있는 형상이라면, 'ㅓ'는 자기 내면으로 열려 있는 꼴입니다. 'ㅏ'가 바깥을 바라보고 있는 것이라면, 'ㅓ'는 안으로 돌려진 시선입니다. 'ㅓ' 소리는 내면의 하늘(내적인 정신세계)을 향한 인간 자아의 근원이라고 할 수 있습니다.

종성 'ㄹ'은 음양오행의 체계에서 벗어난 반설음半舌音으로 맑지도 탁하지도 않은不淸不濁 소리이자, 자유롭게 흐르는 소리流音입니다. 이 'ㄹ'은 우리말에서 가장 많이 쓰이는 자음일 뿐만 아니라 우리 겨레의 모든 살림살이에 담겨 있는 정신적인 말입니다.[10] 얼의 알맹이를 이루는 고갱이 말들이 모두 'ㄹ'로 이루어진 것들입니다. 예를 들어, 우리가 살고 있는 곳에 대한 순수한 우리말을 살펴보면, 하늘은 날(해), 달, 별로 이루어졌고 땅은 들, 물(강, 호수), 바랄(바다)로 덮였으며 사람이 사는 곳은 깊은 굴, 산골, 시골, 마을, 고을 등이 있습니다. 또, 우리 조상들은 인간과 동물의 차이를 얼이 있고 없음으로 따졌는데, 얼이 나간 사람을 얼간이나 얼뜨기라고 불렀습니다. '얼'이 있어야 사람 될 자격이 있고, '말'이 있어야 겨레로서 행세할 수 있으며, '글'이 있어야 문화살이를 할 수 있다는 것입니다.

---

10) [경재도, **우리말의 신비 'ㄹ'**, 지식산업사, 2005] 참고.

# 2부

# 인간의 발달

# 6강

# 7년 주기 발달론

발달發達이란 말은 성장하여 완전한 형태에 가까워진다는 뜻을 갖습니다. 인간의 발달에서 완전한 형태란 신체적인 특성뿐만 아니라 영혼적인 특성과 정신적인 특성도 포함합니다. 식물이 자신만의 발달 경로를 따라 작은 씨앗에서 싹과 뿌리가 나오고 성장하여 무성한 잎과 아름다운 꽃을 피우듯 인간도 신체와 영혼, 정신의 세 측면에서 고유한 발달단계를 거칩니다. 신체의 성장이 완성되는 어린 시절 이후에도 우리의 영혼과 정신은 계속하여 발달합니다. 또한 신체와 영혼, 그리고 정신은 유기적으로 연결되어 있기에 어린 시절의 전인적인 성장은 인생을 통틀어 가장 중요하다고 할 수 있습니다. 발도르프 교육은 이런 의미에서 전인교육을 추구하며 교육 방식에서 발달론적 입장을 취합니다.

인지학적 인간학에서는 수직적인 발달단계뿐만 아니라 각 요소들의 수평적인 연결과 상호작용을 중요하게 여깁니다. 신체, 영혼, 정신은 각 영역 안에서 유기적으로 서로 연결되고 영향을 주며 순차적으로 발달합니다. 신체에서는 머리와 가슴, 그리고 손발이 또 다른 질서를 갖추고, 영혼에서는 사고·감정·의지가, 정신에서는 의식의 세 영역인 잠자고 꿈꾸고 깨어 있는 상태가 고유의 리듬 안에서 작용합니다.

슈타이너는 7년을 주기로 인간의 질적인 변화가 찾아온다고 말합니다. 7년마다 인간의 구성 요소가 하나씩 단계적으로 탄생하고 성장한다는 뜻입니다. 신체가 완성되는 첫 시기는 물질체의 탄생부터 생명체, 영혼체의 탄생을 거쳐 자아체가 탄생하는 21세까지입니다. 자아의 탄생을 다른 관점에서 본다면 영혼의 성장이 본격화되는 출발점이라고 할 수 있습니다. 그래서 21세에 감각혼이 탄생하고, 28세에 지성혼, 35세에 의식혼이 탄생합니다. 세 번째로 정신이 완성되는 마지막 시기는 42세와 49세, 56세에 각각 정신자아와 생명정신, 그리고 정신인간이 탄생합니다. 그러나 21세 이후에는 스스로 노력하지 않는 한 내면의 성장이 제대로 이루어지지 않습니다. 그래서 자아가 탄생하는 21세부터를 '자기 자신이 스스로를 교육할 수 있는 시기'라고 부릅니다.

앞서도 말했듯이 인지학에 따르면 인간은 죽어서 그냥 사라지고 마는 것이 아니라 내적 본질이 그가 본래 있던 정신세계에 돌아갔다가 다시 윤회하는 것이라고 봅니다. 우리의 신체가 늙고 병들어 죽는다 해도 인간의 고유한 정신은 죽지 않고 정신세계와 물질세계를 오가는 것입니다. 그렇다면 인간은 누구나 이미 여러 번 윤회한 존재라고 할 수 있습니다. 그래서 '재육화'라는 용어를 씁니다.

슈타이너는 우리가 저마다의 카르마, 즉 업에 의해 지상으로 다시 돌아올 수밖에 없다고 합니다. 이것을 '소명'이라 부를 수도 있고, '과제'라고 부를 수도 있을 것입니다. 어쩌면 지상의 삶은 저마다 고유한 과제를 풀기 위해 입학하는 하나의 커다란 학교라고 할 수 있습니다.

물론 지상에 내려오고 싶다고 마음대로 내려올 수 있는 것은 아니라고 합니다. 정신세계에는 지상으로 내려가 성장하고자 하는 존재들이 가득하고, 그래서 인간으로 이번 생을 받은 것은 매우 귀한 일이라고 할 수 있습니다. 이렇게 귀한 인생은 결국 의식의 진화에 그 뜻이 있는 것으로 보입니다. 인간으로서 우리가 진화할 것은 더 이상 신체가 아니라 의식일 것입니다. 더 참된 존재로 거듭나기 위해 소중한 생을 받아 이 땅에 온 것입니다. 그것은 아이들도 마찬가지입니다. 이렇게 육화된 현존재가 정신적인 것의 연속이라는 점, 고차 세계의 존재에 의해 배려된 것들을 교육을 통해서 이어 가야 한다는 것이 인지학의 주요 관점입니다. 교사는 아이의 내면에 고차 세계의 존재가 출생 이전에 이룬, 계속해서 실행해야 할 것이 있다는 사실을 의식해야만 합니다.

저 정신세계에 있던 존재가 세상에 나오기 위해서는 어머니의 뱃속에서 열 달간 머물러야 합니다. 모체만이 태아의 환경이며, 태아는 따뜻한 자궁 속에서 탯줄을 통해 영양을 공급받아 성장합니다. 그렇게 열 달이 지나고 난 뒤에 아이가 태어나는 것을 '물질체의 탄생'이라고 부릅니다. 아이의 물질체는 이때 탄생하는 것이지만 생명체와 영혼체, 그리고 자아체는 아직 탄생하지 않았습니다. 태아는 자궁 밖을 벗어나도 될 만큼 물질체가 성장했기에 태어날 수 있습니다. 태어나기 전의 아이가 어머니의 보호막에 둘러싸여 있는 것처럼 다른 세 지체도 각자의 보호막에 싸여 보호받고 성장합니다. 생명체는 만 7세가 되는 이갈이의 시기까지, 영혼체는 이차성징이 시작되는 사춘기에 들어설 때까지 각자의 보호막으로 둘러싸여 있습니다. 어머니의 탯속에 이미 인간의 물질적 신체가 있지만 때가 되지 않으면 탄생하지 못하는 것처럼 다른 지체들도 마찬가지입니다.

0세에서 21세까지는 육화의 시기, 여러 번 윤회했다는 걸 인정한다면 재육화의 시기라고 할 수 있습니다. 육화란 고유한 존재로서 정신-영혼이 몸으로 들어오는 것, 또는 지상의 삶으로 내려오는 것을 말합니다. 육화의 과정은 자신의 본성에 따른 질서와 시간에 따라 서서히 드러나므로 재촉하거나 방해해서는 안 됩니다.[1] 이때는 신체가 성장하는 시기로 머리에서 가슴, 사지의 순으로 신체 기관이 완성됩니다. 신체의 각 기관과 조직이 제 기능을 할 수 있도록 발달을 이룸과 동시에 주위로부터 다양한 것을 '받아들이는' 시기입니다.[2]

이러한 육화의 시기는 '자아'가 탄생하기까지의 과정이기도 합니다. 그런데 각각의 주기에는 '자아의 위기'가 찾아옵니다. 각 7년 주기의 중간에 찾아오는 위기는 개인화의 중요한 단계를 결정하게 됩니다. 첫 번째 위기는 2~3세 사이에 옵니다. 이때 아이는 자신의 신체를 자기 자신의 본질로, 즉 '나' 자신으로 체험합니다. 두 번째 위기는 9~10세 사이에 오며, 신체적인 분리 이후 영혼적인 분리를 체험하게 됩니다. 이때 아이는 '나' 자신만의 생각과 감정을 깨닫

---

1) 라히마 볼드윈 댄시, **당신은 당신 아이의 첫 번째 선생님입니다**, 강도은 옮김, 정인출판사, 2002 : 55.
2) 크레용하우스(JAPAN) 편집부 엮음, **우리집은 발도르프 유치원**, 고향옥 옮김, 청어람미디어, 2010 : 38.

게 됩니다. 자기가 느끼고 생각하고 바라는 게 자기만의 것임을 알게 되는 것으로 세상과 내가 분리되었다는 걸 느낍니다. 이 시기의 아이는 어른의 부정직한 언행과 그로 인한 모순, 아집 등을 보게 됩니다. 이와 같은 경험은 아이에게 혼란과 권위의 상실, 정신적 고독과 좌절 등을 가져옵니다.

세 번째 위기는 16~17세 사이에 일어납니다. 이 시기에는 정신적인 분리를 체험하며 정체성의 위기를 겪습니다. 앞서의 두 위기가 각각 '아, 이 몸이 나구나!', '내 마음이 나였어!'라고 한다면, 이때의 자각은 '나는 대체 누구지?'라는 물음과 같습니다. 더 이상 권위는 바깥에서 오지 않고, 이제 자기 안에서 새로운 권위를 찾아야 할 때입니다. 아이는 이 시기에 자신의 한계를 시험하고자 하며, 이는 죽음의 문제에 대한 몸부림이라 할 수 있습니다. 이러한 한계 체험을 통해 자기 삶의 의미를 찾고자 합니다.[3]

논의를 쉽게 하기 위해 슈타이너가 나눈 인생의 7년 주기 중 어린이에 관한 세 부분(0~7세, 7~14세, 14~21세)을 유아기, 아동기, 청소년기로 정리하겠습니다. 그 이후인 성인기는 간략하게 다루겠습니다. 그리고 모든 나이는 만 나이로 통일합니다. 발도르프 학교의 학제에서 7학년은 우리나라 중학교의 1학년이고, 10학년은 고등학교 1학년 나이와 같습니다.

---

3) 베른트 루프, 청소년기의 발도르프 교육, **강남대학교 인문과학논집**, 창간호, 1996 : 302.

## 1) 유아기

물질체의 탄생 이후 생명체가 탄생하는 이갈이 시기까지의 유아기는 이 세상을 살아가기 위해 가장 기본이 되는 물질체의 발달이 이루어집니다. 우리 몸 중에서 가장 단단한 부위가 성장을 마칠 때쯤이면 내부 장기들도 제대로 된 형태를 거의 다 갖추게 됩니다. 또한 신경생리학적으로 볼 때 뇌의 발달도 상당히 진행이 된 상태입니다. 우리는 이 시기의 아이의 신체 기관들이 스스로 올바른 형태를 만들 수 있도록 도와야 합니다.

어머니 몸속의 힘과 체액이 했던 일은 이제 외부의 물리적 세계의 힘과 요소들이 담당합니다. 따라서 출생 이후에 우리는 아이에게 적합한 주변 환경을 마련해 주어야 합니다. 왜냐하면 올바른 주변 환경만이 아이의 신체 기관을 정상적인 형태로 만들어 주기 때문입니다. 여기에서 환경이란 물질적 환경뿐만 아니라 아이를 둘러싸고 행해지는 모든 것들, 도덕적이거나 비도덕적인 행위, 영리하거나 멍청한 행동까지 모두 포함됩니다. 이 시기의 아이는 자기 몸을 통해, 즉 감각을 통해 다가오는 세계의 인상을 받아들입니다. 모든 감각이 외부 세계에 활짝 열려 있습니다.

주변 환경에 절대적인 영향을 받는 유아기의 발달 원리는 모방과 모범이라고 할 수 있습니다. 이 시기의 아이는 주변 환경의 모든 것을 모방하고, 그 모방 속에서 아이의 신체 기관은 그때 간직한 형태들로 스스로를 형성해 갑니다. 당연히 우리 어른들은 아이들의 모범이 되어야 합니다. 전 생애에 걸친 아이의 건강은 이 시기에 주변 어른들이 어떠한 몸가짐을 하느냐에 따라 달려 있다고 해도 과언이 아닙니다.

정신세계에 머물던 존재가 이 물질세계에 인간으로 태어나는 순간 정신-영혼과 신체는 아직 조화롭게 어울리지 못합니다. 유아기의 아이는 호흡과 신진대사가 불완전합니다. 또한 장기와 내분비 기관이 성숙하지 못한 상태입니다. 이때의 아이는 모든 것을 몸으로 직접 겪으면서 세상을 배우고 호흡과 신진대사에서 안정을 찾아갑니다. 안정된 리듬 생활이 필요한 것입니다. 아이는 낯익은 울타리 안에서 새로운 것보다 익숙한 것들을 반복하면서 안정감을 찾습니다. 이러한 행위를 통해 유아기의 아이는 의지를 발달시켜 나갑니다. 이때 아이에게 너무 일찍 지적 개념을 가르치면 의지의 발달이 방해를 받습니다. 조기 교육은 아이들을 너무 일찍 깨어나게 하여 의지력이 박약한 아이로 만들 수 있습니다.

유아기의 아이는 세상을 올바른 것, 선한 것, 다시 말해 도덕적인 것으로 여깁니다.[4] 정신세계에서 온 지 얼마 되지 않기 때문에 아이는 기본적으로 세상이 도덕적일 거라는 믿음을 갖고 있습니다. 또 그래야만 마음 놓고 세상을 배우고 자라날 수 있습니다. 그래서 부모는 3세 이전에 아이의 감각을 자극하는 스킨십과 충분한 애정으로 안정된 애착 관계를 형성해야 합니다. 3세 이후에는 아이가 세상을 향해 호기심을 갖고 마음껏 탐험할 수 있도록 도와야 합니다. 그리고 모든 일에서 아이의 모범이 되어야 합니다.

0세에서 3세까지는 뇌가 폭발적으로 성장하는 시기입니다. 뇌의 발달은 첫 두 해 동안 80%가 이뤄지는데, 언어를 포함해 아주 많은 것을 빠르게 배우는 시기입니다. 아이가 3세나 4세가 되어 유치원에 들어갈 무렵이면 뇌는 거의 90% 정도 발달되어 있는 상태입

---

4) 루돌프 슈타이너, **인간에 대한 보편적인 앎** : 204.

니다.[5] 3세부터 학령기까지는 계속해서 아이들의 전두엽이 집중적으로 발달합니다. 대뇌피질의 핵심인 전두엽, 그중에서도 맨 앞에 있는 전전두엽은 감정의 조절과 사고하기, 말하기를 비롯해 어떤 상황이 위험한지 여부를 결정하고 계획을 세우는 등의 고차원적이고 창의적인 행위를 담당합니다. 전두엽은 종합적인 사고 기능, 인간성, 도덕성, 종교성 등 최고의 인간적인 기능을 담당하는 부분입니다.[6] 이 시기의 아이는 그래서 무엇이든 주는 대로 받아들일 준비가 되어 있는 것입니다. 그것이 나쁜 것이든 좋은 것이든 구분하지 않습니다.

## 2) 아동기

7세가 되면 물질체의 발달을 돕던 생명체가 비로소 독립할 수 있게 됩니다. 몸 안에서 신체 기관을 완성해 가던 생명체는 이제 뼈보다 더 단단한 치아를 만드는 작업까지 끝냈습니다. 젖니를 밀어내고 영구치가 솟아납니다. 이 두 번째 주기에는 리듬과 관련된 기관들인 심장과 폐가 완성되며, 아동기가 끝날 즈음 생식기의 성장과 함께 이차성징이 나타납니다.

이제야 비로소 아이들은 스스로의 생명력으로 학습을 할 수 있는 힘이 생깁니다. 생명체가 변형되고 성장한다는 것은 내적인 경향, 습관, 양심, 성격, 기억, 기질 등이 변화하고 성장한다는 것을 의

---

5) 미하엘라 글뢱클러, **치료의 교육**, 1998 : 23.
6) [EBS 아이의 사생활 제작팀, **아이의 사생활**, 지식채널, 2009] 참고.

미합니다. 만약 아이의 생명력이 충분하지 않은 상태에서 조기 입학할 경우 아이는 학교생활을 건강하게 해 나갈 수 없습니다. 생명체가 탄생한 학령기가 되어서야 비로소 아이는 감각과 호흡이 안정되어 자기 힘으로 학교에 다닐 수 있는 것입니다.

7세에서 14세까지의 아이는 그 이전 시기의 아이가 정신-영혼적인 과거에 사는 것과 달리 지상의 현실에서 살아갑니다. 현재 존재하는 것에 관심을 두고, 사람답게 세상을 즐기고자 합니다. 무의식적으로 세상을 아름다운 것으로 여기기 때문입니다. 교사가 수업을 진부하고 건조하게 한다면, 세상이 아름답고 그래서 수업도 아름다울 수밖에 없다는 아이의 무의식적 가정에 어긋나게 됩니다. 그래서 슈타이너는 "교사는 예술에 대한 관계를 생동적으로 가꾸려 애써야 한다"라고 조언합니다.[7]

아직 모방의 특성이 많이 남아 있는 저학년에서는 교실의 환경을 더욱 아름답게 꾸며야 합니다. 교사는 바르게 서는 것과 또박또박 천천히 말하는 것, 글씨나 그림을 정확하고 아름답게 표현하는 것 등을 통해 아이들에게 권위를 부여받습니다. 글자와 숫자를 가르칠 때에는 아름다운 이야기와 그림, 그리고 노래와 율동을 많이 사용합니다. 아이들은 교사의 권위에 의지해 상상력을 발달시켜 갑니다. 교사는 그림과 예시, 판타지의 조절을 통해 아이의 생명체에 영향을 줄 수 있습니다. 교사가 제시하는 수업 내용은 그림과 비유를 통해 작용하는 의미를 담은 것으로 아이가 그것의 내적 의미와 가치를 따를 수 있는 것이어야 합니다. 그리고 아이가 어디까지 해도 되는지 경계를 알 수 있도록 해 줘야 합니다. 특히 사춘기가 되어서도

---

7) 루돌프 슈타이너, **인간에 대한 보편적인 앎** : 70.

자기 삶에 경계감이 없다면 술이나 마약, 또는 게임 등에 중독될 수 있습니다.

강요되지 않은 교사의 권위는 아이들이 양심, 습관, 성향을 스스로 만들어 나가고 자신의 기질을 조절하게 하며, 세상 만물을 자기 눈으로 바라볼 수 있게 합니다. 존경심과 경외감이야말로 아이의 생명체를 올바르게 성장하도록 돕는 힘입니다. 이러한 존경심이 빠진 채 아동기를 보낸 아이는 훗날의 삶에서 큰 어려움을 겪게 됩니다. 어린 시절에 존경하는 인물이 있었다면 어른이 되어 힘든 일이 닥쳐도 이겨 낼 수 있는 의지가 강해집니다. 따라서 아이들에게 들려주는 이야기도 유아기 때는 기쁨과 신선함, 명랑함만을 목적으로 삼을 수 있지만, 아동기부터는 아이가 열심히 본받을 수 있는 것이어야 합니다. 나쁜 습관은 그것과 연관된, 거부감을 주는 그림들에 의해 사라질 수 있습니다. 이때의 그림들은 추상적이어서는 안 되고, 항상 정신적으로 명료하고 활기찬 것들이어야 합니다. 상상력이 풍부한 그림을 비유로 들어 이야기할 때 아이는 느낌으로 그것을 내면화하게 됩니다.

아동기에서 중요한 것 중 다른 하나는 기억력에 관한 것입니다. 기억력의 형성은 생명체가 자유로워지는 아동기에 활발하게 이루어집니다. 유아기에도 기억력은 있지만 아직 생명체가 보호받아야 하는 시기이므로 올바른 영향을 끼칠 수 있는 것은 아동기 때부터입니다. 그러나 현재와 같은 입시 교육 속에서 문제 풀이에만 매달리는 기억 훈련은 아이들 영혼의 건강을 파괴합니다. 머리만을 사용하는 개념의 주입에서 벗어나 감각과 정서, 그리고 행동을 통한 기억은 기쁨에 차서 배우기를 바라는 아이들의 기억력을 더욱 키워 줍니다. 다시 말해, 아동기에 기억을 위해 사고력을 너무 많이 요구하는 것은 발달단계를 몰라 저지르는 커다란 잘못입니다. 마찬가지로 너무 어린 나이의 아이에게 판단력을 일깨우는 것도 해서는 안 될 일입니다. 어떤 옷을 입을지, 무엇을 먹을지 가정에서 끊임없이 아이에게 물어보고 아이 스스로 판단하게 한다면 아이는 너무 이른 나이에 자기 틀에 갇히게 될 수 있습니다. 판단이란 머릿속에 칸막이를 세우는 것과 비슷한 일입니다. 학교에서 교사는 올바른 권위로써 아이가 쉽게 판단하기보다 유연하게 사고할 수 있도록 도와야 합니다.

## 3) 청소년기

사고력은 사춘기에 비로소 태어나는 내면의 힘입니다. 그 전까지는 판단하고 분석하는 등의 사고력이 어른의 올바른 권위에 의해 보호받을 필요가 있습니다. 사춘기에는 영혼체가 탄생하게 됩니다. 추상적인 상상의 세계, 판단력, 자유로운 사고력을 발달시키는 모든 것이 청소년기에 주어집니다. 유아기와 아동기를 보내면서 충분히 습득한 체험들을 바탕으로 청소년기의 아이는 판단하고 사고할 수 있습니다. 그 이전에 미숙한 판단을 하도록 강요되면 세상을 향해 열려 있어야 할 아이의 마음이 수많은 벽으로 갇히게 됩니다. 결과적으로 아이는 풍요로운 삶을 빼앗기는 것입니다.

영혼체가 탄생했다는 것은 감정생활이 독립했다는 것이고, 부모로부터 감정적으로 독립할 수 있는 시기가 되었음을 뜻합니다. 이 시기의 아이는 홀로서기를 원하고 동시에 진리를 추구하고자 하는 욕구가 강해집니다. 사춘기와 함께 비로소 '세계는 진실이다'라는 것을 세상에서 발견하고자 하는 본성이 제대로 나타나기 때문입니다.[8] 따라서 교사는 아이에게 과학적인 지식과 태도를 배울 수 있도록 돕습니다. 아이가 자신의 생각을 다양한 측면에서 실현시킬 수 있도록 하는 것입니다. 객관적인 눈으로 자기 자신을 보고 합리적인 의견 교환을 통해 전체에서의 자신을 성장시켜 나가야 합니다. 이때는 외부의 권위에 의해 배우기보다 내면의 권위를 찾아가는 시기입니다.

이 시기의 아이들은 신체 성장의 최고점에 도달합니다. 에너지가 넘치기 때문에 자기 신체의 한계를 깨닫도록 도와야 합니다. 특히나 이 시기의 남자아이들에게는 자기가 육체적으로 얼마나 강한 존재인지 알려 줘야 합니다. 다른 사람을 때릴 때 그 사람이 얼마나 아픈지 알도록 해야 합니다. 아이들 스스로 자기 힘을 조절할 줄 알아야 합니다. 육체적인 힘뿐만 아니라 내적인 힘도 이 사회에 얼마나 파괴적인 영향을 미칠 수 있는지도 알게 해 줘야 합니다. 그건 여자아이들도 마찬가지입니다. 그리고 성에 대해 바르게 알고 그것이 사회에 어떤 영향을 끼치는가를 배우는 일이 꼭 필요합니다. 21세가 되면 모든 신체 기관은 성장이 끝나며 드디어 자아체가 탄생하게 됩니다.

## 4) 성인기

유년기와 아동기, 청소년기가 신체의 탄생과 완성의 시기라면 성

---

8) 루돌프 슈타이너, 인간에 대한 보편적인 앎 : 207.

인기는 영혼의 시기와 정신의 시기로 나뉩니다. 영혼기는 다시 감각혼의 탄생, 지성혼의 탄생, 의식혼의 탄생의 세 시기를 가지며, 정신기는 정신자아의 탄생, 생명정신의 탄생, 정신인간의 탄생의 세 시기가 있습니다. 영혼과 정신의 탄생 시기는 앞선 신체 탄생의 세 시기와 각각 거울처럼 대응됩니다.

영혼기의 첫 번째 시기인 21~28세 사이는 새로운 자아를 찾기 위한 여정입니다. 감각혼 또는 감정혼이 탄생하여 완성되어 가는 시기로 탐험의 시기라고 할 수 있습니다. 이때는 내면의 감정이 성장하기도 하지만 세상에 직접 나아가 느끼고 배우는 시기이기도 합니다. 개인적인 경험을 위한 갈망이 그 어느 때보다 큽니다. 이 시기의 판단과 결정, 삶을 대하는 태도는 감정에 크게 좌우됩니다. 그러나 이 시기가 끝날 무렵 감정은 더욱 조화로워집니다.

두 번째 시기인 28~35세 사이에는 지성혼 또는 감성혼이 탄생합니다. 이제 사고하는 힘도 커졌고 하는 일에 대한 자신감도 매우 큽니다. 감각혼의 시기처럼 감정적으로 좋고 싫음에 크게 영향을 받지도 않습니다. 이때는 자신의 경험을 토대로 일하는 시기이며, 세상과 자신을 이해하기 위한 갈망이 큽니다. 이 시기가 끝날 무렵까지 충동적인 감정이 아니라 신중한 사고를 통해 자기 결정을 내릴 수 있는 힘이 길러져야 합니다.

세 번째 시기인 35~42세 사이에는 굉장히 깊이 생각하고 성찰하는 시기가 됩니다. 외롭고 어두운 시기로서 의식혼이 탄생하고 완성되어 갑니다. 이때는 자기 행동과 책임을 위한 갈망이 크며 진정한 자기 자신을 발견하고자 합니다. 내면 깊은 곳에서 '나는 정말 누구지?', '내가 정말 하고자 하는 것은 무엇이지?' 등의 질문이 크게 다가옵니다. 그런 질문은 우리의 살아 있는 사고를 더욱 발달시키는 계기를 만들어 줍니다. 따라서 이 시기에는 자신의 행동을 분명하게 이해할 수 있어야 합니다. 어떤 결정을 내릴 때 더욱 깨어 있어야 하고, 의지를 좀 더 객관적인 방향으로 이끌 수 있어야 합니다. 이러한 노력을 통해 의지가 성숙될 것입니다.

우리가 이 영혼의 성장기 동안 사고, 감정, 의지의 활동을 안팎으로 조화롭게 표현할 수 있도록 노력한다면, 그 힘을 토대로 42세 이후 정신의 영역이 깨어날 때 우리는 더욱 깊이 있는 존재가 될 수 있습니다. 그럴 때 우리의 자아의식은 이기심에서가 아니라 사회의 성숙한 교류 속에서 더욱 고양되어 갑니다. 0세에서 21세까지가 인간의 정신-영혼이 신체에 들어와 균형을 찾는 육화의 과정이라면 42세에서 63세까지 정신의 성장기는 탈육화의 과정이라고 할 수 있습니다. 죽음을 앞두고 자신의 삶을 돌아보며 세상을 위해 얼마나 헌신하고 기여했는지 생각하게 됩니다.

인간의 발달단계는 7년을 주기로 변화하면서 앞의 단계가 뒤의 단계에 커다란 영향을 주기도 합니다. 특히 0~21세의 시기는 이후의 단계와 거울처럼 마주 보며 직접적인 영향을 줍니다. 청소년기에 신진대사 체계에 문제가 있었다면 42~49세 사이에 소화기나 내장기관에 병이 오는 등 같은 문제가 생깁니다. 49~56세 시기는 아동기의 아름다움에 대한 것이 변형되는 시기로 리듬 체계인 심장, 폐와 관련된 질병이 올 수 있습니다. 56~63세 시기는 유아기의 반영이므로 신경-감각 체계와 관련이 있습니다. 마찬가지로 청소년기는 21~28세 시기, 아동기는 28~35세 시기, 유아기는 35~42세 시기와 대응합니다.

0~21세 시기는 세상에서 뭔가를 받기만 하는 때입니다. 이때는

이기적인 게 자연스러운 모습입니다. 아이들이 부모님에게 또는 선생님에게 "고마워요", "사랑해요"라고 말하고 알아서 청소를 하거나 음식을 해 줄 수도 있지만 이는 아주 특별한 일입니다. 왜냐하면 이 시기 아이들은 받고만 싶기 때문입니다. 부모를 일찍 잃거나 부모가 정신적으로 어려서 아이가 어른 역할을 해야 했다면 그것은 정상적이 상황이 아니기 때문에 훗날 반드시 채워져야 합니다.

21~42세 시기는 세상을 향해 무엇인가를 내어 주는 시기인데, 마음이 편치 않을 수 있습니다. '내가 세상을 향해 주는 게 맞나? 아직도 받고 싶은데……'라는 마음이 듭니다. 주고 싶기도 하고 받고 싶기도 한 갈등의 시기입니다. 여기서 세상이란 관계를 맺는 사람들입니다. 이 시기에는 세상을 위해 내가 주고자 하는 것과 할 수 있는 것 사이에서 균형을 잡는 게 중요합니다.

42~63세 시기에는 또 다른 질문이 내면에서 솟아오릅니다. '나는 도대체 뭐지? 나는 정말 이 세상을 위해 올바르게 일하고 있나?' 하는 질문이 생겨납니다. 이 시기에는 내면에서 흘러나오는 소리를 정말로 잘 들어야 합니다. 세상이 원하는 게 무엇인지, 내가 운명에 따라 길을 가고 있는 것인지 잘 보아야 합니다.[9]

---

9) 사이먼 베드내렉, 정신의학에 대한 도입 강연, 정신의학, 자기 자신의 운명에 따른 치유, 2012 : 82-86.

# 유아기의 발달

## 1) 0세에서 3세 사이

(출산 전)

그리고 이 아이의 혼이
나에게 주어지기를.
당신의 뜻에 따라
정신세계에서.

(출산 후)

그리고 이 아이의 혼이
나에 의해 인도되기를.
당신의 뜻에 따라
정신세계로.[1]

슈타이너는 부모가 아이를 선택해 낳은 게 아니라, 아이가 자신에게 가장 잘 어울리는 부모를 선택하여 태어나는 것이라고 말합니다. 이 땅에서 살기를 원하는 정신존재가 아버지와 어머니의 도움으로 몸을 입고 육화하는 것입니다. 어머니의 뱃속에서 열 달 동안 아이는 세상에 나가 살 수 있는 물질적 몸을 완성합니다. 그래서 아이가 태어나는 것을 '물질체의 탄생'이라고 부릅니다. 슈타이너는 아이를 가진 어머니를 위해 위와 같은 기도문을 지었습니다. 출산 전에 하는 기도와 출산 후에 하는 기도의 차이점을 눈여겨보길 바랍니다.

인지학에서는 아기의 '자아'가 임신 10~16일째에 수정란 속에 들어온다고 봅니다. 이때는 '배시기germinal period'라고 하여 수정된 유기체가 안전하게 자궁에 착상되는 시기입니다. 태내 발달의 첫 번째 단계인 배시기는 대략 14일이 걸린다고 합니다. 그 후 배아기와 태아기를 거치며 아기의 모든 주요 기관이 형성되고 급격하게 자랍니다. 슈타이너는 아기가 태내에 있을 때는 정신적 존재들의 보호를 받고 있기 때문에 태교가 필요하지 않다며 이렇게 언급합니다.

---

1) [Rudolf Steiner, *Wahrspruchworte*, Rudolf Steiner Verlag, 1998] 참고. 이후 나오는 시들은 이 책에 실린 슈타이너의 시를 글쓴이가 번역한 것입니다.

태교는 부모 특히 어머니가 행하는 것에서 나오는 무의식적인 결과
가 될 수 있을 것입니다. 아이가 태어나기까지 올바른 의미에서 도덕
적이고 이성적으로 진실한 것을 어머니가 자기 내부에 스스로 표현
하려는 태도를 취하게 되면, 그 어머니가 지속적인 자아 교육에서 완
성하는 것 자체가 저절로 어린이에게 전이되는 것입니다. 아이가 세
상의 빛을 보기도 전에 교육시켜야겠다는 생각을 덜 할수록, 그 자
체로서 상응하는 올바른 삶을 살아가려는 생각을 더 할수록 아이를
위해서는 더 좋은 것입니다.[2]

출산 후 첫 3년 동안의 모습은 인간 본연의 원형입니다.[3] 인간
은 모든 생명체 중에서 유일하게 불완전하게 태어납니다. 인간에 비
해 동물은 완전한 모습으로 태어납니다. 동물은 그저 자라기만 하
면 됩니다. 인간은 동물과 달리 완전하게 태어나지 않기 때문에 첫
3년 동안 아직 가지고 있지 않은 것을 발달시킬 수 있습니다.

그 첫 번째가 서는 것입니다. 갓 태어난 아기는 똑바로 설 수 없습
니다. 부모라면 누구나 아기가 머리를 가누고, 뒤집고, 똑바로 앉고,
서고, 걷는 그 중요한 순간들을 간절히 기다립니다. 잡고 일어설 수
있게 되는 것은 9~10개월 이후지만, 그동안 몸은 서고 걷기 위한
준비를 시작합니다. 눈과 손을 움직여 근육과 신경을 활동하게 하
고, 스스로 몸을 움직일 수 있도록 준비해 나갑니다.

아기의 시선은 2~3개월 무렵이 되면 초점을 맞출 수 있고,
3~4개월이 되면 목을 가누면서 길 준비가 시작됩니다. 5개월 무렵

---

2) 루돌프 슈타이너, **인간에 대한 보편적인 앎** : 36-37.
3) [ㅁ 하엘 데부스, **청계자유발도르프학교 외부 초청강사 강연록 – 데부스, 2013**] 참고.

에는 눈앞의 물건을 정확히 움켜잡을 수 있습니다. 5~6개월에는 어깨가 발달하여 몸을 뒤집을 수 있습니다.[4] 아기는 대개 첫돌 무렵에 바로 서서 걷게 되며, 그렇게 되면 아기는 수평적 영역에서 벗어나 수직적 세계로 들어섭니다. 세상을 보는 새로운 전망이 아이에게 열리는 것입니다.

아기가 자기 자신의 힘으로 모든 근육을 조절하여 몸을 일으켜 세우고 첫발을 내딛는 장면은 극적인 순간입니다. 아기는 이제 공간에서 자유롭게 움직일 수 있습니다.[5] 또 직립을 통해 두 손 역시 자유로워집니다. 그것은 엄청난 의미를 갖습니다. 두 손으로 세계를 변화시킬 수 있기 때문입니다. 지구에 서 있기 위해 인간은 이제 네 개의 다리가 아니라 두 개의 다리면 됩니다. 유인원도 두 발로 설 수 있긴 하지만 평소에는 네 발로 걷는 것이 자연스럽습니다.

아이가 처음 자기 힘으로 섰을 때를 보면 아이는 몹시 자랑스러운 표정을 합니다. 아이에게 일어서는 것이 얼마나 어려운 일이었는지 알 수 있습니다. 아마 어른이라면 결코 할 수 없을 것입니다. 계속되는 실패 속에서도 아이는 기어코 두 발로 일어서고 맙니다. 엄청난 의지가 없다면 불가능한 도전입니다. 그 어려운 일에 쏟았던 힘은 성취의 기쁨을 더욱 큰 에너지로 변형하여 이제 말하기 단계에 들어섭니다.

아이는 두 번째 단계로 말하기를 배우게 됩니다. 송아지는 어느 순간 어미처럼 웁니다. 개한테도 짖는 법을 가르칠 필요가 없습니다. 개는 세계 어디서든 똑같이 짖습니다. 이와 달리 인간은 전세

---

4) 크레용하우스(JAPAN) 편집부 엮음, **우리집은 발도르프 유치원** : 21-22.
5) 어드리 맥알렌, **발도르프 도움 수업**, 김광선·임신자 옮김, 슈타이너교육예술연구소, 2009 : 29.

계에서 수많은 언어를 사용합니다. 그러나 태어나면서 말을 하게 되지는 않습니다. 첫돌부터 2세까지 아이는 말을 배우기 위해 활발한 노력을 기울입니다. 태어난 지 3개월이 채 안 된 아이는 울음으로 의사 표현을 하며 여러 가지 소리에 반응하고 말하는 사람을 쳐다봅니다. "아", "우" 같은 모음 소리를 내고 옹알이를 시작합니다. 4~6개월이 된 아이는 친근한 소리에 반응을 하며, 소리 나는 쪽으로 고개를 돌립니다. "바바바", "마마마" 등의 연속 음절을 반복할 줄 압니다. "꺄" 같은 좀 더 강한 발음을 내고, 억양이 자리 잡기 시작합니다.

7~9개월의 아이는 주변의 소리를 인식하고, 다른 사람의 간단한 소리를 따라 합니다. 동물 울음소리를 흉내 내기도 합니다. 10~12개월이 되면 의미 없는 낱말과 소리를 반복하고, 어른들과 비슷한 말소리를 내기 시작합니다. 간단한 말을 알아들으며 "엄마", "아빠" 같은 낱말을 분명히 사용할 수 있습니다. 첫돌이 지난 뒤 아이는 본격적으로 의미 있는 낱말을 쓰기 시작하는데, 처음에는 보통 사물을 호명하기 위해 명사부터 시작합니다. 아이는 이름을 붙여 나가는 과정에서 주변 세계를 통합하고 분류하기 시작합니다.[6]

명료하고 풍부한 발성을 위해 생명체(에테르체)는 주위로부터 들어오는 목소리나 소리를 들으면서, 그것을 모범으로 삼고 발성 기관을 형성해 갑니다. 따라서 우리는 아기에게 말을 걸 때 정확하고 분명한 언어를 써야 합니다. 시각 기관, 미각 기관 등 모든 감각 기관이 이와 같은 방법으로 형성됩니다. 생명체는 이러한 기관 형성에 집중해서 일하기 때문에 밖으로 향하는 일이 거의 없습니다. 이 시

---

6) 존 앨먼, 창조적 사고를 위한 교육 : 발도르프적 접근, 토린 M. 핀서, **8년간의 교실여행** : 254.

기의 아이는 밖으로부터 들어오는 자극에 희미한 인상밖에 받아들일 수 없습니다.

세 번째 단계는 생각하기인데, 말로부터 생각의 기본이 형성되기 시작합니다. 아이들은 말을 배우면서 이제 "아니야!", "싫어!" 같은 말을 하고, 어른이 내민 음식을 손으로 쳐 버리는 행위도 합니다. 지금까지 주위에서 접하는 것들을 받아들여 감각 기관을 형성하던 힘이 이미 형성된 기관의 활동을 뇌에 결부시킵니다. 생명체는 각 기관에서 받은 자극을 바탕으로 아이의 뇌를 형성합니다. 그리고 기본적인 감각 기관과 뇌의 상호작용이 어느 정도 완성되면, 지금까지 감각 기관에서 뇌로 일방통행되었던 것이 거꾸로 뇌에서 각 기관으로 방향을 전환하기도 합니다. 이때 아이에게는 새로운 어떤 것이 막 태어나려고 하는데, 바로 '자아 감각'입니다.

3세경의 아이가 보이는 반항적 행위는 불안한 걸음걸이로 움직이는 것과 마찬가지로 조용히 무엇이든 받아들이던 뇌가 어느새 스스로 활동할 수 있고, 미숙하지만 자신의 생각을 갖게 되었다는 증거입니다. 슈타이너는 이것을 머리가 자유롭게 된 것이라고 하며, 인간에게 사고의 싹이 트인 순간이라고 말합니다. 바로 이 시기에 아이의 기억력이 발달하기 시작합니다. 또 처음으로 '나'라는 말을 쓰기 시작합니다.[7] 3세 이전에 대해 대부분의 사람이 기억하지 못하는 이유가 이것입니다. 3세 이전에는 꿈을 꾸고 있는 듯한 의식 상태이기 때문입니다.

서기(걷기), 말하기, 생각하기는 인간이 본래 가지고 있는 능력이 아닙니다. 생각을 머리에, 말하기를 가슴에, 걷기를 다리에 적용하

---

7) 라히마 볼드윈 댄시, **당신은 당신 아이의 첫 번째 선생님입니다** : 54.

면, 이 셋은 사고, 감정, 의지라고 표현할 수 있습니다. 인간의 원형적인 능력은 자라면서 생겨나는 것이고, 교육은 사고, 감정, 의지에 대해 일을 하는 것입니다. 모든 수업에서 그것들은 가장 중요한 것입니다. 그렇기 때문에 모든 수업에는 그 안에 사고를 중심으로 하는 부분이 있고, 감정과 의지를 중점화하는 부분이 있어야 합니다.

슈타이너가 이 시기의 아이들을 위해 지은 시가 있습니다. 아주 어린 아이들을 위한 기도로 어머니와 아버지가 아이를 위해 읽어 주면 좋습니다.

> 그대를 붙잡아 줄 수 있는 빛이, 그대 안으로 흘러들기를.
> 나는 내 사랑의 따스함으로 그 빛줄기와 함께합니다.
> 나는 내 생각 중에서 가장 즐거운 생각들로
> 그대의 가슴을 뛰게 할 것들을 헤아려 봅니다.
> 그 생각들이 그대를 강하게 하고,
> 그대를 이끌어 주며,
> 그대를 깨끗하게 할 것입니다.
>
> 나는 내 즐거운 생각들을
> 그대 삶의 발걸음 앞에 모아 놓고자 합니다.
> 그래서 그대 삶의 의지가 그 생각들과 연결되고
> 강해질 수 있기를, 온 세상에서
> 점점 더, 자기 자신을 통해.

3세가 되면 아이는 이제 자신을 가리켜 분명하게 '나'라고 말합니다. 자기를 '나'라고 얘기하는 이 시기가 교육에서는 아주 중요합니다. 이 시기가 오기 전에 아이들은 "아니야"라고 하면서 어른에게 반항을 합니다. '아니야'와 '나'는 밀접하게 연관된 것입니다. 처음으로 "나"라고 할 때 그 말의 의미는 긍정적인 것이 아닙니다. '나'라고 말하지만 실은 알고 말하는 것도 아닙니다. '나는 엄마가 아니야. 나는 아빠가 아니야. 나는 의자도 아닌데, 내가 누군지는 아직 몰라.' 이렇게 부정적인 인식은 자아의 발전과 연관이 있습니다. 아이가 '나'라고 말한 뒤 '너'라고 말하기까지 다시 1년 정도가 걸립니다.[8]

'아니야'라고 말하는 것과 '나'라고 말하는 것 사이에는 과도기가 있습니다. 긍정적인 말에는 자기 이름을 쓰고 부정적인 말에만 '나'를 씁니다. 긍정적으로 말할 때는 "○○가 할 거야"라고 하지만, "나 그거 안 해" 같이 부정적인 말을 할 때는 자기 이름 대신 '나'를 씁니다. 대체로 3세가 지나면 긍정적인 말을 할 때도 자기 이름을 부르지 않고 '나'만 씁니다. 대략 4세가 되면 '너'라는 표현을 쓰는데, 이제 아이에게 주위 사람은 더 이상 세계의 대상물이 아닙니다. 주위 사람들과 관계가 형성되며, 그래서 '너'라고 합니다.

이것은 어떤 원형적인 발달 과정이라고 할 수 있습니다. '아니야 → 나 → 너'의 세 단계입니다. 자기 의식이란 부정적인 정서, 즉 반감 속에서 태어납니다. "난 안 해"는 반사회적인 문장입니다. 반사회성에서 '너'라고 하는 사회성으로 나아가기 위해서는 중간 단계를 넘어서야 합니다. 우리가 사회적인 능력을 키우기 위해서는 부정적인 '아니야'의 과도기를 거쳐야만 합니다.

---

8) 미하엘 데부스, **청계자유발도르프학교 외부 초청강사 강연록 – 데부스** : 133-134.

아이가 처음으로 보이는 이러한 저항 — 사고의 싹으로서 — 에는 '나'라고 하는 자아가 깊이 관계합니다. 자신의 힘으로 살겠다는 작은 자립심을 사고 활동을 통해 보여 주는 것입니다. 다른 측면에서 보자면, 스스로를 세상과 분리된 몸으로 인식하고, 이제는 자기가 요구하는 대로 다 이루어지는 게 아님을 발견한 것입니다. 아이는 자신이 더 이상 우주의 중심이 아니라 분리된 존재인 '나'임을 감지합니다.[9] 이 시기의 아이는 아직 대부분의 생명력이 안으로 향하고 있기 때문에 밖으로부터 오는 힘에 우선은 저항합니다. 그래서 자기와 관계되는 다른 아이와 이유 없이 다투기도 합니다. 자기에게 다가오는 아이를 갑자기 때리거나 밀치곤 합니다. 4~5세가 되어서 '너'라는 말을 사용하고, 다른 친구를 생각할 줄 알며, 제멋대로 구는 것도 자제할 수 있다면 유치원에 입학할 준비가 된 것입니다.

3세가 될 무렵 생각의 발달과 함께 일어나는 또 하나의 발달은 판타지를 갖는 것입니다. 보통 2세 중반부터 시작하는데, 이 시기 아이들의 놀이는 현실 근거가 약해지면서 판타지로 채워집니다. 아이들은 판타지의 세계를 실제 세계보다 더 진짜라고 여깁니다.[10] 조롱박은 이제 집이 되고 솔방울은 사람이 됩니다. 여전히 현실 세계를 분류하는 데에 몰두해 있는 이 시기의 아이들에게 밥이라고 하면서 모래를 한 사발 준다면 아이들은 그것을 먹는 시늉을 해 보일 것입니다. 일단 판타지를 갖기 시작하면 아이들은 상상을 통해 아주 간단한 물건도 놀이에 필요한 온갖 것으로 변화시킵니다. 생각

9) 베티 스탤리, **형식과 자유 사이**, 과천자유학교출판국 옮김, 과천자유학교출판국, 2009 : 36.
10) 크리스토퍼 클라우더·마틴 로손, **아이들이 꿈꾸는 학교**, 박정화 옮김, 양철북, 2006 : 45.

하기와 거의 같은 시기에 태어난 판타지는 생각의 강력한 동반자입니다.

아이가 3세 생일을 맞으면 다른 시를 읽어 줍니다. 이 시는 부모님이 날마다 저녁 기도 시간에 들려주고, 아이가 천천히 익힐 수 있도록 합니다. 아이가 자연스럽게 외워서 스스로 할 수 있도록 기다려 줍니다.

머리부터 발끝까지
나는 하느님의 모습입니다.
가슴에서 손끝까지
나는 하느님의 숨결을 느낍니다.
입을 열어 말할 때
나는 하느님의 뜻에 따릅니다.
내가 만일 어디에서나,
어머니 아버지에게서
사랑하는 모든 이에게서
동물과 꽃에서
나무와 돌에서
하느님을 본다면,
나를 두렵게 하는 것은 없습니다.
오로지 내 주위 모든 것을 향한
사랑뿐입니다.

첫 번째 시에서 두 번째 시로 넘어가는 시기는 굉장히 놀라운 과정입니다. 하나의 질문에 답을 하는 것과 같은 과정입니다. 세 번

째 정신 위계의 힘(시대의 영)[11]이 열린 정수리로 흘러듭니다. 부모
는 3세 때까지 이 힘들과 동행합니다. 그리고 정수리가 닫히기 시작
합니다. 이제는 안에서 나옵니다. 이 시에서 나오는 '하느님'이라는
말은 '신성' 또는 '진리', '참' 등으로 바꿔 불러도 좋습니다. 동물, 꽃,
나무, 돌, 아버지, 어머니 그리고 사랑하는 모든 것에 신성이 있다는
범신론입니다.

첫 번째 7년 주기에 있는 아이는 범신론을 갖고 있습니다. 사실
이런 태도는 우리 문화에서 친숙한 것입니다. 우리나라를 포함해
인도, 중국, 태국, 베트남, 일본 등 아시아에서는 '세상 모든 것에 신
성이 깃들어 있다'라는 종교관이 있습니다. 아이들 역시 세상 모든
것에서 신성을 느끼고 볼 수 있으며 그것은 진실한 모습입니다.


## 2) 4세에서 7세 사이

이 시기에는 놀이를 하는 시간이 훨씬 더 조화로워집니다. 4세
가 되면 아이들은 보통 장난감을 나누어 갖고 노는 법을 배웁니다.
5세 정도가 되면 아이들의 창조적인 놀이가 최고조에 달하게 되고
좀 더 긴 시간 동안을 집중해서 놀 수 있습니다. 이 시기의 아이들
은 최종적인 결과물보다 무언가를 만들어 내는 과정이나 놀이가 발
전하는 과정에 더 몰두합니다.[12]

사고가 싹틈에 따라 동반되는 어린 자아의 탄생을 거쳐 4~5세

---

11) 천사와 대천사, 시대의 영은 차례대로 위계를 이루는 정신적 존재들입니다. 슈타이너는 이
존재들이 아기가 서고, 말하고, 생각하는 과정에 개입한다고 말합니다.
12) 바바라 J. 패터슨·파멜라 브래들리, **무지개 다리 너머**, 강도은 옮김, 물병자리, 2007 : 87.

가 되면 아이는 외부 세계를 적극적으로 받아들이고, 생명체는 더욱 섬세하게 물질체의 형성에 전념합니다. 그때까지는 자연이나 사물의 인상을 빨아들이듯 받아들였던 감각이 외부의 변화나 변이, 움직임에도 대응할 수 있게 되며, 거기에서 새로운 사고의 발달도 볼 수 있게 됩니다. 친구들을 찾고 같이 노는 재미를 느끼기 시작하는 것도 이때쯤입니다. 이때 아이들은 나와 너를 분명히 구별할 수 있고, 다른 사람을 염려하거나 도와주는 일도 적절한 도움과 본보기가 있으면 충분히 할 수 있게 됩니다.[13] 친구를 사귀는 것이 아이들에게는 복잡한 대응 능력을 키우는 일이 됩니다. 어떤 놀이에서 같이 재미를 느끼고 함께 웃는 경험은 신뢰감을 형성합니다. 자신의 행동에 대해 친구가 나타내는 표정과 행동, 말을 통해 상대가 자신을 어떻게 받아들이는지 분별하는 힘을 갖게 됩니다.

4세 아이들의 놀이의 특징은 손에 잡히는 물건으로 놀이 상황을 만들어 내는 데에 의존한다는 것입니다. 이때는 아주 간단한 자연물을 놀잇감으로 주면 판타지를 키우는 데 많은 도움이 됩니다. 단순한 돌멩이, 나뭇가지, 천, 그리고 기타 쌓기 재료로부터 아이는 자신이 필요로 하는 어떤 것이라도 창조해 낼 수 있습니다. 5세가 되면서 놀이 의식은 새로운 단계로 접어듭니다. 판타지는 쇠퇴하는 듯이 보입니다. 아이들은 종종 "뭐하고 놀지?", "심심해"라고 말합니다. 이때 의지는 점차 깨어나는 생각에 연결되어야 하며, 놀이의 새로운 방향을 찾아야 합니다.[14] 아이들은 이미 이전에 풍부하게 사용되었던 판타지의 도움을 받아서 자기 생각에 맞춤한 물건

---

13) 호리츠 세츠코, **0세에서 7세까지의 슈타이너 교육**, 강란혜·이선옥·최순자 옮김, 창지사, 2004 : 19-20.
14) 프레야 야프케, **발도르프 킨더가르텐에서의 놀이와 작업**, 윤선영 옮김, 창지사, 2000 : 88.

을 찾아내고 생각대로 놀이를 하게 됩니다.

이제 아이는 놀이를 '구상'하고 자신이 원하는 물건을 만들어 내려고 합니다. 아이들은 쉽사리 한 시간 이상을 하나의 놀이 상황에 더물 수 있으며, 며칠 동안 같은 생각으로 계속해서 놀 수도 있습니다. 6세가 되면 이 과정은 한 단계 더 진전합니다. 아이들은 여전히 구상을 하지만 그 구상을 실행하기 위한 재료를 거의 필요로 하지 않습니다. 5세 아이들은 놀이 시간에 집을 짓거나 탈것을 만드느라 많은 수고를 하지만 6세 아이는 놀이의 모든 단계를 대화로 표현하면서 놀이를 말로 진행합니다. 놀잇감과 더불어 팔다리를 분주하게 움직일 필요도 없습니다. 상상력이 태어나면서 이제 내부에서 늘이가 발생하고 진행되는 것입니다.

5~6세가 되면 아이의 신체 형성은 차츰 완성에 다다르게 됩니다. 세세한 작업이나 복잡한 움직임을 자유롭게 할 수 있는 것은 신체 기관의 형성과 함께, 뇌의 지시에 따라 활동하고 그 활동으로 얻은 것을 다시 뇌의 형성에 작용하게 하는 감각-신경 체계가 발달했기 때문입니다. 자신의 몸을 자유롭게 쓸 수 있다는 것이 아이에게는 커다란 기쁨입니다. 이때 아이는 여러 가지 것에 손을 댑니다. 그것을 보고 어른들은 '5~6세의 아이는 이제 뭐든지 할 수 있다', '아이는 뭐든지 따라 할 수 있다' 하고 생각할 수 있습니다. 그리고 아이를 학교에 조기 입학을 시킬 수도 있습니다. 그러나 이것은 달걀 속 병아리가 껍질을 깨기 위해 부스럭거리자마자 바로 껍질을 깨서 병아리를 끄집어내는 것과 같습니다. 그렇게 하면 병아리는 죽거나 인큐베이터 같은 처치가 필요할 것입니다. 어린아이도 마찬가지로 생명력이 충분히 무르익지 않은 가운데 학교에 가면 몹시 힘들어하고 몸이 약해질 수 있습니다. 생명력이 몸 안의 신체 기관

을 완전히 완성하는 때는 몸에서 가장 단단한 영구치를 만든 뒤입니다. 그래서 이갈이를 하는 것을 보고 학교에 갈 때를 판단하는 것입니다.[15]

인간은 기본적으로 7세까지 형성한 몸을 사용하여 살아갑니다. 7세까지의 아이는 오로지 몸의 형성에 전념하고 있기 때문에 아직 이 지상 세계에 완전히 내려오지 않은 것처럼 보일 것입니다. 그러나 오늘날에는 아이가 내적으로 자라는 데 관심을 두기보다 성급하게 사회의 흐름 속에 집어넣으려는 경향이 강합니다. 인간 발달에 대한 무지가 아이들의 자연스러운 발달을 방해한다는 사실을 잊어서는 안 됩니다. 아래의 시는 어린아이들의 아침 기도를 위해 슈타이너가 지은 시입니다.

> 태양을 바라보며 나는
> 하느님의 영을 생각합니다.
> 내가 손을 움직이면
> 하느님의 혼은 내 안에 살아 계십니다.
> 내가 한 걸음 옮길 때마다
> 하느님의 뜻은 내 안을 거니십니다.
> 그리고 내가 한 사람을 바라볼 때
> 하느님의 혼은
> 그 사람 안에 살아 계십니다.
> 마찬가지로 그렇게
> 동물과 식물 그리고 광물 안에도 살아 계십니다.

---

15) 호리츠 세츠코. **0세에서 7세까지의 슈타이너 교육** : 21-22.

내가 하느님의 영을 생각할 때,
내가 하느님의 혼을 살아갈 때,
내가 하느님의 뜻 안에서 거닐 때,
두려움은 결코 다가올 수 없습니다.

# 8강
# 아동기의 발달

## 1) 7세에서 9세 사이 (1~3학년)

첫 번째 7년 주기의 아이들은 범신론이 중심에 있습니다. 첫 3년
은 부모의 강력한 영향 아래에서 서기와 말하기, 생각하기의 중요한
세 발달단계를 거칩니다. 이때 부모는 아이에게 빛이 흘러들도록 시
를 읽어 주며, 정신적인 존재와 함께 아이를 키웁니다. 3세 생일부
터는 부모 이외에 돌, 식물, 동물, 친구 등으로 시야가 확장됩니다.
이때가 바로 모방을 경험하기 시작하는 시기인데, 모든 곳에 신성
이 깃들어 있기 때문에 모방은 가치가 있습니다. 학령기 전까지 아
이들은 판타지와 상상력의 도움으로 놀이를 하며 외부적인 놀이가
점차 내부적인 놀이로 변화해 갑니다.

만 7세가 되면 아이는 학교에 갑니다. 이제부터 범신론은 끝나 갑니다. 대신 점점 비극적인 세계에 진입합니다. 이제 아이의 의식이 변화하게 되는데 아이에게는 담임교사가 절대적인 존재가 됩니다. 선생님이 올바른 권위로 자신을 이끌어 주길 기대합니다. 아이는 이제 범신론에서 유일신으로 건너가며 담임교사를 통해 세상을 바라보고 이해하고 사랑하게 됩니다. 슈타이너가 저학년을 위해 지은 시는 다음과 같습니다.

해에서 나오는 사랑의 빛이
나에게 하루를 밝혀 줍니다.
영혼에 들어 있는 정신의 힘이
온몸에 활기를 전해 줍니다.

빛나는 해의 광채 속에서
오, 하느님
당신을 우러러봅니다.
당신이 내 영혼에
자비롭게 심어 준 사람의 힘으로
나는 열심히 일할 수 있고
또 열심히 배울 수 있습니다.

당신에게서 빛과 힘이 나오고
당신에게로 사랑과 감사가 흘러갑니다.

첫 3년간의 학교생활은 자연과 언어와 음악의 내적인 측면을 경험하려는 아이의 요구를 고려하며 진행되어야 합니다. 아이들은 자신들이 감탄할 만한 기술을 가진 어른에게 존경의 감정을 갖습니다. 이러한 감정은 배우는 일에 편안한 느낌을 갖게 하고 배우는 과정에서 자아를 자극하는 중요한 요소가 됩니다. 교사는 이 시기의 아이들이 내부와 외부 세계 사이에서 균형과 조화를 갖도록 돕습니다. 아이가 신체와 환경의 올바른 관계를 알아 가면서 내적 경험과 신체 기관의 균형을 찾도록 하는 것입니다.[1]

### (1) 7세 : 1학년

1학년이 된 아이는 기억력이 자유로워집니다. 물론 취학 전이더라도 아이가 과거 사건의 세세한 부분까지 기억하여 어른을 놀라게 하는 일은 종종 있습니다. 그러나 아이가 뜻대로 기억을 되살려 내는 일은 거의 없고, 그보다 소리나 냄새, 장면 등을 계기로 기억이 촉발됩니다. 이에 비해 1학년 아이는 자신의 마음속으로 들어가 자기가 찾는 기억을 끄집어낼 수 있습니다. 이것은 이론적 과목을 습득하기 위해 요구되는 핵심적인 자질입니다.

기억력은 생명체의 활동과 관련이 깊은데, 7세 전까지 신체 기관을 완성하는 데 집중했던 생명체가 물질체로부터 탄생해 사고 활동에 쓰이기 때문입니다. 예를 들어, 7세 이전에는 동화를 들려줄 때 자기가 좋아하는 이야기를 계속 듣고 싶어 합니다. 반복해서 듣고 싶어 하고 항상 처음 듣는 것처럼 귀를 기울입니다. 그러나 7세 이후에 생명체가 탄생한 아이들은 "나 그거 알아요!"라고 하면서 새로운 이야기를 듣고 싶어 합니다. 그 아이들에게는 이미 '아는 이야

---

1) Martyn Rawson·Kevin Avison, *Towards Creative Teaching*, Floris Books, 2013 : 22.

기'가 되어 버린 것입니다.

이갈이를 시작한 7세 아이는 독립적이고 표현하길 좋아하며 여전히 판타지를 통해 사고를 합니다. 아직도 일종의 '그림 의식' 속에서 주로 살기 때문에, 풍부하고 상상력을 자극하는 이야기를 통해 학습으로 이끌 때 가장 잘 배웁니다.[2] 1학년은 꿈결 같은 분위기 속에서 손발을 이용한 여러 활동을 하고 모방을 통해 배우게 됩니다. 한글의 자음과 모음, 수학의 연산기호와 숫자 등은 그림을 통해 접근하고 내면화합니다. 세상에 대한 전반적인 경험은 전래 동화와 잘 짜인 자연의 이야기들 속 원형적인 그림들에 의해 자양분을 공급받습니다.[3]

이 시기에 아이들은 유치원에서 학교로 오면서, 배움에서 중요한 변화를 겪습니다. 아이들은 교사의 그림과 이야기를 통하여 기본적인 선의 형태와 소리, 그리고 문자와 숫자의 기호 등을 경험하도록 안내받습니다. 또 움직임과 시, 그림, 노래 등을 포함하는 여러 가지 다양한 연습을 통해 그것들을 익히고 기억하는 법을 배웁니다. 1학년 동안 아이들은 교실 생활을 통해 좋은 습관을 몸에 익히게 되며, 이는 앞으로 이어질 학교에서의 모든 배움에 필요한 기초를 형성하게 됩니다.

자연에 대한 경외감, 주변 환경에 대한 관심, 어른에 대한 존경, 세상에 대한 흥미, 그리고 교사에 대한 신뢰의 감정을 길러 주는 것은 1학년과 그 다음에 따라올 학년들을 위해 반드시 필요한 도덕적 덕목입니다. 교사는 아이들이 서로를 좋아하고 서로의 말을 들어

---

2) 토린 M. 핀서, **8년간의 교실여행**, 과천자유학교출판국 옮김, 과천자유학교출판국, 2005 : 24.
3) Kevin Avison·Martyn Rawson, *The Tasks and Content of the Steiner Waldorf Curriculum*, Floris Books, 2014 : 56.

주는 사회적 공동체가 되도록 이끌어야 합니다.

### (2) 8세 : 2학년

8세 아이는 주로 자기 스스로 만들어 낸 마음의 풍경 안에서 살아갑니다. 아이들은 내적 삶의 영역으로부터 만들어진 개성 가득한 심상을 발달시켜 나갑니다. 바깥세상의 사건과 경험에 대한 상상력을 통해 자기가 갖고 있는 세계의 그림과 일치시키고 재조정합니다. 이 시기의 아이들은 그들 주위에서 일어나는 일들에 커다란 주의를 기울입니다. 전체로서 하나인 분위기가 여전히 남아 있지만 양극적인 특성이 들어와 고의로 장난을 치고 싶은 유혹과 종교적으로 경건한 세계에 대한 관심이 동시에 존재합니다.

이때의 교과 내용은 아이들의 느낌과 감정을 풍부한 언어로 표현할 수 있도록 자극할 수 있어야 합니다. 여전히 아이들은 논리적인 사고가 아닌 그림에 따른 사고가 우선시되는 배움의 과정을 편안하게 느낍니다. 개념들은 질적으로 유연하고 잘 짜여 있을 때 가장 의미 있게 이해됩니다. 이때 아이들에게 학습 내용은 완성된 개념 형태로 주어지는 게 아니라 풍부한 그림과 이야기가 먼저 주어지고 그 안에서 자연스럽게 개념이 형성되어야 합니다. 아이들은 차츰 수리력과 문해력의 기본 원리에 친숙해지며, 정교하게 몸을 움직이면서 많은 기술과 능력을 발달시킵니다. 이때 아이들의 지성은 예술적인 접근을 통해서 깨워져야 합니다.

2학년 아이들은 영구치가 자리 잡으면서 기능이 분화되고 우세한 능력이 확립됩니다. 2학년 아이들에게서 나오는 자신감의 정도와 소속감은 아이들이 1학년 때 배운 기초 위에 세워진 것입니다. 2학년의 학습 내용은 1학년 시기의 경험이 더욱 확장되고 심화되는 형태입니다. 이때는 주로 앞에서 배운 새로운 기술을 숙련시키고 발달시킵니다. 동시에 아이들 간의 개인차는 더욱 뚜렷해지고 한 학급에서 능력의 범위가 확실하게 구별됩니다. 이 시기 동안에 특수한 학습이 요구되는 어려움을 가진 아이들이 관찰됩니다. 또한 2학년 시기에는 1학년에 비해서 학급을 사회적으로 밀착된 공동체로 만드는 데 많은 힘이 쓰입니다. 이때의 공동체란 아이들 스스로 경험하는 전체성에 의해 하나가 되는 집단을 말합니다. 2학년에서는 대조 또는 대립의 분위기는 흔히 드러나며 아이들이 서로 관계 맺는 방식에서도 그것이 관찰됩니다.

아이들이 이 시기를 건강하게 통과할 수 있도록 돕는 방법 중 하나는 이야기를 들려주는 것입니다. 성 프란치스코나 원효대사의 전기 같은 성인聖人 이야기와 우스꽝스러운 동물들이 나오는 우화를 함께 제시하면 좋습니다. 이 두 대조적인 이야기는 아이들 내면의 높은 영역과 낮은 영역을 반영합니다. 2학년은 특히 교사의 강한 지도력이 요구됩니다. 아이들에게 일관된 접근 방식을 취하고 아름다운 상상력을 발휘함으로써 교사는 아이들로부터 권위를 인정받게 됩니다.[4]

### (3) 9세 : 3학년

9세 중반에 접어들면 아이들에게 생리적, 심리적, 인식적으로 커다란 변화가 오게 됩니다. 아이들은 견고하고 더욱 균형 잡힌 걸음걸이를 발전시키고, 말하는 소리는 입안에서 점점 더 틀을 잡아

---

4) Kevin Avison·Martyn Rawson, *The Tasks and Content of the Steiner Waldorf Curriculum* : 57-58.

더욱 똑똑한 발음을 하게 됩니다. 아이들의 체력은 눈에 띄게 강해지며 심장은 점점 커져 더욱 많은 양의 혈액을 받아들일 수 있게 됩니다. 손발과 신진대사 면에서도 급격한 성장이 시작되고 키도 많이 자라게 됩니다. 아직 얼굴은 어리고 동그랗지만 몸통은 길쭉해지기 시작합니다. 이 시기의 아이들에게는 피로감, 배앓이, 두통, 현기증, 천식, 습진, 불면증 등이 성장통으로 나타나기도 합니다.[5]

3학년 아이는 자신이 지각하는 세계와 내면의 감정 사이에서 이중성을 경험하게 됩니다. 객관적인 감각과 주관적인 감정이 함께 성장합니다. 주관적인 내면의 경험과 객관적인 세계의 사실성은 아이의 영혼을 불균형 상태에 놓이게 합니다. 내적인 질문과 회의, 외로움과 비판적 경향이 출현하면서 아이는 심리적으로 몹시 괴로워지는 체험을 하게 됩니다. 그 전까지 구약성서에 나오는 아담과 이브처럼 평화롭게 살았다면 이제 새로운 것을 시도하려고 합니다. 유혹이 다가오고 선악과를 따 먹으려 하는 것입니다. 아이들은 더 이상 순수하지 않으며 천국 같은 상태에서 내쫓긴 존재가 됩니다.[6] 이때 처음으로 상실감을 느끼고 죽음에 관심을 갖게 됩니다.

좀 더 빠르거나 늦는 경우도 있긴 하지만 대부분의 아이들에게 자아의식의 아주 중대한 단계가 이 시기 동안에 일어납니다. 그것은 자아와 세계가 분리되는 것으로 경험됩니다. 이전까지는 전체성 속에서 자아와 세계가 하나로 느껴졌다면, 자아의식이 강화되면서 주위 환경이 자기 자신과 분리된 대상임을 깨닫게 되는 것입니다.

---

5) 성장통으로 아이들이 힘들어할 때는 건강한 방식으로 당분을 보충해 주는 것이 좋습니다. 과일을 많이 먹고 인공적이지 않은 주스나 음료를 마시게 하며 충분한 휴식을 취하도록 해 줍니다.
6) 베티 스텔리, **형식과 자유 사이** : 234.

3세 때 신체적인 분리를 경험했다면 이번에는 영혼의 분리를 경험합니다. 아이들은 독특한 감정과 사고를 가진 자신만의 자아를 느낍니다. 상실감과 함께 새로운 방식으로 세계를 바라보는 놀라움을 느끼며, 혼란과 불안을 맛보게 됩니다. 그래서 이 시기의 아이들은 인간과 세계의 차이에 대해서 더 많이 이해하고 파악할 수 있습니다.[7]

범신론에서 완전히 유일신으로 넘어가는 충격과 고통에 놓인 아이들에게 필요한 것은 강력한 권위와 질서, 법칙입니다. 이 시기의 아이들은 꿈결 같은 낙원의 세계에서 추방된 듯한 정서에 사로잡히는 동시에 냉엄한 세계에서 스스로의 힘으로 살아가고자 하는 욕구도 자라납니다. 그래서 농사와 집 짓기, 직조와 대장일, 도예 등 세상을 살아가는 기술과 지식을 익히고 싶어 합니다. 또한 세상이 어떻게 창조되었는지에 대해 내면 깊이 의문이 생깁니다. 그것에 관한 이야기가 3학년 교과 학습의 중요한 테마가 됩니다. 구약의 창세기를 다루거나 한국과 동양의 천지창조 이야기를 들려줄 수 있습니다.

3학년 아이들은 자기 자아와 자신들이 살아가는 물질적 환경에 대해 더욱 인식하게 되면서 실질적이고 물리적인 세계에 대해 새로운 흥미가 나타납니다. 2학년까지 문자와 숫자를 익혔다면 이제 아이들은 크기를 재고 무게를 재는 것, 연산 문제를 능숙하게 해결하고 간단한 형식의 편지를 쓰는 것 등 일상생활에서 광범위하게 적용될 수 있는 활동을 해야 합니다. 집 짓기와 농사, 그리고 사물학 수업의 다른 활동들에서 공동 작업의 경험을 통해 교사는 초기의 물질적 세계로부터의 분리감을 책임감으로 변화시키는 데 도움을

---

7) 루돌프 슈타이너, **발도르프 교육 방법론적 고찰** : 164.

줄 수 있습니다. 그것은 교사가 아이들의 활동에 대한 명확한 지침을 정하고, 아이들에게 교사의 권위에 신뢰감을 준다는 점에서 매우 중요합니다. 아이들은 학급의 사회적 공동체에 대한 감각을 강하게 갖게 됩니다.


## 2) 10세에서 11세 사이 (4~5학년)

이 시기는 아동기의 절정이라고 할 수 있습니다. 아이들은 아동기의 중심에 있으며 아직 사춘기에 들어서지는 못하고 있습니다. 3학년 때 느낀 세계와의 단절감으로부터 자아의식이 발달합니다. 자아의식은 계속 커져 교사는 교실에서 나타나는 개별 아이들의 힘을 느낄 수 있습니다. 개개의 아이들은 뚜렷한 재능과 도전을 가진 강한 인격체로 나타나지만 아직은 어린아이입니다. 아이들은 여전히 상상력을 자극하는 이야기와 활동적인 교수법에 좋은 반응을 나타냅니다. 아이들의 의지를 강화하는 데 관여하기 위해 교수법은 좀 더 도전적이고 생생할 필요가 있습니다. 교사는 아이들의 자아 활동이 혈액 순환과 호흡의 관계에 조화되도록 노력해야 합니다.[8]

5학년 후반부터 아이들은 심리적으로 이전과는 다른 상태에 들어섭니다. 세상을 향한 새로운 의문들이 생겨나고, 공간과 시간 안에서 구별을 시작합니다. 사실적이고 감각적인 인식 세계에 대한 관심이 커지면서 한편으로는 심리적 혼란이 동반됩니다. 이제까지 교사

---

8) Martyn Rawson·Kevin Avison, *Towards Creative Teaching* : 22.

에게 보여 준 신뢰는 도전이 되고, 교사는 아이들의 냉소적이고 날카로운 비평적 행동에 직면하게 됩니다. 반면 친구의 가치가 점점 커지고, 아이들의 집단 안에서도 구분되는 역할들이 생겨납니다. 이제 교사는 교실에서 새로운 관계를 만들어야 하며, 아이들의 동요를 다룰 수 있는 새로운 '합법적' 권위를 주장할 수 있어야 합니다.

　슈타이너는 중학년부터 새로운 시가 필요하다고 말합니다. 이제 아이들은 자아의식을 가지고 직접 세상을 보는 힘이 강화되는 것입니다.

　　나는 세상을 들여다봅니다.
　　그곳에 해가 빛나고
　　그곳에 별들이 반짝입니다.
　　그곳에 돌들이 자리 잡고
　　식물들이 생기 있게 자라나며
　　동물들이 느끼며 살아갑니다.
　　사람은 영혼 속에
　　정신의 보금자리를 마련합니다.
　　나는 내 안의 살아 있는
　　영혼을 들여다봅니다.

　　하느님의 정신은
　　햇빛과 영혼의 빛 속에
　　드넓은 우주 공간에
　　그리고 내 마음 깊은 곳에도 함께 계십니다.

오, 하느님
기도하는 마음으로 당신을 향합니다.
배우고 일할 수 있는
힘과 축복이
내 안에 자라나게 하소서.

### (1) 10세 : 4학년

10세가 된 아이들은 3학년 때의 불균형과 혼란에서 벗어나 새로운 상태에 들어섭니다. 이때 아이들의 자아 활동은 맥박과 호흡의 관계에 조화로움을 가져옵니다. 아이들은 세상을 바라보고 세상에 대해 배우고자 하는 열망이 아주 커집니다. 앞서의 사물학 수업은 동네학 수업이 됩니다. 자기가 살고 있는 마을과 지역의 주변 환경, 지형, 건축, 역사 등에 관해 토의하고, 도보 여행을 통해 농가와 은행, 빵집, 공장, 교회, 사찰, 시청 등을 방문합니다.[9) 또한 전체와 부분의 관계에 대해 탐구하면서 분수가 도입됩니다. 분수는 전체로서의 하나가 동등한 크기의 여럿으로 나눠지는 과정을 다룹니다. 세계를 전체에서 부분들의 합으로 분할하는 과정을 직접적으로 반영하기 때문에 4학년에게 아주 이상적인 주제입니다.[10) 만약 4학년 이전에 분수가 도입되면 아이들은 그 개념을 이해하기 어려울 것입니다.

이때는 본격적으로 자연과학적인 탐구가 시작되는 시기이기도 합니다. 인간의 형태적 특성과 관련하여 동물 세계를 현상학적으로 연구하는 것은 아이들에게 커다란 관심을 불러일으킵니다. 동물학

9) 프란스 칼그렌·아르네 클링보르그, **자유를 향한 교육**, 한국슈타이너교육협회 옮김, 섬돌, 2008 : 165.
10) 토린 M. 핀서, **8년간의 교실여행** : 89.

수업을 관통하는 주제는 동물이 인간의 특징을 보여 준다는 것입니다. 아이들은 이 수업을 통해 동물과 인간의 독특한 관계를 이해하고, 인간의 특성이 인간만의 것이 아님을 알게 됩니다.[11] 교사는 생생한 묘사와 설명을 통해 아이들이 자기가 공부하는 동물과 자신을 일치시킬 수 있도록 해야 합니다.

4학년의 목표는 무엇보다 10세 아이들이 갖는 강력한 에너지를 교실에서 긍정적으로 바꾸는 것입니다. 아이들이 하는 활동의 모든 측면에서 다양한 시도를 할 수 있어야 합니다. 교사는 풍부한 상상력을 바탕으로 수업에서 훨씬 더 구체적이고 지적인 내용을 제시해야 합니다. 또한 아이들의 활동에는 더 많은 독립성과 자율성이 주어져야 하며, 아이들은 자신의 활동뿐만 아니라 친구들과 교사로부터 새로운 관계를 찾을 필요가 있습니다. 이때에는 특히 여학생들 사이에 다양한 그룹이 생겨나고 그룹 간에 별다른 이유 없이 갈등이 벌어지기도 합니다. 소외되는 아이가 없도록 교사는 아이들의 교우 관계에 관심을 갖고 부모와도 주기적인 상담을 하는 것이 좋습니다.

이 시기에는 북유럽 신화처럼 다수의 개인이 사회 전체에 공헌한 이야기, 어둠과 악에 대한 아주 구체화된 이야기들이 주어져야 합니다. 그리고 이전까지 공간과 시간의 전체성 안에서 살아왔다면 이제는 그 전체성을 사고를 통해 정리하고 체계화하고자 합니다. 시제에 관심이 생기고, 과거와 현재를 훨씬 더 분명하게 느낍니다. 공간적으로도 앞과 뒤, 오른쪽과 왼쪽, 위와 아래 등을 서로 관련지을 수 있습니다. 체조 수업을 통해 이러한 능력을 키울 수 있습니다.

---

11) 크리스토퍼 클라우더·마틴 로슨, **아이들이 꿈꾸는 학교** : 120.

교사는 아이들에게 우리가 환경과 밀접한 관계 속에 있다는 감각을 형성할 수 있도록 도와줘야 합니다. 아이들은 담임교사가 그의 삶을 능숙하게 이끌어 가는지, 현실의 땅 위에 확고하게 발을 딛고 있는지, 원하는 것을 분명히 알고 자신의 길을 걸어가고자 하는지 눈여겨봅니다. 이 시기의 아이들은 교사의 전체적인 영혼 상태를 확실히 느낍니다.

### (2) 11세 : 5학년

11세의 아이들은 그리스 시대의 조각상처럼 편안하고 우아한 움직임을 표현할 수 있습니다. 균형 잡히고 조화를 이룬 움직임은 이 시기 발달단계의 특징이라고 할 수 있습니다. 아이들은 자아와 세계의 차이를 분명하게 느끼면서 개인적 의지 요소가 성장하기 시작합니다. 사회적으로는 강력하고 역동적인 그룹이 한 학급의 중심이 되기도 합니다. 또한 아이들은 현실적이면서 합리적인 방법으로 문제와 현상을 더 많이 이해할 수 있습니다. 그럼에도 여전히 그림으로서의 사고는 아이들의 의식에 중요한 요소로 남습니다.

5학년 시기에는 기억력이 더욱 강화되어 시간 감각이 발달합니다. 기억은 과거를 되돌아보고 미래를 계획할 수 있게 하며, 깊어가는 감정과 결합하여 양심과 책임감을 키워 줍니다. 이때는 여러 능력이 넘쳐나는 시기로 아이들은 급격한 성장을 경험합니다. 특히 육체적인 능력이 발달하며 작은 그룹 활동 안에서 더 많은 능력을 발휘할 수 있습니다. 악기를 다루는 능력도 크게 성장하기 때문에 오케스트라 활동을 시작할 수 있습니다. 또한 아이들은 수학과 문학, 언어의 기초 영역 중 규칙과 과정, 구조의 측면에서 창조적인 능력을 발휘합니다.

이 시기의 아이들은 지적으로나 도덕적으로 새로운 도전에 응할 준비가 되어 있습니다. 연산과 독해, 작문 능력의 토대는 10세에 이미 어느 정도 확립되지만, 개인의 책임감과 이성적 사고, 선악의 분별 능력 등은 11세에 와서야 좀 더 분명해집니다. 이때의 아이들에게 육체적인 도전으로 체조와 서커스 수업을 시도할 수 있습니다. 아이들은 외발자전거와 덤블링, 저글링 등 다양한 곡예의 난이도를 높이며 도전하고 반복해서 연습할 것입니다. 움직임이 주는 경쾌함이 혈액 순환과 근육 활동을 자극하여 아이들은 더 활발하고 용감해질 것입니다.[12]

5학년 말이 되면 아이들은 지적인 능력을 더욱 의식적으로 사용할 수 있습니다. 이제 새로운 분리감을 느끼며 조화는 사라져 갑니다. 더불어 세상에 대한 비판적 관점을 갖게 됩니다. 이 시기의 목표는 신화에서 역사로 전이되는 것이고, 집단에서 개인으로 강조점이 옮겨 갑니다. 아이들은 특히 식물학 수업을 통해 생명과 환경의 상관성에 대해 커다란 지각을 발달시킬 수 있어야 합니다. 생태적 주제를 통해 우리 모두가 하나의 전체에 속하며 생명의 아름다움이 얼마나 가치 있는지 배웁니다. 아이들은 풍부한 어휘를 학습하고, 지도의 사용법을 배워 공간을 시각화할 줄 알아야 합니다.

5학년 시기는 유년기와 사춘기 사이의 중심으로, 짧은 기간 동안 어떤 정점에 놓입니다. 아이들은 지금까지 결코 꿈꿀 수 없었던 수준 높은 활동에 도달하며, 자기가 하는 활동과 자신을 전적으로 동일시하고, 그것을 아름답고 완전하게 하는 데에 시간을 보냅니다. 4학년 아이들이 그런 작업을 쉽게 무시하는 데 비해 이 나이에는

---

12) 프란스 칼그렌·아르네 클링보르그, **자유를 향한 교육** : 89.

자기가 하는 일에 자부심을 느낍니다.


## 3) 12세에서 14세 사이 (6~8학년)

이 시기의 아이들은 발달 과정에서 사춘기라는 결정적 시기에 이르렀습니다. 신체적으로 키와 몸무게가 급격하게 성장하고 성호르몬이 많이 분비되면서 성적 특성이 두드러지게 나타납니다. 성장 속도가 매우 빠르지만 각 부위의 성장 속도가 다르기 때문에 신체적 불균형을 경험합니다. 자신의 몸을 다루는 것이 어려워 바른 자세로 앉아 있기 힘들어합니다. 대부분 여자아이들이 남자아이들보다 1~2년 정도 성장이 빠르게 나타납니다. 이때는 영혼체가 탄생하는 시기로 내적인 감정생활이 세상 밖으로 분출됩니다. 반감의 강화로 부정적인 태도가 두드러지게 나타날 수 있습니다. 한편으로는 인간으로서 잠재된 능력을 이끌어 내고, 이 세상에서 적절한 자리를 찾을 수 있도록 준비하는 시기이기도 합니다.

아이들이 자기 자신을 주변 환경과 분리시키는 이 시기에 가장 중요한 교육적 목표는 아이들의 개별성이 세상과 더욱 직접적으로 연결되고, 특별한 경험 속에서 강화되어야 한다는 것입니다. 아이들은 세상을 위해 의미 있고 쓸모 있게 일할 수 있는 법을 배워야 합니다. 이런 방식으로 세상을 향해 눈을 돌리는 것이야말로 세상을 실질적이고 구체적으로 사랑하는 것입니다. 그러기 위해서는 세상에 대해 관심을 갖고 그 내적 특성에 대해 정확히 알려고 해야 합니다. 슈타이너는 인간이 세상에 대해 아무것도 알지 못한 채 살아가는 것이 우리 시대의 '극악무도한 특징'이라고 말한 바 있습니다.[13] 우리가 사용하는 물건, 예를 들어 자동차, 전철, 휴대폰, 컴퓨터 등이 어떻게 작동하고, 인간의 어떤 노력이 배후에 숨어 있는지 알아야 한다는 것입니다.

아이들이 경험하는 모든 것은 근원적으로 사고할 수 있도록 변형됩니다. 이 나이에 아이들이 필요로 하는 것은 과학적인 태도입니다. 아이들은 새로운 심리적 상황과 물리적 세계에서 얻은 새로운 감각들로 그들의 길을 찾으려고 탐색합니다. 특히 이 나이에는 자기 억제와 자기 동기화가 가장 큰 주제로 떠오릅니다. 이때 자아의 경계감을 온전히 경험하지 못한다면 게임이나 음주 등의 중독 현상에 빠질 수 있습니다. 아이들은 자기 안에서 새로운 권위를 찾아야 하고, 자기 삶의 의미를 깊이 고민하는 시간을 가져야 합니다. 담임교사와 아이들의 관계는 이제 새로운 단계에 도달했습니다.[14]

### (1) 12세 : 6학년

전체적인 흐름 속에서 이 시기는 두 번째 교육에서의 첫 번째 해입니다. 아이들은 연역적인 사고와 논리적인 사고 과정을 배우고, 분석적이고 비판적인 능력을 갖추게 됩니다. 슈타이너의 발달단계에 따르면 추상적 사고, 혹은 형식적 조작기가 대략 12세쯤에 시작한다는 점에서 피아제, 비고츠키의 연구와 공통적인 토대가 있습니다.

저학년 시기의 아이들이 세상을 부분이 아닌 전체로 보며, 논리적으로 사고하기보다 상상하고 느낀다면 이제는 추상적인 사고가 탄생하여 자랍니다. 추상적인 사고란 스스로를 세상과 분리하고 추

---

13) 크리스토프 린덴베르크, **두려움 없이 배우고 자신 있게 행동하기**, 이나현 옮김, 밝은누리, 2000, 171.

14) Martyn Rawson·Kevin Avison, *Towards Creative Teaching* : 22-23.

상화시킬 수 있는 힘입니다. 이제는 그림으로 사고할 때와 달리 추상적 개념이 세상을 반영하기 시작합니다. 만약 개념적인 사고를 그 이전부터 한다면 아이들은 세상으로부터 한발 물러나 냉정하고 비판적인 사람이 될 수 있습니다. 그러나 6학년이 된 아이들은 새로운 의식의 단계에 들어섰고, 개념의 어두운 세계에서 별 탈 없이 살 수 있습니다.

일반적으로 이 시기 아이들의 성장은 뼈대에서 시작합니다. 6학년이 되면 팔다리가 굉장히 길어집니다. 골격이 무거워지는 만큼 움직임은 경직되고 거칠어집니다.[15] 12세 아이들은 뼈대를 통해 중력의 힘을 경험합니다. 이러한 육체적인 변화는 사고의 영역에서 인과율을 첫 번째로 경험하게 합니다. 아이들의 내면은 부정적인 특성이 점점 강해지는데, 이때의 상황은 유년기가 끝나고 개별 자아가 탄생하는 출산의 고통과 비슷한 어떤 어려움을 겪습니다.

이제 사춘기에 진입하면서 아이들은 연대기로 기록된 역사 — 특히 로마 제국의 흥망성쇠 — 와 세계지리, 형식기하학, 상업수학, 현상학적 과학, 원예와 목공예, 스포츠 등 다양한 과목을 배우게 됩니다. 이 시기에 교사는 바깥세상을 향해 성장하는 아이들의 성장 방향성에 관심을 기울여야 합니다. 이제 막 출현하기 시작한 아이들의 비판적인 능력은 과학을 통해 자연 세계를 현상학적으로 관찰하면서 길러져야 합니다. 또한 사회적인 관계에 대해 커지는 관심을 바탕으로 아이들이 스스로 학급 공동체를 책임질 수 있도록 기회를 늘려야 합니다. 이때는 교사와 학생 개개인이 새로운 사회적 관계를 만들어 나가게 됩니다.

---

15) 프란스 칼그렌·아르네 클링보르그, **자유를 향한 교육** : 193-194.

추상적 사고라는 새로운 능력으로 아이들은 세상에 작용하고 있는 인과적인 관계성을 이해할 수 있어야 합니다. 그러나 아이들의 경험은 아직 감정적이고 주관적인 성질을 가지기 때문에 인과적인 관계성은 상상력이 풍부한 언어로 보완되어야 합니다. 또한 앞으로 성인이 되어 살고 일하게 될 세상을 파악하고, 학교의 다양한 활동 안에서 높은 기준에 도달할 수 있도록 도전해야 합니다.

### (2) 13세 : 7학년

13세의 아이들은 크게 두 가지의 모순된 특성을 갖습니다. 하나는 외향적으로 활동적인 성향이고, 다른 하나는 심리적으로 내향적인 상태인데 이 둘은 뒤섞여 있습니다. 세상의 현상들을 명확히 알고 싶은 강렬한 욕구와 이제 막 싹트기 시작한 자기 성찰과 반성의 자극이 뒤섞여 나타납니다. 또한 성적인 정체성과 신체적인 변화는 더욱 뚜렷해집니다.

이때는 신체적 변화가 심리적 발달을 다소 앞서는 경향이 있습니다. 독립의 욕구와 고독한 느낌, 그리고 동경심이 생겨나고, 알 수 없는 불안과 감정적 민감함으로 인해 스스로 당혹스러워하기도 합니다. 때때로 일어나는 내적 에너지의 폭발과 사회적으로 많은 경험을 하고자 하는 욕구는 무기력과 답답함 등 억압된 내면을 벗어나려는 모습입니다. 아직 어른은 아니지만 더 이상 어린아이도 아니기 때문에 스스로가 낯설 수밖에 없습니다. 무얼 어떻게 해야 할지 모르는 상태가 지속되면서 아이들은 돌파구를 찾고자 합니다.

일반적으로 남자아이들과 여자아이들은 이 시기의 도전을 대면하는 방식에 중요한 차이가 있습니다. 남자아이들이 좀 더 외향적인 활동에 몰두하고 내면을 억누른다면, 여자아이들은 내적인 자기 세계에 집중하고 외부에 대한 관심을 적극적으로 드러내지 않는 편입니다. 교육과정에서는 아이들의 그러한 욕구, 즉 외부 세계로의 탐험과 내적인 여행을 반영해야 합니다. 탐험의 여정을 담은 역사, 정서와 문체에 중점을 둔 문학, 연소를 다루는 화학과 물체의 운동을 다루는 역학, 그리고 영양학과 위생학 등이 중요하게 제시되는 주제입니다.

이 시기에 교사는 아이들에게 올바른 전망을 제시해야 합니다. 특히 아이들의 관심을 세상으로 이끌어 줌으로써 아이들이 주도적으로 추상적이고 논리적인 세계의 특성을 인식할 수 있도록 해야 합니다. 주관적으로 받아들였던 태도와 사고는 도전받아야 하며, 다른 사람은 세상을 다르게 볼 수 있다는 사실을 인정하고, 자신의 관점을 공식화할 수 있는 방법을 배워야 합니다. 교사는 차츰 아이들의 개인적인 판단력에 호소하고, 아이들이 교실의 공동체 관계에서 사회적인 책임감을 훈련하도록 이끌어 갑니다. 한 명 한 명이 세계시민이자, 사회적 책임을 갖는 개인임을 경험하도록 하는 것이 중요합니다.

### (3) 14세 : 8학년

14세의 아이들은 이제 본격적인 사춘기에 접어듭니다. 몸과 마음에 많은 변화가 있는데, 신체적으로는 이전의 12~13세 시기보다 더 튼튼해 보이고 키도 급격히 자랍니다. 성적인 발달도 뚜렷해져 남자아이들은 변성기가 찾아오고, 여자아이들은 대부분 생리를 하게 됩니다. 이 시기에는 관념의 세계가 아이들에게 큰 의미를 갖게 되며, 비판적인 능력이 눈에 띄게 날카로워집니다. 기존의 틀과 규칙에 의문을 갖고 저항하기도 합니다. 이러한 비판적 경향에 균형을

잡아 주는 것은 아이들 내면에 자라나는 합리적 이성입니다.[16]

영혼체의 탄생과 함께 아이들의 감정생활은 독립적으로 변하며, 뒤따르는 감정적인 혼란이 교사와 부모에게 중대한 도전이 됩니다. 아이들의 감정은 수시로 변하고 극단적인 모습을 보이기도 합니다. 여자아이들이 단짝들과 삶에서 받게 되는 감정과 사회적이고 개인적인 면에 대해 이야기를 많이 나누는 반면, 남자아이들은 그에 비해 아직 성숙하지 못한 모습입니다.

남자아이들은 말이 없고 감정적으로 거칠어 보이기도 합니다. 심하면 건방지거나 음울한 경향을 보일 수도 있습니다. 이는 변성기의 영향이 큰데, 목소리가 쉬고 듣기 싫은 소리를 내면서 사회적 의사소통의 주요 기관이 깨지게 된 것입니다. 흔히 이로 인해 생겨나는 마음의 불안정이 과소평가되곤 합니다.[17]

그러한 겉모습과 무관하게 남녀 아이들 모두 예민한 마음과 연약한 심성, 중력과 부조화를 이루는 팔다리로 인해, 이 시기에는 전혀 새롭고 알 수 없는 전망 앞에 멈추어 있게 됩니다. 학년 말이 되면 아이들은 이미 새로운 권위와 역할의 모델을 찾고 있을 것입니다.

이 시기의 아이들은 분투하는 윤리적 개인으로서, 그동안 배운 모든 것을 자기 안으로 가지고 와서 새롭게 정리할 수 있어야 합니다. 발도르프 학교에서 제안되는 1년간의 독립적인 연구 프로젝트는 아이들을 한 극점으로 데려가 주어야 합니다. 한 해 동안 한 주제를 연구하고 공개적으로 발표하는 과정을 통해 앞으로 배우게

---

16) Kevin Avison·Martyn Rawson, *The Tasks and Content of the Steiner Waldorf Curriculum* : 71-72.
17) 벤첼 미하엘 괴테, 상급 학년과 청소년기, **발도르프 학교교육**, 이정희 옮김, 행동하는정신, 2013  214.

될 높은 수준의 학문적 지식 탐구를 준비하게 됩니다. 동시에 학급의 모든 학생이 참여하는 연극을 통해 아이들은 감정적인 어려움을 극복하고 자신과 다른 친구들을 객관적으로 바라볼 수 있는 힘을 얻게 됩니다.

## 4) 발도르프 학교 담임과정의 교육과정

발도르프 학교에서는 원칙적으로 한 명의 담임교사가 아이들을 1학년부터 8학년까지 연속적으로 지도합니다. 이 8년을 담임과정이라고 합니다. 일반 학교의 학제와 달리 6학년 이후에도 그 과정이 지속되며 아이들은 8학년까지 같은 반 친구들과 함께 공부를 합니다. 8년 과정을 마친 뒤에는 청소년기를 상급과정이라는 이름으로 새롭게 시작합니다.[18)

### (1) 1~3학년의 교육과정

형태 그리기 : 아이들이 직선과 곡선을 온몸으로 표현해 보고 그려 보는 시간입니다. 주로 크레파스나 색연필을 사용해서 종이에 그리며, 아이들은 이 활동을 통해 집중된 노력과 동작에 대해 배우게 됩니다. 구체적인 사물을 그리는 것이 아니라 역동적인 형태의 선들을 통해 내적인 본질을 찾아가는 연습을 합니다. 아이들은 이 동작

---

18) 여기에서는 청계자유발도르프학교의 교육과정을 참고하여 발도르프 학교의 담임과정 교수요목을 간단히 소개하고 정리했습니다(gcfreeschool.kr). 각 과목의 단계별 내용과 의미에 대한 슈타이너의 상세한 설명은 [E. A. Karl Stockmeyer, *Rudolf Steiner's Curriculum for Steiner-Waldorf Schools*, translated by Roland Everett-Zade, Floris Books, 2015] 참고.

속에 있는 균형, 비율, 대칭, 통합의 특징을 느끼게 됩니다.

우리말글 : 흔히 말하는 '국어' 시간으로 한글을 배우고 이야기를 듣는 게 수업의 주를 이룹니다. 1학년 때에는 주로 놀이와 노래를 통해 한글의 자모음을 배우고, 2학년 때부터는 교사가 칠판에 적어 둔 내용을 베끼거나 구술하는 것으로 구성됩니다. 3학년 때에는 여섯 가지 품사를 배웁니다. 교사는 아이들이 바르게 글씨를 쓸 수 있도록 지도합니다. 아이들이 필기하는 내용은 품사별로 다른 색의 필기구를 사용하여 적게 되는데, 이는 무의식적으로 비슷한 성질을 가진 단어들을 알아 가는 연습이 됩니다.

외국어 : 영어와 중국어를 배웁니다. 이 시기의 아이들은 모방하는 능력이 뛰어나므로 글자를 배우지 않은 채 놀이와 노래, 교사와의 간단한 대화 속에서 외국어의 특성을 몸으로 익혀 나갑니다. 아이들은 다른 언어를 통해서 사물을 바라보고 설명하는 방식, 세상에 접근하는 다른 방식을 경험하게 됩니다. 이는 세상에 대해 좀 더 보편적인 시각을 가지게 되는 중요한 전제 중 하나입니다.

수와 셈 : 1학년 아이들은 숫자의 전체성과 개별성을 경험합니다. 숫자들은 원형적인 성질을 강조하여 소개됩니다. 하나는 통일, 둘은 이원성 등으로 아이들의 세상에 익숙한 그림을 사용하고 리듬 있게 숫자를 세어 나갑니다. 2학년 때까지 손으로 계산하는 것을 강조하는데 익숙해지면 점점 머리로 계산하는 것을 강조하는 쪽으로 옮겨 갑니다. 3학년부터는 수량을 측정하는 것이 신체의 비율에 기초한 전통적인 수량 재기로 시작하여 길이, 시간, 중량 등의 기본 단위들이 소개됩니다.

습식수채화 : 도화지를 물에 적셔 물감으로 그리는 그림입니다. 파랑, 노랑, 빨강의 세 가지 색깔을 사용하여 색상의 내적인 언어에 귀

를 기울입니다. 객관적인 사물을 베끼거나 묘사하지 않고 색 그대로의 성질을 보며 색의 아름다움을 느끼게 합니다.

음악 : 1~3학년 시기의 아이들은 아직 내적인 생명력이 성숙하지 않았거나 감정을 이입하기에는 충분히 분화되지 않은 상태입니다. 따라서 처음에는 오음계의 노래들을 부르고 연주합니다. 2학년이 되면 곡의 종류가 늘어나고 학급에서 솔로 부분을 맡기도 합니다. 3학년 때는 온음계적 전조의 시야와 관련된 음악으로 전환이 이루어집니다. 이때 아이들은 기보법을 접하게 됩니다. 리코더는 음악 시간에 쓰이는 가장 중요한 악기로, 양손이 조화롭게 쓰이며 공기의 흐름을 만들고 소리를 내기 위해 적당한 호흡을 조절할 수 있어야 합니다.

오이리트미 : 오이리트미는 아름다운 리듬 활동을 의미하는 동작 예술로 말하는 소리와 음악의 소리가 공간에서 사지의 동작을 통해 보이도록 만드는 활동입니다. 이 예술은 민첩한 감각의 인식력과 육체적 움직임이 균형을 맞추도록 돕는 예술로서 발도르프 학교에만 존재하는 유일한 과목이기도 합니다.

수공예 : 두 손의 조화를 이루고 손을 많이 움직일 수 있도록 돕습니다. 뜨개질을 통해 아이들은 냄비 받침, 주머니, 리코더 집 등의 유용한 물건들을 만듭니다. 예술과 실용적인 요소가 결합된 손 기술의 습득은 이후에 실질적인 지성의 기초를 위한 토대를 제공합니다.

집 짓기와 농사 : 3학년에서 이루어지는 실재적인 두 가지 주제를 통해서 아이들의 여행은 지구로 내려옵니다. 가공하지 않은 자연의 재료들이 어떻게 세상에 필요한 생산물로 바뀌는지 알게 됩니다. 이는 이후에 경제학과 생태학을 준비하는 장기적인 교육 요소들을

포함하고 있습니다.

### (2) 4~5학년의 교육과정

우리말글 : 이전과는 다른 언어적 자질을 위해 새로운 의식을 깨어나게 할 필요가 있습니다. 문법적인 규칙을 사고의 요소로 들여오는 일이 중요합니다. 동사의 시제가 어떻게 언어로 표현되는지 경험하고 이해하며 다양한 화법의 특징을 익히게 됩니다. 어형변화, 문장구조, 구두법, 능동태와 수동태, 직접화법과 간접화법 등을 구분지을 수 있게 됩니다.

외국어 : 4학년부터 외국어의 읽기 쓰기가 시작됩니다. 언어적인 목표는 우리말글의 목표와 크게 다르지 않습니다. 외국어의 경우 우리말글의 목표에 상응하는 단계에서 일상생활의 상황에 관한 회화 연습이 같이 따르게 됩니다.

음악 : 3학년 때 시작한 기보법이 발전되며, 음악의 법칙을 이론으로 배우지 않고 악기를 연주함으로써 익힙니다. 모두 같은 음으로 노래를 부르고 연주하던 것이 이제 여러 파트로 발달하게 되고, 합주나 합창이 가능해집니다.

오이리트미 : 말과 음악이 연관됩니다. 여러 가지 문법적인 형태가 실현되고 장조와 단조의 분위기가 작용합니다. 음표들의 박자를 다양한 리듬과 걸어 보기로 표현하고 기하학적인 형태로 움직입니다.

수학 : 4학년은 분수를 통해 전체와 규칙적인 관계를 갖게 됩니다. 5학년은 십진법을 통해 논리적 사고를 위한 준비를 시작하고 백분율과 대수에 관한 수학적 발견의 준비를 합니다.

형태 그리기 : 여러 가지 복잡한 구성을 표현하며 아름다움과 정확함이 조화를 이루도록 합니다. 5학년부터는 '맨손기하'라는 이름으

로 기하학적인 형태를 컴퍼스와 자 없이 시작합니다. 손과 눈으로 충분히 연습한 후 작도 기구 없이 기하학적 형태를 그립니다.

동네학 : 아이들은 자신들과 직접적인 관계를 맺고 있는 환경과 경제적인 상황에 대해 배우며, 이 안에서 어떤 역사가 진행되어 왔는지 배웁니다. 5학년부터 지리가 시작되면 나라 전체를 공부하고 다른 나라와의 지리적 관계에 대해서도 배우게 됩니다.

동물학 : 자연을 배울 때 인간과 친밀한 동물을 먼저 시작합니다. 동물들은 특별한 하나의 감각, 전문화한 운동 등으로 인간의 특별한 기관과 관계되어 있습니다. 초식동물, 육식동물, 발달된 시력을 가진 동물 등으로 나눠 볼 수 있습니다. 인간은 잠재적으로 모든 능력을 가졌지만 다른 능력과 균형을 이루고 있습니다. 이런 능력들은 전체 동물 왕국의 종합이면서 동시에 원형을 보여 줍니다. 아이들은 인간이 동물적인 것을 가지고 있음을 발견합니다.

식물학 : 하등에서 고등 식물로 진화하는 과정은 어린이와 사춘기 아이들의 발달단계와 관계가 있습니다. 다르게 표현되는 식물 형태를 통해 아이들의 심리적 발달의 그림을 볼 수 있습니다. 식물이 지구와 태양과 어떻게 관계를 맺는지, 1년 동안 어떻게 변화하는지 살펴봅니다. 진화와 생태라는 중요한 테마가 생물학으로 진입할 수 있는 내적 실마리로 제시됩니다.

역사 : 아이들은 현재에서 벗어나 생생한 이미지를 통해 과거로부터 역사가 진행되어 왔음을 상상합니다. 5학년에서 고대 인도, 중국, 페르시아, 메소포타미아, 이집트, 그리스 등을 배우는데, 초기 문명의 문화는 이야기를 통해 배웁니다. 우리 역사는 고조선에서부터 시작합니다.

수공예 : 장갑과 양말 등을 짜고, 솜으로 채워진 동물 인형을 만

듭니다. 동물의 본을 뜨면서 동물의 형태를 정확히 알 수 있게 됩니다. 형태 그리기에서 배운 것과 같은 교차 형태로 수놓기를 합니다

### (3) 6~8학년의 교육과정

역사 : 6학년은 로마사와 중세 시대를 인과성을 중심으로 배웁니다. 이슬람과 동양의 만남을 통한 기술적, 산업적인 영향 등이 주요 주제가 됩니다. 7학년은 유럽인들에 의한 신대륙 발견, 르네상스, 그리고 동시대인 고려와 조선 등이 주제가 됩니다. 8학년은 산업의 발생과 산업혁명에 이르기까지의 근대를 다루며, 이를 통해 사건의 원인을 조사할 수 있는 세계의 시민이 되어 갑니다.

물리학 : 6학년에서 처음 시작되며 인과성을 경험하는 중요한 통로가 됩니다. 이론을 다루지 않고 소리, 광학, 열, 자기, 정전기 등의 기본적인 현상을 경험할 수 있게 합니다. 7학년에서는 기계적인 실험을 함께 하고 즐김으로써 과학적 방법에 다가갑니다. 8학년에서는 역학의 작용과 증기기관, 모스 부호 등을 통해 물리학을 배웁니다

화학 : 흔히 불과 연소 과정으로 7학년에 시작하여 석회암의 연소, 산, 알칼리와 금속 등으로 진행됩니다. 다양한 기술의 역사·문학적 측면들이 포함되어 있습니다. 8학년부터 좀 더 복잡하고 어려워지며 유기적인 삶의 과정, 물질의 창조와 변형을 이해하기 위한 과정이 포함됩니다.

지리 : 하나의 전체로서 지구를 개관합니다. 세계의 개별적인 부분들에 초점을 맞추며, 지리적 상황의 결과로 나타난 개별의 문화와 경제를 인식해 나갑니다.

생물학 : 아이들이 사춘기의 심연에 잠기기 전, 인간의 본질을 생생하게 경험할 수 있는 시기에 건강과 영양에 관한 과목을 도입합니다.

우리말글 : 6학년에서는 가정법과 문법을 배우고, 7학년에서는 느낌과 감정의 표현들, 감탄사 등을 배우게 됩니다. 이 시기의 아이들은 어른들 앞에서는 자기 생각을 잘 표현하지 못하지만, 자신들의 은어로 유창하게 말하기도 합니다. 이 두 가지 현상은 자신을 표현하는 고유하고 개별적인 방법들의 탐색으로 볼 수 있습니다. 서사시와 서정시, 극시를 공부하면서 비유와 직유 등을 함께 살펴보게 됩니다. 특히 드라마는 이 시기 가장 중요한 주제로 설화, 민요, 연극 등이 중요한 예술 작업으로 자리 잡게 됩니다. 8학년에서는 이 모든 작업을 총망라하는 연극이 중요한 활동으로 제시됩니다.

외국어 : 우리말글과 비슷한 목표와 방식들이 자리 잡게 됩니다. 보고서와 이야기 쓰기 연습, 요약 연습 등이 주를 이루게 됩니다.

기하학 : 기구를 사용하여 정확히 작도하고, 평면에서 입체까지 다룹니다. 또한 이와 연관된 피타고라스의 정리를 연습합니다. 8학년에서는 해부학적 비율을 통해 해부학과의 연결 고리를 만들 수 있도록 합니다.

음악 : 청음이 주요한 테마로 다루어지며, 독주와 작곡, 합창 등이 수업의 중심이 됩니다. 다양한 작곡가의 스타일을 소개하고, 작곡에 대한 이해를 계발하도록 돕습니다.

오이리트미 : 이 나이 대의 아이들이 갖는 외로움으로부터 해방시키고 다른 이들과 관계를 형성하게 도와줍니다. 발라드나 익살스러운 곡들이 효과가 있습니다. 언어 오이리트미 역시 예술적 연출을 길러 주어 언어 공부를 도와줍니다. 아이들이 사람 앞에 서는 것을

꺼리고 자신 없게 될 시기에 오이리트미가 영혼의 분위기를 표현하기 위한 예술적 활동으로 자리 잡게 됩니다.

**수공예** : 아이들은 실용적인 물품들을 만들고 8학년부터 발을 움직여 작동하는 재봉틀을 사용하여 작업을 합니다. 재봉틀로 옷도 만들고 연극을 위한 소품들도 직접 만들게 됩니다.

**목공예** : 6학년부터 시작하며 나무를 다루는 가운데 아이들은 자신의 조형에 대한 착상을 인내와 끈기로 추구하고 실현하는 법을 배웁니다.

**체육** : 체조와 스포츠 수업은 자신의 경험들을 정리해 주는 자기 억제와 자기 동기화의 양상을 보여 줍니다. 기구를 사용한 운동과 도약 운동은 풍부한 움직임의 선택 기회를 제공해 줍니다. 구기 종목은 단독 종목보다 중요한 사회적 균형 감각을 키워 줍니다.

**1년 프로젝트** : 연극 공연과 함께 8년 담임과정의 졸업을 준비하며 실시하는 개인 프로젝트입니다. 각자 자신의 관심 분야를 택해 1년 동안 주제에 관한 집중 연구를 실시합니다. 아이들은 멘토를 정해 연구에 도움을 받을 수 있습니다.


* 이 밖에도 아이들은 4학년부터 서예와 한문을 배우기 시작하고, 6학년에 광물학과 천문학이, 8학년에 기상학이 주요 수업으로 도입됩니다. 아이들은 상급과정에 진학하면서 그동안 배웠던 교과들을 더욱 심화하여 배우게 됩니다. 그리고 해마다 실습 활동을 하는데, 9학년에는 농업 실습, 10학년에는 측량 실습, 11학년에는 공장 실습, 12학년에는 각자의 진로와 관련하여 사회 실습을 2주에서 3주가량 다녀옵니다.

# 9강

# 청소년기의 발달

## 1) 15세에서 18세 사이 (9학년~12학년)

사춘기의 아이들은 지상의 삶을 받아들일 준비가 되어 있는 상태라고 할 수 있습니다. 사춘기를 생물학적으로 한정해서 본다면 성적 기관의 성숙이겠지만, 이차성징 이후에 아이들은 심리적으로 더 성숙해야 합니다. 성적으로 성숙했다고 해서 성인이 된 것은 아닙니다. 이차성징은 세 번째 7년 주기가 시작했음을 알리는 신호와 같습니다. 청소년기는 자기만의 독립적 감정생활을 할 수 있는 새로운 시기를 뜻합니다.

몸은 성인과 비슷해졌다고 해도 마음은 미숙한 상태인 청소년기의 자아는 아직 세상을 직접 대면할 만큼 성숙하지 않습니다. 아이들은 자신의 신체적 변화를 낯설어하며 자기 몸에 대해 이질감을 갖기도 합니다. '이런 몸으로 세상에서 어떻게 행동해야 하는가?'라는 질문이 듭니다. 심지어 걸어 다니는 것조차도 갑자기 문제가 됩니다 '발을 어떻게 디뎌야 하나?', '걸음 너비는 어떻게 해야 하나?' 이런 현상은 정신적 삶이 내면에 생겨나고 있음을 의미합니다.[1]

동물의 경우에는 신체적인 성숙기와 성년 사이에 청소년기라는 중간 단계가 없습니다. 오직 자아를 가진 인간만이 '되어 가는' 시기로서 청소년기가 있으며, 섬세하지만 불안정하고 심지어 위험해 보이기까지 하는 발달단계를 겪는 것입니다. 온전한 인간으로서 성인이 되기 위해서는 반드시 거쳐야 할 과정입니다. 슈타이너는 이 시기를 다음과 같이 묘사합니다.

사춘기가 시작되면서 시공간과 무관한 정신적인 요소가 깨어난다. 내적 세계가 눈을 뜨는 것이다. 그것은 바깥 세계를 향해 격렬하게 돌진한다. 몸에 리듬을 부여하던 힘이 성적 성숙과 함께 고삐가 풀리고, 그 힘은 이제 청소년을 이상주의에 이끌리게 한다. 청소년들은 자신의 내적 본성을 바깥 세상에 투영한다. 이 시기의 젊은이는 자신이 이제껏 살아온 세상과 지금 눈앞에 열린 세계가 전혀 다르다고 느낀다. 솟아 넘치는 욕망은 끝없는 저항에 굴하지 않고 맞선다.[2]

아이들의 감정생활은 독립했지만 사고의 측면에서는 독립하지 못한 상태입니다. 한 개인으로서의 자아 정체성과 책임감은 아직 완

---

1) 요헨 부스만·힐데가르트 부스만, **우리 아이는 발도르프 학교에 다녀요!**, 최경은 옮김, 밝은누리, 2001 : 169.
2) 크리스토퍼 클라우더·마틴 로슨, **아이들이 꿈꾸는 학교** : 81.

성되지 않았습니다. 개인의 내적인 삶은 판단력을 형성하는 능력에 의해 독립할 수 있습니다. 이 시기 아이들에게는 세계의 객관적인 법칙들을 경험하고 자각하는 것이 필요한데, 진정한 판단이란 오직 현상의 참된 본질을 인식하는 것에 기초하기 때문입니다. 이는 또한 감정적으로 좋지 않게 느껴지더라도 필요하다고 생각하는 것을 행동으로 옮길 수 있을 때 그 토대가 마련됩니다. 올바른 판단은 개인이 자기 행동에 따른 책임을 질 수 있을 때 가능합니다. 청소년기 동안 아이들의 내적인 모든 힘과 집중력은 주위의 관계를 향하게 됩니다.[3)]

사회적 관계 속에서 자아 정체성을 찾는 것은 청소년기의 핵심적인 과제입니다. 이 시기에 아이들은 지적 발달이 최고조에 달합니다. 지적인 능력이 가장 발달하는 시기인 동시에 정체성을 찾는 시기이므로 내적 모순이 생길 수 있습니다. 머리로는 아는 게 많아지지만 인간관계 속에서 실제 행위나 태도는 미숙하고 어색하며 자기가 어떤 사람인지 알지 못합니다. 도움을 제대로 받지 못한 아이들의 경우 자아 정체성을 찾기보다 이 과제에서 달아나고 회피하려 할 것입니다. 그래서 허상적인 자아 정체성을 갖거나 주변 환경에 피상적으로 대처하게 됩니다.[4)] 누구든 이 시기를 제대로 거쳐야 비로소 21세에 자아의 탄생을 맞이할 수 있습니다.

---

3) 에른스트 미하엘 크라니히, 아동과 청소년 발달에서의 자아, **발도르프 학교교육** : 102.

4) 정체성 혼란을 겪는 청소년들 중 일부는 '일진'에 가입하거나 '일베(일간베스트 저장소)' 같은 극우 커뮤니티에서 활동을 하기도 합니다. 민주주의가 약화되고 소비자본주의가 만연한 현실에서 일진이나 일베 등의 집단은 강렬한 정체성을 부여해 줍니다. 학교교육이 '나는 누구인가'에 대해 고민하고 토론하는 과정 없이 '어떻게 해야 좋은 직장을 구해서 원하는 것을 소비하며 살 수 있을까'에 매몰된다면 아이들은 온전한 정체성을 찾을 수 없습니다. 청소년 시기에 특히 강조되어야 할 교육 목표는 정체성 확립과 사회적 인정입니다. ([김민하 외, 지금, **여기의 극우주의**, 자음과모음, 2014] 참고.)

### (1) 15세 : 9학년

15세가 된 아이는 이제 청소년기에 발을 들여놓게 됩니다. 청소년기가 시작되었다는 것은 자아의식과 세계의식이 함께 출현하게 됨을 의미합니다. 이제 아이들은 자신의 고유한 세계를 갖기 시작하며, 자신이 만나는 모든 것을 자기 것으로 받아들이고 참여하고자 합니다. 현대의 놀라운 기술적 성과인 컴퓨터와 스마트폰, 영화, 자동차 등은 아이들을 감탄과 놀라움으로 사로잡습니다. 아이들은 점차 세상에 직면하는 모든 것과 개인적인 관계를 경험하게 되고, 이제 각자의 새로운 개별성이 태어나게 됩니다.[5]

이 시기 아이들은 교사와 부모로부터 새로운 방식으로 인정받기를 기대합니다. 아동기와는 다른 방식으로 자신이 인도되기를 원합니다. 모든 것은 아주 개별적인 방식으로 일어나야 하며, 아이들은 스스로를 새롭게 발견하고 완전히 새로운 시각으로 바라볼 수 있어야 합니다. 따라서 청소년기에 막 들어선 아이들을 예전처럼 어린 아이로 대하거나, 아니면 다 큰 어른으로 대하는 방식은 현명하지 못한 접근입니다.

이제 교실은 새로운 학급 형태로 발전해야 하고, 그럼에도 교사는 역시 계속해서 주도적으로 아이들을 이끌어야 합니다.[6] 이 시기 아이들은 쉽게 산만해지고 쉽게 좌절하며 쉽게 혼란을 느낍니다. 교사는 아이들이 세상에 대해 건강하게 가치 평가를 하고 분별

---

5) Kevin Avison·Martyn Rawson, *The Tasks and Content of the Steiner Waldorf Curriculum* : 84-89.

6) 발도르프 학교에서는 아이들이 담임과정을 졸업하고 상급과정에 진학하면서 4년 동안 새로운 담임교사를 만납니다. 이때의 담임교사는 전문 과목 교사로서 일부 수업만을 담당하며, 아이들에게 일종의 매니저 역할을 해 줍니다. 상급과정에서는 담임교사뿐만 아니라 모든 교사의 협업이 더욱 중요해집니다.

할 수 있도록 도와줘야 합니다. 이것은 아주 섬세한 작업입니다. 이제 막 싹트기 시작한 아이들의 독립된 감정과 개성이 어떤 일로 상처받게 된다면 아이들은 반항하고 무례하게 굴 것입니다. 이때 교사는 여유를 갖고 항상 적당한 양의 유머를 구사하는 것이 필요합니다.[7]

이 시기의 교육과정은 아이들의 중대한 발달상의 변화와 노력들이 민감하게 반영되어야 합니다. 아이들은 육체라는 물질성 속으로 돌진하는 강렬한 경험을 하게 되고, 동시에 추상적인 사고의 비물질성 속으로 들어가게 됩니다. 이 양극성의 경향에는 긴장이 자리 잡게 되는데, 종종 긴장감 속에서 발버둥치는 것이 기존 질서에 대한 반항으로 발전하기도 합니다. 아이들은 자신의 내적 경험을 위해 외부 현상들에 자신을 반영합니다. 따라서 물리학에서 아이들은 엔진에 대해 공부하면서 가열과 냉각의 양극성을 배우고, 화학에서는 기체의 팽창과 수축을 배웁니다. 역사에서는 이상을 향한 세계 곳곳의 투쟁과 혁명을 다룹니다.

이러한 혼돈과 투쟁의 긴장을 통해서 아이들은 정확히 관찰하는 힘을 키워야 합니다. 과학에서는 실험을 하며 일어난 일에 대해 정밀하게 묘사하고 이론적인 설명 없이도 논증할 수 있게 합니다. 문학에서는 세부적인 것들에 주의를 집중함으로써 등장인물의 본성을 잊지 않고 사건들의 결과를 명확히 열거하게 합니다. 이때의 목표는 아이들이 관찰하는 힘을 연습하고, 주위 현상들의 맹렬한 작용 속에서 숙고를 통해 스스로 사고를 안정화하는 것입니다. 깨어 있는 지각의 힘은 이후의 공부를 위한 토대를 형성할 것입니다.

---

7) 베티 스탤리, **형식과 자유 사이** : 245.

9학년 시기의 교육과정이 안고 있는 근본적인 질문은 "무엇what"
으로 요약됩니다. "무엇이 일어났는가?", "무엇을 보고 들었는가?"
등이 중요한 질문입니다.

### (2) 16세 : 10학년

16세의 아이들은 내적으로 더 많이 안정된 모습을 보이게 됩
니다. 세상을 보는 시선은 더욱 넓어지고, 세상을 다시 하나의 커다
란 전체로 바라보게 됩니다. 세상은 마치 인간의 운명을 싣고 비밀
스럽게 항해하는 거대한 배처럼 보입니다. 이제 인간에 대한 애착
을 형성하기 시작한 아이들에게 우정은 삶에서 중요한 역할을 합
니다. 아이들은 반감과 호감을 더욱 명확하게 표현합니다. 이때 교
사의 과제는, 새롭게 깨어나기 시작하는 주변 세상에 대한 아이들
의 관심을 활동에 대한 열정과 갈망으로 변형시키는 것입니다. 이
제 배움은 관찰의 차원에 머물러서는 안 됩니다. 관찰을 넘어 행동
과 이상의 실현으로 나아가야 합니다.[8]

그러나 역설적으로 이때 세 번째 자아의 위기가 찾아옵니다. 감
정적인 혼돈이 해소되고 신체적 변화가 천천히 감소된다 하더라
도, 아이들은 미묘한 불안감을 경험하기 시작합니다. 첫 번째 자아
의 위기에서 아이들이 세상과 분리된 신체로서의 자아를 인식한다
면, 두 번째 위기에서는 영혼적인 분리를 자각합니다. 세 번째 위기
는 정신적 단절감과 관련이 있기 때문에 삶의 의미에 관한 질문이
떠오르며 삶과 죽음의 과정에 참여하고 있는 자신에 대해 생각합

---

8) 마그리트 위네만·프리츠 바이트만, **발도르프학교의 미술수업**, 하주현 옮김, 푸른씨앗, 2015 : 144.

니다.[9] 이 시기 아이들에게는 이제 심오한 질문들이 떠오릅니다. 정의와 평등, 다시 말해 왜 누군가는 더 많은 기쁨과 이익을 얻고, 다른 누군가는 슬픔과 손실을 운명적으로 겪게 되는지에 대한 질문을 하게 됩니다. 그리고 개개인 간의 관계뿐 아니라, 지구상의 민족 간의 관계에 대한 질문도 서서히 생겨납니다.

아이들은 진지하게 자문합니다. '나는 이 세상에서 어떤 과제를 가지고 있는가?', '나에겐 어떤 재능이 있는가?', '나는 어떤 직업을 선택할 것인가?'와 같은 질문에 대해 깊이 생각하게 됩니다. 그리고 자기 주변으로 시선을 돌려 질문합니다. 부모를 단지 부모로 보는 것이 아니라 한 인간으로서, 자신만의 걱정과 어려움을 가지고 삶과 싸우며 살아가는 인간으로서 바라보며 다음과 같은 질문을 스스로에게 던집니다. '나는 부모님에게 무엇을 감사해야 하는가?', '나는 부모님에게 어떤 신세를 지고 있는 것인가?' 마찬가지로 교사를 향해서도 다음과 같은 질문을 품습니다. '나는 선생님에게 무엇을 감사해야 하는가?', '우리는 선생님에게서 무엇을 기대하는가?', '선생님이 요구하는 권위는 정당한 것인가?', '우리에게 말한 것을 선생님은 실제로 그렇게 하는가?'

15세의 혼란을 빠져 나와 16세가 된 아이들은 극단과 극단의 난폭한 충돌 사이에서 중심점을 발견하고, 혼돈 속에서 균형을 잡기 시작합니다. 교육과정은 균형을 잡아 나가는 과목들과 함께 이러한 탐색에 응답합니다. 화학에서 산과 염기를 배우고, 물리학에서는 역학의 원리를 다루면서 천체의 구심력과 원심력의 동등함을 이해합니다. 생물학에서는 남성과 여성의 활동과 영향을 살펴봄으로써 이

---

9) 베티 스탤리, **형식과 자유 사이** : 45.

러한 중심점을 찾고자 할 것입니다. 자연과 인간의 수많은 현상을 통해 균형을 배워 가면서 아이들은 자신의 내면에서 정신적 토대를 찾기 시작할 것입니다. 그렇게 함으로써 아이들은 자신의 가치를 결정하기 위해, 반대되는 현상들 사이에서 균형을 찾아가며 심사숙고합니다. 이때는 한쪽 측면과 다른 쪽 측면을 비교하고 그것의 근원과 의의에 관해서 사고하는 법을 배워야 합니다.

아이들은 남성성과 여성성, 구름과 조류로 인해 발생하는 새로운 형태의 날씨 등을 배우면서 상반되는 힘의 충돌을 통해 세계가 균형을 찾아간다는 사실을 발견할 수 있습니다. 이런 발견은 사건들의 근원을 탐험하거나 우주, 역사, 인간, 언어의 근본적인 형식을 찾고자 하는 열망을 자극합니다. 이 시기의 역사 수업은 고대의 연구도 현재의 깊이 있는 고찰을 통해서 시작합니다.[10]

또한 10학년의 특징적인 과목인 측량 수업에서 아이들은 한 지역을 측량하고 축소하여 지도로 그립니다. 실제 지형을 종이 위에 옮기려면 과학적 정밀성과 수학적 기술이 필요할 뿐만 아니라 상호 협동과 분업도 필요합니다. 아이들은 자연 세계를 관찰하고 기록하면서 처음에는 작은 땅덩어리라고 생각했던 것 안에 아주 다양한 것들이 존재하며 그것들이 서로 연결되어 있다는 것을 알고 놀라워합니다. 각 개인의 노력이 모여 지도가 완성되며, 그 지도가 유용한 도구가 된다는 점에서 성취감은 한층 높아집니다.[11]

이 시기의 주제를 근본적인 질문으로 요약하자면 "어떻게how"입니다. "어떻게 이것과 저것이 연결되어 있는가?", "어떻게 이러한 반

10) Kevin Avison·Martyn Rawson, *The Tasks and Content of the Steiner Waldorf Curriculum* : 89-92.
11) 크리스토퍼 클라우더·마틴 로슨, **아이들이 꿈꾸는 학교** : 102.

대 현상들이 서로 연결되는가?", "어떻게 그것이 생겨났는가?" 등이 16세 시기의 교육과정을 관통하는 질문입니다.

### (3) 17세 : 11학년

17세에 들어선 아이들에게는 새로운 특징들이 눈에 띄게 나타납니다. 세 번째 '자아의 위기'의 특성인 정신적 단절감이 최고조에 달하며, 아이들은 학교에 계속 머물러야 할지에 대해서도 고민할 수 있습니다. 생각이 너무 깊어져 겉으로는 머뭇거리고 부끄러움을 타며, 뒤로 물러서 있으려고 하는 경향을 보입니다. 이 '영혼의 어두운 밤'을 거치는 동안 아이들은 겉으로 보기에도 몹시 힘들어합니다.[12] 아이들에게 삶은 예민하게 받아들여지고, 생각과 감정은 좀 더 섬세해집니다. 이 시기에는 특히 주관적인 감정생활과 관련된 내면의 힘이 아주 미묘한 특성을 나타냅니다. 이를 통해 아이들은 존재의 의미와 사랑의 본질, 삶의 가치 등에 질문을 갖게 됩니다.

어른들은 아이들의 내면에서 일어나는 섬세한 특성의 탄생에 이해심과 존경심, 그리고 경외감을 가지고 대해야 합니다. 어떤 문제가 발생한다 해도 어른들이 이 과정에 직접 개입하기보다는 아이들이 도움의 손길을 요청할 때까지 기다릴 수 있어야 합니다. 11학년 아이들의 영혼에는 자연스러운 낭만과 이제 막 싹트기 시작한 연애 감정의 달콤함, 삶의 신비에 대한 기대로 가득 찬 조심스러움이 나타납니다. 여기에서 유의해야 할 것은, 아이들의 내면에 떠오르는

---

12) 데이비드 슬론, **청소년을 위한 발도르프학교의 문학수업**, 하주현 옮김, 푸른씨앗, 2015 : 118.

이 도든 것들이 너무나 쉽게 상처받을 수 있다는 사실입니다. 그리고 원대한 목표가 손이 닿을 수 없을 정도로 너무 멀리 있다고 느낄 때, 아이들은 우울증에 빠질 수도 있습니다. 이것은 삶의 의욕까지 빼앗아 갈 만큼 깊이 침투합니다. 이런 모습은 17세의 아이들에게서 드물지 않게 나타납니다.

아이들은 종종 학교를 변화시킬 필요가 있다고 주장하며, 심지어 학교를 떠나기도 합니다. 내면의 강한 자극들 속에서 새롭고 긴급한 돈소리가 말을 건네는 것입니다. '너 자신의 여행을 떠나라'라는 내면의 소리는 아이들 내면에 독립성이 자라고 있음을 보여 주는 것이기도 합니다. 11학년 아이들은 삶 속에 깃들어 있으나 눈에 보이지 않는 은둔지 안으로 그들 자신의 정해지지 않은 여정을 시작합니다. 이 시기의 교육과정은 불가시성이란 주제로 특징지을 수 있습니다. 주요 수업은 감각적 경험이 접근할 수 없는 영역 속으로 아이들을 끌어당깁니다. 이 여정은 새로운 형태의 사고이며, 이러한 사고의 형태는 아이들이 타락으로 이끌리지 않을 것이라는 확신을 요구합니다.

눈에 보이지 않는 원천에 이르고자 하는 아이들의 여정은 문학에서 학급 전체가 전설의 성배(《파르치팔》)와 단테의 《신곡》에 사로잡히게 합니다. 다른 과목들도 유사한 힘을 요청합니다. 화학에서 아이들은 원자라는 눈에 보이지 않는 왕국으로 들어가게 됩니다. 물리학에서는 전자기학을 다루면서 눈으로 볼 수 없는 전기의 세계를 탐험합니다. 역사에서는 중세 시대와 르네상스 시대를 다시 체험하면서 알려지지 않거나 또는 알 수 없는 목적지로 가는 그들 개인의 여행과 탐색을 시작합니다. 사영기하학을 통해 무한한 공간을 분배하는 지점, 즉 보이지 않을 만큼 무한한 곳을 통과할 수 있는

지점까지 평행선을 따라가기도 합니다.[13)

이 시기 교육과정의 본질적인 질문은 "왜why"입니다. "왜 이런 방법이어야 하는가?", "왜 역사적 사건이 이런 과정으로 일어났는가?" 하는 질문이 던져집니다. 그리고 운명, 인생의 의미, 사회적 책임 등에 대해서 더 깊이 있게 "왜"라는 질문을 하게 됩니다. 종종 이 단계에서 몇몇의 아이들은 자신의 길을 발견하기도 합니다.[14)

### (4) 18세 : 12학년

18세에 이르러서는 청소년기의 위험들로부터 균형을 이룰 수 있는 새로운 자기 신뢰가 생깁니다. 이 시기 아이들은 자신과의 싸움이나 세상에서 극복해야 할, 꺼려지는 상황을 접했을 때, 그리고 난관에 부딪혔을 때 대담한 용기를 낼 수 있습니다. 이러한 부딪힘은 아이들에게 더 높은 정신적 탄생을 준비하는 진통일 뿐입니다.

어른들은 이 과정에서 아이들의 동반자로서, 아이들이 이것을 달성할 수 있도록 간접적인 도움을 주게 됩니다. 아이들 각자가 난관을 통해 인내심을 발달시키고, 자신의 존재 가치를 시험케 하는 상황을 겪어야 한다는 사실을 잊어서는 안 됩니다. 어른들 스스로도 삶의 난관을 통과함으로써 얻는 열매인 자기 신뢰가 없다면, 어려움을 겪고 있는 아이들을 편안히 바라보고 응원할 수 없을 것입니다. 성장이라는 과제 앞에 서 있는 아이들에게 어른들은 전체 삶의 행보에 진척을 가져올 수 있는 길을 제시할 수 있어야 합니다.

학창 시절의 종착지인 12학년은, 광대한 지역의 풍경을 볼 수 있

---

13) Kevin Avison·Martyn Rawson, *The Tasks and Content of the Steiner Waldorf Curriculum* : 93-95.
14) 베티 스탤리, **형식과 자유 사이** : 249.

는 곳에 위치한 거대한 탑의 꼭대기와 같습니다. 1학년은 이 탑의
1층에 들어오는 것이고, 아이들은 나선형의 긴 계단을 올라가기 시
작합니다. 그 탑의 각 층은 모든 방향의 풍경을 부분적으로 조망할
수 있는 창문을 통해서 바깥을 내다볼 수 있습니다. 창문들이라고
표현되는 교육과정들은 비록 나선형의 다른 모퉁이일지라도 하나
하나 그 앞 단계 위에 놓이게 됩니다.

이제 아이들은 12학년이 되어 마침내 탑의 천장 문을 밀어 열고
탑 밖으로 걸음을 내딛게 됩니다. 처음으로 그들은 11년 간 단지 창
문을 통해 바라보고 경험했던 풍경의 전경을 조망합니다. 따라서
이 시기는 교육이 점차로 종합되도록 의도됩니다. 한편으로는 성인
으로서의 다음 단계를 위한 것들을 스스로 준비해야 하고, 다른 한
편으로는 이 전경의 중심에 자신이 위치해 있다는 것을 완전히 자
각해야 합니다.[15]

12학년 교사는 성인이 되기 직전의 아이들에게 합당한 태도를
취해야 합니다. 수업의 성격도 달라져 전보다 대화가 많아지고, 형
식화된 학습 습관은 별로 중요하지 않게 됩니다. 이제 모든 맥락
이 하나로 모이고, 세부적인 주제를 포괄할 수 있는 수업을 구성
해야 합니다.[16] 이 시기의 교육과정은 세계사, 건축학, 고전문학 등
의 많은 과목을 통합하여 다루고, 과목의 주제를 인간 삶의 구심점
에 관계시키려는 목적을 갖고 있습니다. 덧붙이자면, 아이들은 수
학, 식물학, 천문학, 생물학, 기하학 등을 전체적 조망 아래 형태 원
리Metamopose의 연구로 결합할 수 있으며, 예술과 미학에 대해 철학

---

15) Kevin Avison·Martyn Rawson, *The Tasks and Content of the Steiner Waldorf Curriculum* : 95.
16) 크리스토퍼 클라우더·마틴 로슨, **아이들이 꿈꾸는 학교** : 105.

적으로 사유하는 공부를 하기도 합니다. 1년 동안 진행할 개인적인 연구 과제(프로젝트)는 점점 더 아이들을 사회로 끌어당기고, 교육 과정을 통해 구심적인 질문을 던지는 시도 속에 다른 교과들을 하나로 통합하는 것을 계속 요구받게 됩니다.

특히 이때 배우는 건축사는 의미심장합니다. 우리 몸에 영혼이 깃드는 것처럼 건축물은 우리의 사고 패턴, 물질을 다루는 능력, 마음가짐, 방향 감각, 사회적 관습 등을 모두 표현합니다. 영혼이 신체에서 나와 정신세계로 가는 것을 도와주는 하나의 방편으로 건축을 인식했던 고대 문명에 대해 알아보고, 인류의 자아상이 변함에 따라 건물의 형태가 어떻게 변화해 왔는지를 공부합니다. 아이들은 역사적 작품들뿐 아니라 현대 작품들의 형태와 공간에 대해서도 배우게 됩니다. 건축사는 그동안 공부했던 예술 분야들의 집대성과 같습니다.[17]

이때의 질문은 "누가who"입니다. "누가 이것을 인간이라고 명명했는가?", "자연 현상들 밖에서 벌어진 사건들의 뒤에 누가 서 있는가?", "전체적 통합 속으로 그것들 모두를 끌어당기는 이는 누구인가?" 등의 질문이 핵심적입니다. 이런 관점에서 이 시기의 교육과정은 청소년기 4년 동안의 주제들을 단순히 요약하는 게 아니라, 교육과정이 처음 시작하는 1학년으로 회귀하는 것입니다.[18] 슈타이너는 발도르프 학교에서 졸업을 앞둔 12학년 학생들을 위해 다음과 같은 시를 남겼습니다.

---

17) 베티 스탤리, **형식과 자유 사이** : 263.
18) Kevin Avison·Martyn Rawson, *The Tasks and Content of the Steiner Waldorf Curriculum* : 95-99.

인생길 저 멀리에서
돌아보라,
무엇이 청춘의 시기에
참된 인간 존재라는
인장印章을
가슴에
찍었는지.

기억 저 깊이에서
강하게 드러내라,
무엇이 영혼을
정신의 인도引導에 따라 가슴에서
온 힘을 다해
더 소중한 인생의 배움을
찾도록 하는지.

종합하자면, 청소년기에 막 들어선 15세 때는 '새로운' 호기심 가득한 눈으로 세상을 바라보는 힘이 드러나고, 16세 때는 세상을 '전체'로 보는 시각과 사고가 나타나며, 17세 때는 이러한 각성을 통해서 삶의 의미를 추구하려는 '내면의 갈망'을 갖게 됩니다. 그리고 18세 때는 전체 삶을 개척할 수 있는 도구인 대담한 용기의 의미가 형성됩니다.

## 2) 19세에서 21세 사이

12년간의 학교생활을 마친 아이들은 이제 세상에 나가게 됩니다. 대학에 가서 공부를 더 하게 될 수도 있고, 바로 직업을 갖거나 잠시 여행을 떠날 수도 있습니다. 무엇이 되었든 아이들은 자신의 이상을 추구하고자 할 것입니다. 자기 힘으로 독립하여 세상에 발을 내딛는 것이 여전히 불안하겠지만 자유에 대한 욕구는 더욱 강해질 것입니다. 주어진 인생과 스스로 원하는 인생 사이에서 치열하게 갈등도 겪을 것입니다. 젊은 성인으로서 자기 삶에 책임질 준비를 하는 것입니다. 이제 배움과 성숙은 인생의 경험에 기반을 두고 이루어집니다. 발달의 초점은 시대와의 관계, 문화와의 관계, 그리고 동시대 문화의 이상과 가치를 실현한 사람들과의 관계를 발견하는 것에 맞춰지게 됩니다.

공부를 하든 일을 하든 여행을 떠나든 이 시기의 아이들은 삶에서 성취감을 맛보고, 한계를 인식하고, 인생의 스승을 찾아 나가야 합니다. 이때의 과제는 사회 활동의 기술을 발달시키고, 주변 사람들과 강한 인간적 관계를 맺는 것입니다.[19] 그러나 아직 '자아체'가 탄생하지 않았기 때문에 적절한 보호와 도움이 필요한 시기입니다. 근래에는 성적 성숙이 빨리 오는 것에 비해 자아체의 탄생이 늦어져 청소년기가 길어지는 경향이 있습니다. 스스로 올바르게 설 수 있도록 한발 물러나 바라봐 줄 수 있어야 합니다.

청소년기 후반의 아이들에게는 과거뿐만이 아니라 미래에서 오는 운명적인 것과 미리 만나는 지점이 있습니다. 빛의 계시처럼 기

---

19) 베티 스탤리, **형식과 자유 사이** : 28-29.

뿐 일일 수도 있고, 몹시 부담스럽게 다가오는 고민일 수도 있습니다. 그것이 아이들의 현재에 영향을 미칩니다. 이때 어른이 갖춰야 할 태도는 미래가 고정된 것이 아니라 열려 있다는 걸 깨우쳐 주는 것입니다.

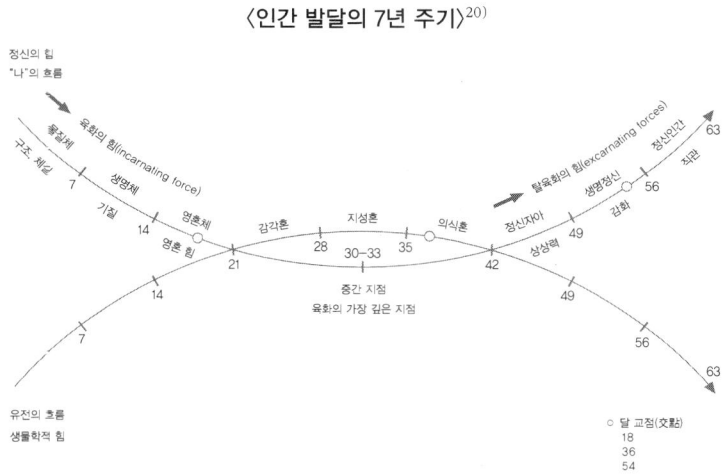

〈인간 발달의 7년 주기〉[20]

---

20) 슈타이너교육예술연구소에서 발행하는 발도르프 교육 전문지 《거듭나기》 창간호(2009년 여름) 47쪽에서 가져왔습니다.

# 10강
# 성인기의 발달

## 1) 영혼의 성장기 : 21세에서 42세 사이

21세는 보통 자아체가 탄생한다고 표현하지만 더 정확히 보자면 영혼이 탄생하여 독립하는 때입니다. 영혼 중에서도 가장 낮은 단계인 감각혼이 태어납니다. 21세가 되면 이제 자기만의 삶을 찾아갑니다. 경험이 필요하다고 느끼면 혼자 여행을 계획하고, 돈이 필요하다고 느끼면 직업을 가질 것입니다. 자아체의 탄생으로 자기 스스로 생각하고 결정하지만 감각적이고 감정적인 일들에 치우치기도 합니다.[1]

---

[1] 벤자민 체리, **청계자유발도르프학교 외부 초청강사 강연록** – 벤자민 체리, 2010 : 104-109.

21세에서 28세 사이는 새로운 세계와 '자신'이라는 벽에 부딪히는 시기라고 할 수 있습니다. 지금까지 주어진 인생을 살았다면 이 시기에는 어른이 되어 스스로의 힘과 책임으로 자유롭게 인생을 살아가기 시작합니다. 새로운 세계와 만나고, 다양한 인간관계와 경험을 통해 많은 것을 배웁니다. 같은 뜻을 둔 동료가 생기며 이상에 불타는 시기입니다. 그러나 일에 대해서는 아직 불안정한 요소가 많습니다. 요구받는 역할을 미루기도 하고, 모든 것을 감정적으로 판단하는 경향도 있습니다. 28세 전후로 '내적 위기'가 찾아오면 이상과 현실의 격차를 깨닫거나 자기 능력의 한계를 홀로 대면하면서 두려움을 느낄 수도 있습니다.

28세에는 지성혼이 탄생합니다. 28세에서 35세 사이는 인생의 계획을 다시 세우고, 단단히 땅에 뿌리내리는 시기입니다. 직업적인 경험을 쌓아 가고, 타인에 대한 사랑과 열정, 반감과의 대결 등 다양한 사회 경험과 인간관계를 겪으면서 영혼이 단련됩니다. 이 시기는 세계가 어떻게 조직되는지 인식하는 것이 중요하며 세계와 사회의 관계 속에서 자신의 인생을 계획하고 현실에 정착해야 합니다. 합리적으로 일을 구축하여 하나의 기준과 가치 판단을 얻기도 하지만, 그것에 집착하기도 합니다. 자신을 과대평가, 또는 과소평가하기 쉬운 시기이기도 합니다. 일과 가정의 균형, 합리적인 판단과 주위에 대한 관용, 동정심의 균형을 찾는 것도 중요합니다.

세상을 변화시키려고 했던 많은 사람이 지성혼의 시기에 이르면 좀 더 현실적인 고민을 하게 됩니다. 연금과 생명보험에 대해 생각하고, 승진 계획도 세우고, 자라나는 아이들의 학비와 자기 삶의 야망에 대해서도 따져 봅니다. 그러다가 어느 날 근본적인 의문이 듭니다. '나는 왜 여기에 있지? 나는 어떤 삶을 살고 싶었던 거지?' 지성혼의 차원에서 보기에는 분명한 답이 없는 질문입니다. 이제 의식혼이 탄생할 때가 된 것입니다. 35세 전후가 되면 좀 더 깊은 내적 문제에 빠져듭니다.

35세에서 42세 사이는 의식적으로 본질에 다가서기 위해 노력하는 시기입니다. 35세에 의식혼이 탄생하면서 인생의 반환점을 돌았다는 기분과 더불어 몸이 조금씩 쇠약해지는 것을 느끼게 됩니다. 20대에 견주어 주위의 시선에는 덜 신경 쓰지만, 모든 역할에서 자유로워진 본래의 자신을 찾고 싶어 합니다. 직업과 삶, 인생의 의미와 과제에 대해서 '이대로 좋은가?'라는 근원적인 물음이 떠오릅니다. 경우에 따라서는 인생에서 커다란 전환이나 위기를 맞을 수도 있습니다.

이 시기에 우리는 의식적으로 본질에 다가서기 위해 노력해야 하며, 새로운 가치관과 기준을 찾으려 애써야 합니다. 이때 찾아오는 질문은 죽음의 문제와 맞닿아 있습니다. 지성혼의 시기에도 사람이 죽는다는 것에 대해 물론 알고 있지만 의식혼의 시기에는 머리가 아닌 가슴에서, 내면 깊이에서 그 사실이 떠오르게 됩니다. 나이가 들수록 현명해질 수 있는 것은 바로 이 죽음이라는 오랜 벗이 다가오기 때문입니다. 성인에게 죽음이 벗이라면 고통은 스승입니다. 고통 속에서 배우고 조금씩 다가오는 죽음을 인식하며 성숙해집니다. 42세가 되었을 때, 우리는 온전한 어른이 되기 위해 스스로 자신의 인생을 받아들일 수 있도록 성숙해야 합니다.

슈타이너는 우리가 살고 있는 이 시기를 의식혼의 시대라고 말합니다. 인류 전체로 볼 때 인간에게 지성혼은 이미 정점을 지난 상태입니다. 우리는 그 다음의 시기에 와 있습니다. 그렇기 때문에 1학년 아이에게도 수학을 가르칠 수 있다고 합니다. 이미 그 아이 속에 있는 이성을 일깨우는 작업인 것입니다. 그러나 아직 의식혼은 발달의 초기 상태에 있습니다. 우리가 직면하는 세상을 본다면 그것을 알 수 있습니다. 이제 우리는 내면을 들여다볼 수 있어야 합니다 내면의 빛을 볼 수 있어야 하고, 내면의 소리를 들을 수 있어야 하며, 내면의 교사가 하는 가르침을 따라야 하는 것입니다.

35세에서 42세 사이의 의식혼도 마찬가지입니다. 한 걸음 떼었을 뿐 어떤 일이 일어날지 아무것도 모릅니다. 의식혼에 접어드는 것은 불확실성 속에 한 걸음을 떼어 놓는 것입니다. '나는 진실되게 살고 있는가?' 지성혼의 입장에서 보면 쉽게 긍정할 수도 있지만 의식혼의 단계에서는 확신할 수 없습니다. '이게 나인가? 이게 전부인가?' 자기 삶에 다가온 과제가 진정으로 자신의 과제인지 분명히 알 수 없습니다. 그러한 과제는 밖에 있는 것이 아닌, 깊은 내면의 일입니다. 이제 질문은 '나는 무엇을 해야 하는가?'가 아닌 '세상은 나에게 무엇을 요구하는가?'로 바뀌어야 합니다.


## 2) 정신의 성장기 : 42세에서 63세 사이

이때는 인간으로서의 성숙기이자 몸을 떠날 준비를 하는 탈육화의 시기입니다. 이 시기의 신체는 성장 순서와 반대로 사지와 복부에서 시작하여 점점 가슴, 머리 부분이 쇠약해지지만, 또 그만큼 지혜와 덕을 얻게 됩니다. 탄생부터 42세 전까지는 행위의 습관, 감정의 습관, 사고의 습관이 생기는 데 비해, 42세부터는 거대한 변화가 일어나고 기존의 것이 질적으로 변형되어야 하는 시기입니다.

점차 죽음이 다가오고 역설적으로 이 시기에 진정한 삶의 과제를 만나게 됩니다. 그러나 이것은 나만의 과제가 아니라 세상이 요구하는 과제입니다. 이때는 인생의 어떤 결실을 수확하는 동시에 '주위 사람들과 사회에 그것을 나누어 줄 수 있는가?'가 과제가 됩니다.[2] 만약 다가오는 과제를 제대로 수행하지 못한다면 몸과 마음에 병이 올 수도 있습니다. 영혼의 단계도 그렇지만 앞으로의 성숙 단계는 오로지 자아의 노력을 통해서만 가능합니다.

42세가 되면 정신자아가 탄생할 수 있습니다. 즐거움과 괴로움, 기쁨과 슬픔의 매개체인 영혼체(아스트랄체)는 이제 자아의 노력을 통해 정신적 자아로 변형됩니다. 더 이상 감정적인 일들이 한 인간의 삶을 좌우하지 못합니다. 진정한 자기 자신을 발견하고, 지금까지와는 전혀 다른 관점을 갖게 되는 것입니다.

49세에 이르면 자아에 의해 생명체(에테르체)가 변형되어 생명정신이 탄생할 수 있습니다. 자아의 작용이 성격과 기질까지 변화시키는 것입니다. 일반적인 생활 속에서 생명체를 변화시키는 가장 강력한 충동은 종교적 충동입니다. 자아가 종교의 진리로부터 흘러나오는 힘을 반복해서 자신에게 작용시킬 때, 그 힘은 자아를 통해 생명체에게까지 영향을 줍니다. 종교적 힘은 사고, 감정, 의지에 통일된 성격을 부여하고, 영혼의 모든 행위에 통일된 하나의 빛을 비춥니다. 이와 같은 힘은 진정한 예술의 영향력에서도 발견됩니다.

그리고 56세가 되면 정신인간이 탄생할 수 있습니다. 정신인간은 자아의 작용이 물질체에 이르러 물질체를 영적으로 변형시킨 것입니다. 슈타이너에 따르면, 이러한 고차적 지체들은 사실 그 성향으로만 존재할 뿐 오늘날 인간 천성의 한 요소로 당장 수용할 수는

2) 크레용하우스(JAPAN) 편집부 엮음, 우리집은 발도르프 유치원 : 42.

없다고 합니다. 정신적 지체를 계발하기 위해서는 좀 더 내밀한 초 감각적 수련이 필요합니다.[3] 그러나 이 고차적 지체가 단지 성향으로만 존재한다고 해도, 죽음과 새로운 출생 사이에서 그것들은 고차적인 정신존재들의 보호 아래 매우 의미심장하게 발달할 것이라고 슈타이너는 말합니다.

첫 번째 정신적 성장기인 42세에서 49세 사이는 주변에 자신의 경험을 나누고, 새로운 분야에서 활약할 수 있는 시기입니다. 그러면 새로운 가치관과 일에 대한 다양한 관점을 갖추게 됩니다. 근육과 소화 기관, 생식 기관 등이 쇠약해지지만 '지금까지 내 안에 어떤 재능이 잠자고 있었는가?'를 자문해 보고, 발전 가능한 능력을 키우는 것이 과제가 되어야 합니다. 그렇게 사회적 활동에 눈을 돌리고, 새로운 분야에서 창의력을 발휘하여 주도권을 잡을 수 있게 됩니다. 지금까지 경험을 통해 얻은 것들을 자신의 능력으로 바꾸어 젊은 사람들에게 나누어 주어야 합니다.

두 번째 성장기인 49세에서 56세 사이는 내면의 소리에 귀를 기울이는 시기입니다. 신체가 허약해지기 때문에 새로운 리듬을 찾아야 하며, 마음의 소리에 귀를 기울여야 합니다. 폐와 심장이 중심인 리듬 체계는 쇠약해지지만 인류를 배려하는 깊은 마음과 도덕적이고 윤리적인 감각을 발전시킬 수 있습니다. 또 사회를 조화롭게 하기 위해 노력하며, 젊은 세대의 부모 역할과 경영자적 역할을 하는 동시에 후진을 양성하고, 일에서도 은퇴할 준비를 해야 합니다. 인생의 충족감, 혹은 공허감을 맛보기도 합니다.

세 번째 성장기인 56세에서 63세 사이는 인생을 돌아보고 통찰

3) [르돌프 슈타이너, **초감각적 세계 인식**, 양억관·타카하시 이와오 옮김, 물병자리, 1999] 참고.

의 깊이가 더해지는 시기입니다. 직업 생활에서 물러나 자신의 인생을 돌아보고 정리하는 시기이기도 합니다. 신경-감각 체계가 쇠약해져 신체 곳곳에서 균형이 깨지고 병이나 죽음에 대한 불안을 심각하게 느끼기도 합니다. 그러나 인생 경험에서 얻은 지혜의 정수를 다음 세대에 전해 줄 수 있고, 정신적 지도자가 될 가능성도 있습니다. 몸은 쇠약해져도 세상과 인생에 대한 통찰력은 더욱 깊어집니다.

## 3) 탈육화의 준비 : 63세 이후

이때는 번뜩이는 예지를 발휘할 수 있는 시기입니다. 노인이 될수록 운명이라는 직물織物에서 점점 자유로워지게 됩니다. 평생 자신의 삶을 직조織造해 왔기 때문입니다. 몸은 불편하지만 병과 더불어 살아가는 요령을 터득하여 건강 상태가 종종 양호해지기도 합니다. 나아가 아직은 새로운 능력을 익히는 것도 가능합니다. 사리사욕이 적어지고 겸허해져 사회와 인류에 더 많은 공헌을 할 수 있습니다. 그러나 무엇보다 이제는 지금까지 미뤄 두었던 내밀한 인생의 숙제들을 차근차근 해결하면서 서서히 인생을 마무리해야 합니다. 죽음에 대해, 다시 말해 자신의 인생을 마치는 방법에 대해 생각할 뿐만 아니라 이 시기에 새롭게 시작한 일은 다음 생의 준비가 될 수 있다고 생각해야 합니다.[4]

---

4) 크레용하우스(JAPAN) 편집부 엮음, **우리집은 발도르프 유치원** : 44.

대지에 힘을 전해 주는

밝은 햇빛 속에서,

저 심연에서 솟아나는

푸른 식물들 속에서,

별들의 안식처가 되어 주는

우주 드넓은 곳에서,

그리고 감각의 힘들이 직조를 하는

인간의 눈 속에서.

거기에서 나는 나에게 정신으로 나타나는,

또한 영혼 깊은 곳에서 내 온 존재와

하나되고자 하는,

하느님의 섭리를 예감합니다.

그리하여 대지의 직물인 인간으로서 나는

정신 그 자체가 되고자 합니다.[5]


  * 0세에서 7세까지 아이들의 발달단계에 대해 더 자세하게 살펴 보고 싶은 분들에게는《당신은 당신 아이의 첫 번째 선생님입니다》와《0세에서 7세까지의 슈타이너 교육》,《무지개 다리 너머》를 권해 드립니다. 7세에서 14세까지는《8년간의 교실여행》,《아이들이 꿈꾸는 학교》,《1학년부터 8학년까지의 발도르프 교육 방법론적 고찰》등이 도움이 될 것입니다. 그리고 청소년기에 대해서는《형식과 자유 사이 – 발도르프 교육에서 바라본 청소년기》를 추천합니다.

---

5) 발도르프 학교의 종교 수업을 위해 1923년에 슈타이너가 지은 시.

# 음양오행과 인간학

인지학적 인간학은 서양보다 동양에서 더 친숙하게 받아들일 수 있습니다. 종합적이고 유기적인 세계 이해의 전통이 동양에 더 뚜렷하게 남아 있기 때문입니다. 예를 들어, 음양오행을 떠올려 보면 슈타이너의 4구성체론과 대단히 비슷하다는 걸 알 수 있습니다. 현대에 와서 동양의 전통적 세계관인 음양오행에 대해 미신적이고 비합리적이라고 보는 견해를 가진 사람도 있습니다. 그러나 세계에서 가장 과학적인 문자라고 하는 우리 한글이 음양오행의 원리에 따라 창조되었음을 돌아본다면 생각이 달라질 것입니다. 한글은 정확히 말해 음양오행과 천지인 사상을 바탕으로 만들어졌습니다.

여기에서는 인지학의 4구성체 요소의 특성을 동양의 전통 사상인 음양오행과 비교하여 살펴볼 것입니다.

### 반고 신화와 음양

"아주 먼 옛날, 이 세상은 검고 흐린 모습인 하나의 알로 이루어져 있었다. 우주를 이루는 온갖 것들이 뒤엉켜 있는 혼돈의 알이었다. 그 안에 한 사람이 웅크리고 있었으니 그가 바로 반고이다. 반고는 1만 8천 년 동안 잠을 자다가 깨어났다. 캄캄한 알 속이 싫었던 반고는 어느 날 도끼를 들어 알을 깨 버렸다. 이때 알 속에 엉겨 있던 무거운 것들은 가라앉고 가벼운 것들은 위로 치솟았다. 하지만 무거운 것들과 가벼운 것들이 다시 모여 혼돈의 상태로 돌아가려고 하자, 반고는 자신의 두 다리와 두 팔로 무거운 것들과 가벼운 것들을 떼어 놓기 위해 애를 썼다. 반고의 키는 하루에 한 자씩 자랐으며, 이로 인해 하늘과 땅이 점점 멀어지게 되었다.

반고가 울 때 그의 눈물은 강이 되고, 숨결은 바람이 되었다. 목소리는 천둥, 눈빛은 번개가 되었다. 그가 기쁠 때는 하늘도 맑았고, 슬플 때는 흐려졌다. 이렇게 애를 쓴 것이 1만 8천 년이었고, 무거운 것과 가벼운 것이 서로 9만 리의 거리로 멀어지자 드디어 반고는 혼돈을 막았다고 안심하며 대지에 누워 휴식을 취했다. 그리고 그 상태로 죽게 되었다. 그가 죽을 때 두 눈동자는 태양과 달이 되었으며, 사지는 산, 피는 바다, 혈관과 근육은 길, 살은 논밭, 수염은 벼, 피부는 초목이 되었다."[1]

고대의 중국인들은 태초의 우주를 혼돈 그 자체로 생각했습니다. 아무것도 분화되지 않고 하나의 알처럼 뒤엉켜 있었다는 것입니다. 이러한 상태를 무극無極이라고 합니다. 무극은 아무런 경계도, 한계도 없는 카오스의 상태입니다. 반고가 기지개를 켜자 세상에 비로소 기氣의 움직임이 일어났습니다. 우주에 기운이 생동하기 시작한 이 순간의 상태를 태극太極이라고 합니다. 혼돈의 알에 금이 간 것입니다. 이러한 태극에서 나온 것이 양의兩儀인데 하나로서 전

---

1) [김선자, **김선자의 이야기 중국 신화 – 상**, 웅진지식하우스, 2011] 참고.

체인 우주가 보여 주는 두 개의 속성, 즉 음陰과 양陽을 말하는 것입니다.

음양은 언덕阜을 중심으로 햇빛이 비추는 쪽을 양이라 하고, 그늘진 쪽을 음이라 하는 데에서 유래했습니다. 양지는 밝고 따뜻하며 만물이 활동적입니다. 음지는 춥고 어두우며 만물의 활동이 위축됩니다. 따라서 양은 가볍고 밝은 기운이고, 음은 어둡고 무거운 기운입니다. 반고가 알을 깼을 때 양의 기운은 위로 올라가고, 음의 기운은 아래로 가라앉았습니다. 이렇게 보면 음과 양이 분리되고 대립된 것으로 보일 수 있습니다. 하지만 사실 음양은 모든 사물과 현상의 두 가지 모습兩儀입니다. 아무리 미세한 사물이라도 천지간의 모든 것은 다 음양의 짝으로 이루어져 있는 것입니다. 다만 주인과 손님처럼 주도하는 것이 있고 따라가는 것이 있을 뿐입니다. 예를 들어, 남자와 여자 모두 음양을 갖추고 있지만 남자는 양이 주인이고 음이 손님이며, 여자는 음이 주인이고 양이 손님이기 때문에 남자를 양, 여자를 음이라고 하는 것입니다.

동시에 음양은 시간의 흐름에 따른 변화를 보여 줍니다. 낮과 밤, 봄여름과 가을겨울처럼 한 번 양 하면 한 번 음 하는 방식으로 세상은 우주의 리듬에 따라 반복하여 변화합니다. 음양이 한 발 한 발 발을 내딛어 가며 고정되지 않고 순환의 질서를 만들어 내는 것입니다. 이것을 주인과 손님의 관계로 볼 때 주인과 손님은 고정되지 않고 바뀐다는 뜻입니다. 낮에는 하늘의 주인이 해지만 밤에는 달입니다. 그래서 낮을 양이라 하고 밤을 음이라 하는 것입니다. 그런데 겉이 양이면 그 안에는 음이 자라기 마련입니다. 양이 강한 봄이 지나고 여름이 되면 그 안의 음이 자라고 자라서 가을이 되고 마찬가지로 가을에서 겨울이 되면 음 안의 양이 더욱 자라서 봄이 됩니다. 어떤 상태가 극에 이르면 관계가 전환되어 음양이 반대로 바뀌게 됩니다. 변화는 그렇게 오는 것입니다.

음과 양은 변화하고 순환하며 항상 조화를 이루려 합니다. 하늘의 양기와 땅의 음기가 만나 대지에 생명이 생겨나듯이 음과 양이 만나면 무언가를 '낳는生' 일을 합니다. 하늘의 양기는 생명의 원기를 불어넣고 땅은 그것을 받아 구체화된 물질로 길러 냅니다. 바람과 구름, 천둥 번개, 이슬과 서리 같은 무수한 기상 현상 또한 하늘의 양과 땅의 음이 만나 조화를 이루어 생겨나는 것입니다. 인간 역시 이런 음양의 상호작용에 따라 남자와 여자가 결혼을 하고 아이를 낳음으로써 음양의 도를 이룬다고 보았습니다.

오행은 우주만물의 변화 양상을 목화토금수木火土金水의 다섯 요소로 압축해서 설명하는 이론입니다. 오행에 대한 생각은 이미 중국의 가장 오래된 역사서인 《서경書經》의 '홍범洪範'에서 보입니다. 홍범은 은나라의 유민遺民인 기자箕子가 주나라의 무왕에게 말한 것을 기록한 것이라 합니다. 그 전설을 그대로 믿을 수는 없어도 홍범은 《금문상서今文尚書》 29편의 하나이기도 하므로, 오행에 대한 생각이 아득한 옛것임을 짐작케 합니다. 다만 홍범에서 말하는 오행은 다섯 개의 요소를 열거하는 데 그쳤을 뿐, 그 운행 변전까지는 말하지 않았습니다.

전국시대에 오행은 상생설相生設과 상극설相剋設이 생겨 우주나 인간계의 현상을 오행의 상생·상극으로 이해하고 예측하는 사고법이 발달하였습니다. 그것이 일반적으로 이르는 오행사상입니다. 오행의 '상생'이라는 것은 목은 화를 생하고, 화는 토를, 토는 금을, 금은 수를, 수는 목을 생한다고 여기는 순환 변전의 이치입니다. '상극'이라는 것은 수는 화를 이기고, 화는 금을, 금은 목을, 목은 토를, 토는 수를 이긴다는 것입니다.

오행설과 음양설을 통합하고 정리하여 음양오행설을 제창한 사람은 맹자보다 약간 후대 사람인 제齊의 추연鄒衍이라고 알려져 있습니다. 음양 사상과 오행 사상은 원래 각각 다른 것이었으나, 추연 이후 더욱이 한대漢代에 와서 오행 사상에 음양 이원의 사상을 합치는 일이 일반화되었습니다. 음양오행은 이제 현상의 예측이나 역사의 해석에까지 이용되었습니다.

오행은 시간의 변화와 관련이 있습니다. 특히 계절의 변화와 밀접한 관련이 있습니다. 봄, 여름, 가을, 겨울의 사계절을 보고 오행이라는 관념이 생겼다고 보는 게 정확할 것입니다. 사계절의 특성을 간단히 요약하면 아래와 같습니다.[2]

봄春 : 따뜻하다溫. 새싹이 돋아난다生.

여름夏 : 덥다熱. 나무가 성장한다長.

가을秋 : 서늘하다凉. 열매가 영근다收.

겨울冬 : 춥다寒. 안으로 갈무리한다藏.

음양의 눈으로 본다면, 봄과 여름은 양이고 가을과 겨울은 음입니다. 여기에서 변화가 가장 큰 지점은 양이 음으로 바뀌는 여름과 가을 사이, 그리고 음이 양으로 바뀌는 겨울과 봄 사이입니다. 물론 봄과 여름 사이, 가을과 겨울 사이에도 상당한 변화가 따릅니다. 하지만 추운 겨울에서 따뜻한 봄으로 넘어가는 것과 더운 여름에서 서늘한 가을로 넘어가는 것은 따뜻함에서 더움으로 가

---

2) [김명호, **자연, 사람 그리고 한의학**, 역사비평사, 1995] 참고.

는 것과 서늘함에서 추움으로 가는 것보다는 뚜렷하게 큰 변화입니다. 특히 여름에서 가을로의 변화는 생명이 성장을 멈추고 결실을 맺기 시작하는 가장 중요한 변화라고 할 수 있습니다. 동양에서는 이 변화점을 하나의 계절로 간주하여 계하季夏 또는 장하長夏, 즉 늦여름이라 불렀고, 그 특성이 변화한다는 뜻에서 화化라고 하였습니다.

이렇게 하여 한 해를 다섯 계절로 보고 계절마다의 특성을 살펴보면 다음과 같습니다.

봄은 생명이 태어나는 계절입니다. 겨울잠을 자던 동물들이 땅 위로 올라오고 얼었던 땅속에서 조그만 새싹이 흙과 돌 사이를 헤치고 파릇파릇 올라옵니다. 새 생명은 유연하고 부드럽습니다. 어린 풀과 나뭇잎, 물오른 나무가 봄을 알립니다. 봄의 작용은 생명이 태어나는 생生이고 봄의 상징은 나무 목木입니다.

여름은 생명이 활발하게 자라는 계절입니다. 나뭇잎이 무성해지고 나무가 쑥쑥 자라며 날벌레가 떼를 지어 날고 열기가 확확 달아오릅니다. 마치 나무를 쌓아 놓고 불을 피워 불길이 위로 솟아오르는 느낌이 듭니다. 여름의 작용은 자라나는 장長이고 여름의 상징은 불 화火입니다.

늦여름은 무더위가 계속되다가 꺾이는 때입니다. 한없이 성장할 것 같더니 더 이상 자라지 않습니다. 양量의 성장은 멈추고 질質적인 변화가 일어납니다. 변화는 흙 속에서 활발하게 일어납니다. 모든 자연물은 흙 속에서 썩으며 썩는 것은 변화하는 것입니다. 얼음 속에서는 썩지 않습니다. 실험실에서 흙의 순수 성분들을 섞어 놓아도 그 흙 속에서는 변화가 일어나지 않습니다. 헤아릴 수 없이 많은 작은 미생물들이 흙 속에서 변화를 일으킵니다. 늦여름의 작용은 변화하는 화火이고 늦여름의 상징은 흙 토土입니다.

가을은 생명 활동이 열매를 맺는 계절입니다. 곡식과 과일이 영글어서 완성된 생명의 모습과 빛깔을 제각기 드러냅니다. 사람들은 황금빛 들판에서 땀 흘린 보람을 추수합니다. 나무는 잎으로부터 생명을 거두어들여 속을 단단하게 합니다. 봄과 여름에 무르던 나무의 나이테가 가을에 단단해집니다. 가을의 작용은 거두어들이는 수收이고 가을의 상징은 단단한 쇠 금金입니다.

겨울은 생명을 저장하는 계절입니다. 나무는 가지를 앙상하게 만들어 추위를 버티며 생명을 속에 꽁꽁 간직합니다. 사람들은 활동을 줄이고 조용히 집 안에서 새해를 준비합니다. 긴긴 밤이 동지를 지나면서 다시 짧아지기 시작하나 봄은 아직 멀었습니다. 단단한 씨 안에 저장된 생명은 돌아올 봄을 침묵으로 기다립니다. 조용히 내려 쌓인 흰 눈이 땅 아래 생명들을 포근히 덮어 줍니다. 모든 생명은 물에서 태어납니다. 생명의 저장에 가장 중요한 것은 물이고 생명은 물 안에 저장됩니다. 겨울의 작용은 저장하는 장藏이고 겨울의 상징은 물 수水입니다.

오행의 특성을 표로 만들면 다음과 같습니다.

| 오행(五行) | 목(木) | 화(火) | 토(土) | 금(金) | 수(水) |
|---|---|---|---|---|---|
| 오계(五季) | 봄 | 여름 | 늦여름 | 가을 | 겨울 |
| 오용(五用) | 생(生) | 장(長) | 화(化) | 수(收) | 장(藏) |
| 오장(五臟) | 간 | 심장 | 비장 | 폐 | 신장 |
| 오부(五腑) | 담 | 소장 | 위 | 대장 | 방광 |
| 오관(五官) | 눈 | 혀 | 입 | 코 | 귀 |
| 오체(五體) | 근(筋) | 맥(脈) | 육(肉) | 피모(皮毛) | 뼈(骨) |
| 오기(五氣) | 풍(風)/온(溫) | 열(熱) | 습(濕) | 조(燥) | 한(寒) |

| 오방(五方) | 동(東) | 남(南) | 중앙(中央) | 서(西) | 북(北) |
|---|---|---|---|---|---|
| 오색(五色) | 청(靑) | 적(赤) | 황(黃) | 백(白) | 흑(黑) |
| 오미(五味) | 신맛 | 쓴맛 | 단맛 | 매운맛 | 짠맛 |
| 오성(五性) | 인(仁) | 예(禮) | 신(信) | 의(義) | 지(智) |
| 오시(五時) | 아침 | 점심 | 사이 | 저녁 | 밤 |
| 오기(五期) | 아동기 | 청년기 | 장년기 | 중년기 | 노년기 |

### 오행과 4구성체의 비교

오행이 곧 슈타이너의 4구성체에 정확하게 대응하는 것은 아닙니다. 문화적 배경이 다르고 개념들이 형성된 과정이 서로 다르기 때문입니다. 그럼에도 비교 분석해 볼 필요성이 있는 것은, 동양에서도 정신과학적인 관점으로 인간과 우주를 이해하려고 했다는 것입니다. 여기에서는 차이점보다 유사점을 찾는 데에 중점을 두려합니다.

수水를 먼저 살펴본다면, 겨울의 상징이자 응축된 물의 형태인 수는 우리 몸에서 뼈에 해당합니다. 뼈는 우리 몸에서 가장 광물질에 가까운 요소입니다. 따라서 슈타이너의 4구성체로는 물질체에 가까워 보입니다. 물질체가 지금과 같은 형태를 갖출 수 있는 것은 생명체의 영향인데, 마찬가지로 수의 상생적인 관계는 목木입니다. 목은 생명력의 상징으로 싹이 자라고 물이 오르는 식물과 봄을 대변합니다. 자연스레 생명체에 연결됩니다. 목의 상생 관계는 화火입니다. 화는 나무를 쌓아 놓고 불을 피워 놓은 것처럼 활활 타오르는 생명의 모습입니다. 나뭇잎이 무성하게 자라는 여름을 상징하며 우리 몸에서는 맥, 즉 혈액과 관련이 있습니다. 이와 유사한 구성체는 아스트랄체, 즉 영혼체입니다. 태양이 에너지를 발산하고 이 에너지로 인해 비로소 모든 것이 가능하듯이, 아스트랄체ⁱᵗᵗ는 인간에게 에너지를 공급하는 원천입니다.

　그렇다면 자아체는 오행의 어떤 요소와 관련이 있을까요? 토±와 금金, 둘을 살펴보겠습니다. 여기에서 우리는 우리의 인식을 확장할 필요가 있습니다. 슈타이너는 4구성체를 말하면서 정신적인 요소를 언급하였습니다. 정신자아, 생명정신, 정신인간이 바로 그것들로 지상에서 우리가 살아가는 것은 4구성체이지만, 자아체의 작용을 통해 인간은 정신으로 변화한다고 하였습니다. 영혼체는 정신자아로, 생명체는 생명정신으로, 물질체는 정신인간으로 변화합니다. 자아의 작용으로 신체에 속했던 지체가 정신적인 존재로 변형되는 것입니다. 이를 오행의 원리에 연관지어 본다면, 자아체는 토에 해당합니다. 토는 변화의 상징입니다. 늦여름을 뜻하기도 하지만 본래 수, 목, 화, 금의 모든 운행에 개입하여 변화를 이루어 내는 역할을 하는 것이 토입니다. 그래서 오행을 방위와 연관지을 때 토는 중앙에 위치하여 모든 변화를 관장한다고 본 것입니다. 이러한 토의 특성은 자아체와 연결지을 수 있습니다. 자아체 역시 모든 지체의 변화와 성장에 개입합니다.

　금은 생명 활동의 결과로 영글어진 과일과 곡식을 뜻하는 가을이며 이를 거둬들이는 추수를 말합니다. 토의 활발한 작용을 통하여 금은 지상의 지체들이 정신화되는 것을 상징합니다. 그래서 금은 영혼체火가 정신자아火로, 생명체木가 생명정신木으로, 물질체水가 정신인간水으로 변화한 것이며, 탈육화와 재육화의 순환 고리로 간주할 수 있는 것입니다. 水와 水′가 맞닿아 정신세계에서 이 지상으로 다시 내려오는 그림입니다.

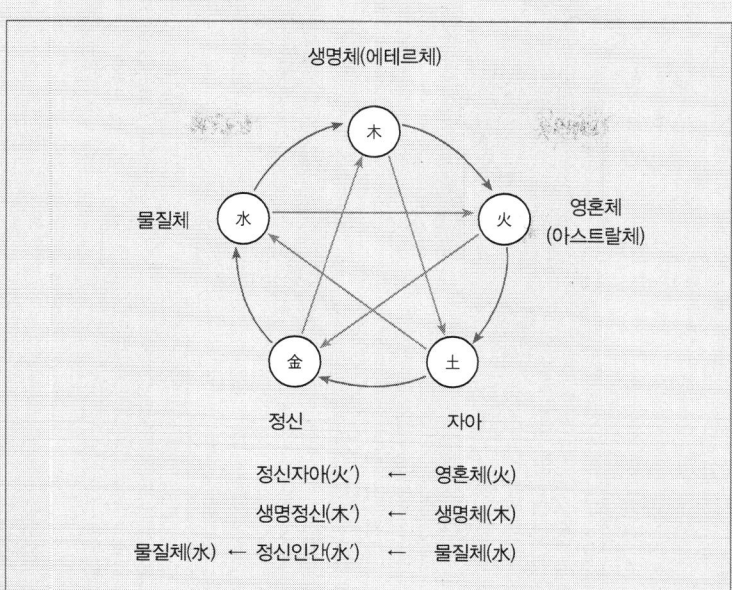

3부

# 기질론

# 기질의 이해

인간은 하나의 수수께끼와 같습니다. 인간은 저마다 작은 우주이고, 서로 다른 세계입니다. 슈타이너는 우리가 아이들을 올바르게 가르치기 위해서는 모든 인간을 우주적인 수수께끼로 느낄 수 있어야 한다고 말합니다. 수수께끼를 풀기 위해 힌트가 필요하듯 서로 다른 인간을 이해하기 위해 우리는 다음과 같은 질문을 던질 수 있습니다. '각자 다른 인간을 어떻게 볼 것인가? 그렇다면 공통점은 없는가? 공통점과 차이점을 통해 인간을 몇 개의 범주로 나눌 수 있는가?'

서구에서 만들어진 근대적 신념은 인간을 단일한 유형으로 파악하고자 했습니다. 행동주의 심리학은 인간을 자극과 반응의 도식으로 더욱 단순하게 파악했습니다. 내적인 의식을 분석하는 기존 심리학을 비과학적이라고 여긴 행동주의에서는 객관적으로 관찰 가능한 행동, 특히 동물의 행동을 대상으로 삼았습니다. 그러나 의도된 행동을 이끌어 내기 위한 방법론으로서의 행동주의는 인간의 복잡한 내면을 간과했습니다. 자아를 가진 인간은 동물과 달리 외적 통제보다 내적 동기에 의해 살아가는 존재입니다. 그리고 그 동기는 사람마다 다릅니다.

단일적인 인간 인식이 한계에 부딪히면서 다양한 기질론이 각광받기 시작했습니다. 인간을 다층적으로 바라보는 인식은 고대에도 존재했고, 칸트와 빌헬름 분트 등에 의해 다시 파악되기도 했습니다. 1907년에 애딕스는 인간이 네 가지 세계관, 즉 교조적, 불가지론적, 전통적, 현실적 세계관으로 분류된다고 말했습니다. 1920년에 크레취머는 비정상적 행동이 감각과민적, 무감각증적, 우울증적, 그리고 조울병적 기질에 의해 결정된다고 말했으며, 융은 심리유형이론을 창안해 네 가지 기질론을 확립했습니다.[1] 이후 많은 현대 심리학자들이 기질론을 시대에 뒤진 것으로 간주했지만, 최근 몇 십 년 동안 광범위한 연구를 통해 기질론은 새롭게 사람들의 주의를 끌었습니다.[2]

다종다양한 인간의 특성을 단일한 무언가로 바라보는 것은 미숙한 자의식 탓일 수 있습니다. 특히 권력을 가진 사람들일수록 차이에 무감각해집니다. 여기에는 이기주의라는 시대적 조류의 영향도 큽니다. 물질주의의 극단으로 치달아 가는 현대 사회는 자기중심적인 태도를 부추깁니다. 감각혼에 봉사하는 지성혼의 상태입니다. 인

---

1) 데이비드 커시·메릴린 베이츠, **나의 모습 나의 얼굴**, 김정택 외 옮김, 한국심리검사연구소, 1993 : 6-7.
2) 프란스 칼그렌·아르네 클링보르그, **자유를 향한 교육** : 99.

간을 기질에 따라 바라볼 수 있을 때 우리는 의식혼에 한발 다가설 수 있습니다. 상대방을 있는 그대로 볼 수 있으려면 상대방이 나와 다름을 인정하고 어떻게 다른지 알아야 합니다. 또한 나 자신은 어떠한 특성을 갖고 있는지 연구해야 합니다. 자기 자신에 대해 정확히 알지 못한다면, 다른 사람을 정확히 인식할 수 없는 법입니다. 자기 자신을 올바로 이해할 때만이 부모와 자녀, 동료와 친구, 학생을 올바로 이해할 수 있습니다.

다름은 결함의 문제가 아닙니다. 타인의 다름을 문제로 여기고 잘못되었다고 판단한다면 우리는 그럴 때마다 타인과 자신을 괴롭히는 것입니다. 자기 자신을 모든 것의 기준으로 여길 때 우리는 타인의 다름을 도덕적으로 또는 기능적으로 판단하고 비판하게 됩니다. 하지만 나에게 기쁨이 되는 것이 타인에게는 괴로움이 될 수 있는 것이고, 내가 관심 갖는 것에 타인은 무심할 수 있는 것입니다.

인간은 다양한 다름의 특성을 이해하고 받아들인 뒤에야 좀 더 성숙해질 수 있습니다. 그것은 개별적 특성을 억누르는 형태가 아니라 고유한 장점을 계발함으로써 다른 능력 역시 여유롭게 키울 수 있는 것입니다. 그럴 때 올바른 관계가 형성되고 관계는 서로의 성장을 안내할 것입니다. 이는 특히 교육학에서 유념해야 할 문제입니다. 슈타이너는 학교교육에서 기질의 중요성을 강조하면서 다음과 같이 말했습니다.

기질이란 게 없거나 사람들이 한 가지 기질만 가지고 있다면 세상이 어떻게 될까요? 여러분이 상상할 수 있는 가장 지루한 곳이 되겠죠! 물질적인 의미에서뿐 아니라 더 높은 의미에서도 네 가지 기질이

없는 세상은 황량할 것입니다.[3]

슈타이너는 1908년과 1909년에 행한 세 번의 강연에서 기질의 비밀을 밝히려는 시도를 하였습니다. 그의 기질론은 인지학적 인간학의 중심 영역에 자리 잡고 있으며, 발도르프 교육학의 결정적인 부분을 이루고 있습니다. 그는 "하강하는 영혼체에 의해 생명체에 아로새겨진 속성들이 인간 기질의 토대를 굳힌다"[4]라고 하였습니다. 영혼체는 인간의 우주적 기원이고, 인간은 수많은 윤회를 거치며 정신세계에서 지상으로 육화합니다. 신체적 특성인 생명체와 물질체는 부모로부터 물려받게 됩니다. 따라서 기질은 인간의 우주적 기원과 현재적 실존 사이의 매개 사건인 셈입니다.

기질은 정신적인 측면과 물질적인 측면을 모두 가지고 있습니다. 정신적인 측면에서 인간은 이번 생애 동안 지속될 정신의 본질인 자아 또는 개인고유성[5]을 가지고 옵니다. 여기에는 전생의 산물이라고 할 수 있는 재능과 기호, 능력, 카르마가 따릅니다. 이것들은 영혼체와 밀접한 관련이 있습니다. 물질적인 측면에서 기질은 가족의 혈통, 인종, 성별과 같은 유전적 특성을 반영합니다. 민족이나 인종의 특성은 생명체와 관련이 깊습니다. 이러한 유전적 특성은 개성을 제한하기도 하지만 개성의 영향을 받기도 합니다. 고유한 자아의 개성과 유전적 특성이 서로 만나고 영향을 끼치는 심리적 공간에서 기질이 만들어집니다. 이렇듯 기질은 우리 자신이 개별적으로

---

3) 베티 스텔리, **형식과 자유 사이** : 86.

4) 강상희, 발도르프 교육학의 기초인지학 연구, 연세대학교 박사학위논문, 2003 : 132.

5) 개인고유성Individualität은 개별성Persönlichkeit과 다른 개념입니다. 개별성이 이번 생에서 스스로 만들어 가는 삶의 모습이라면 개인고유성은 윤회를 거듭하며 계속 이어지는 고유한 특성을 말합니다. 202쪽 참고.

가지고 온 것과 유전상의 계통에서 유래하는 것 사이에 있습니다. 그 두 흐름이 하나가 되는 중에, 하나의 흐름이 다른 하나를 물들입니다. 그 두 흐름은 서로를 물들입니다. 가령 파란색과 노란색이 하나가 되어 초록색이 되는 것처럼, 그 두 흐름은 인간 안에서 하나가 되어 우리가 기질이라고 부르는 것이 됩니다.

슈타이너가 말하는 기질론은 히포크라테스의 기질론을 승계한 것입니다. 기원전 4세기경 그리스의 의사이자 철학자인 히포크라테스는 지수화풍地水火風이라는 우주 네 가지 원소에 대응하여 인간의 몸속에 흐르는 네 가지 체액, 즉 흑담즙, 점액, 혈액, 황담즙의 영향으로 네 가지 기질이 형성된다고 보았습니다. 이 네 가지 체액의 비중에 따라 기질이 결정되는데 지배적인 체액에 따라 우울질, 점액질, 다혈질, 담즙질로 나눠집니다. 슈타이너는 이러한 학설을 정신과학에 연결시키면서 그의 인간학으로부터 새로운 기초를 다졌습니다.

우울질은 땅의 요소로서 무거움과 차가움의 특성이 있고, 점액질은 물의 요소로서 습함, 다혈질은 공기의 요소로서 가벼움과 건조함, 담즙질은 불의 요소로서 뜨거움을 그 특성으로 합니다. 개략적으로 본다면 담즙질은 급하고 화를 잘 내며 적극적이고 의지가 강합니다. 우울질은 신중하고 소극적이며 말이 없고 상처받기 쉬운 기질입니다. 다혈질은 쾌활하고 밝으며 타협적이고 기분이 변하기 쉽습니다. 또 점액질은 근면하고 감정의 동요와 변화가 적고 무표정하며 끈기가 있습니다.

네 기질은 정신적인 개성과 물질적인 유전 요인이 결합하고 조정될 때 인간의 네 지체인 자아, 영혼체, 생명체, 물질체가 그때그때 다른 방식으로 서로 관계하면서 생겨난 것입니다. 우울질은 물질체가 자신에게 달라붙어 있는 무거움으로 생명체에 커다란 영향력을 행사할 때 형성됩니다. 다시 말해, 자아가 물질체를 장악하지 못해서 두겁고 고통스러운 것입니다. 우울질은 주로 골몰하는 사람이며 마음의 방향이 과거와 내면을 향해 있습니다. 이에 비해 담즙질은 자아가 압도적으로 활동하여 생명체에 영향을 미칠 때 생깁니다. 자아가 모든 구성체를 장악한 상태입니다. 담즙질은 우울질과 달리 방향이 미래와 외부를 향해 있습니다. 물질체와 영혼체, 자아에 의한 영향력이 생명체에 거의 미치지 않으면 점액질이 됩니다. 이는 자아가 생명체를 장악하지 못하고 있는 것입니다. 점액질은 자기 안에 머물며 외부의 일에 냉담함을 고수하는 듯 보입니다. 생명체가 강한 점액질과 달리 영혼체가 주로 영향력을 행사하면 다혈질이 되는데, 다혈질은 내면보다 외부에서 벌어지는 일에 큰 관심을 갖고 있습니다. 다혈질은 자아가 영혼체를 장악하지 못해서 감정, 욕구, 홍미 등이 솟구치는 것입니다.

주변에 관심이 많아서 주의를 끌기 쉽다. 담즙질은 상황에 완전히 몰두하지만 다혈질은 강도가 약하고 빨리 사라진다.

외향적 ↑

| | 風 | 다혈질 | 담즙질 | 火 | |
|---|---|---|---|---|---|
| 산만함 (만족) ← | | 현실 지향 | 미래 지향 | | 진지함 (불만) → |
| | 水 | 점액질 | 우울질 | 地 | |
| | | 현실 지향 | 과거 지향 | | |

내향적 ↓

내면의 일에 관심이 많아 주의를 끌기 쉽지 않다. 우울질은 한번 집중하면 매우 강하지만 점액질은 주의력이 약하고 산만하다.

각각의 기질은 긍정적인 속성과 부정적인 속성을 모두 가지고 있기 때문에 어떤 기질이 다른 기질보다 우월하거나 열등하지 않습니다. 그리고 보통은 하나의 기질이 지배적이지만 다른 기질이 없는 것은 아닙니다. 대개는 하나의 강한 기질이 있고 이웃하는 두 기질을 함께 가지며 하나의 아주 약한 기질을 지니고 있습니다. 네 기질이 조화롭게 작용한다면 자신이 어떤 기질인지 잘 모르게 되는데 그럴 때가 오히려 건강한 상태입니다. 이와 달리 하나의 기질이 지나치게 우세해지면 균형을 잃은 상태, 즉 질병의 원인이 됩니다. 과도한 다혈질은 히스테리, 우울질은 정신분열증, 점액질은 자폐증, 담즙질은 광기의 정신 상태에 빠질 수 있습니다. 교육은 네 기질이 조화를 이루며 살아가도록 하는 데에 그 목적이 있습니다. 슈타이너는 극단화된 기질에 대해 다음과 같이 말합니다.

> 우울질이 비정상적으로 악화되어 영혼적 경계선 내에 머물지 않고 육체적인 것으로 침범하면 망상이 생깁니다. 망상은 본질적으로 보아 우울질이 악화된 상태입니다. 점액질의 악화는 백치입니다. 다혈질의 악화는 어리석음이고 담즙질의 악화는 광포성입니다. 완전히 정상적인 영혼 상태에서도 사람이 감정에 휩싸이면 가끔 망상, 백치, 어리석음, 광포성 같은 상태가 일어나는 것을 볼 수 있습니다.[6]

인지학에 따르면 눈에 보이는 외적 현상은 항상 영혼과 정신의 표현이며, 따라서 서로 다른 기질 역시 외모에 발현되어 있습니다. 보통 우울질은 키가 크고 말랐으며, 다혈질은 균형 잡힌 체형입니다. 점액질은 둥그스름한 경향이 있고, 담즙질은 대개 키가 작고

---

6) 루돌프 슈타이너, **세미나 논의와 교과 과정 강의**, 최혜경 옮김, 밝은누리, 2011 : 86.

다부진 체형이 많습니다. 체형뿐만 아니라 행동에서도 그러한 차이를 관찰할 수 있습니다. 우울질은 무거운 물질체의 영향으로 머리는 앞으로 처지고 시선은 아래로 드리워져 있습니다. 걸음걸이는 무겁고 생각에 잠긴 듯 조심스럽습니다. 점액질은 생명체의 강한 활동으로 인해 제약되는 안일함의 표현으로 비대하고 질질 끄는 걸음걸이, 냉담한 듯한 인상과 힘없고 창백한 시선을 특징으로 합니다. 담즙질은 자아의 강한 활동으로 발육이 억제된 결과 작고 땅딸막한 도습에 단호하고 확신에 찬 눈빛, 흔들림 없는 힘찬 걸음걸이가 그 특징입니다. 다혈질은 '날래고 유동하는 영혼체'의 표현으로서 가늘며 길고 날씬한 모습에 뛰는 듯 총총 걷는 걸음걸이, 표정이 풍부한 얼굴과 유쾌한 시선을 특징으로 갖고 있습니다.

물질체와 자아는 부계적 원리가 강하게 작용하고, 생명체와 영혼체는 모계적인 원리가 주로 지배합니다. 자아와 물질체 간에, 그리고 생명체와 영혼체 간에 특정한 유사성이 있고, 그렇기 때문에 삶이 진행되는 동안 그중에 하나가 다른 것으로 전이될 수 있습니다. 기질을 지배하는 요인이 달라지는 것입니다. 따라서 어린 시절의 기질은 성인이 되어서 다른 기질로 전환됩니다. 우울질의 경우에는 자아의 우세가 물질체의 우세로 넘어가며, 담즙질의 경우에는 심지어 우전조차 급전해서 모계적인 것이 부계적인 것으로 전이됩니다. 영혼체의 우세가 자아의 우세로 변화하기 때문입니다.

다시 말해, 우울질의 경우에 어린 시절에는 자아가 우세하지만 성인의 경우에는 물질체가 우세합니다. 다혈질인 경우 어린 시절에는 생명체가 우세하고, 성인의 경우에는 영혼체가 우세합니다. 점액질에서는 어린이의 경우에는 물질체가, 성인의 경우에는 생명체가 우세합니다. 담즙질에서는 어린이의 경우에는 영혼체가, 성인의 경우에

는 자아가 우세합니다. 5~7세 사이에 나타나기 시작한 기질적 특성
은 14세까지 확연히 드러나고, 사춘기 시기에 많은 변화를 겪게 됩
니다. 21세에 자아가 태어나면 이제 성인의 기질로 안정화가 됩니다.
우울질의 아이가 담즙질의 어른이 되고, 담즙질의 아이가 다혈질의
어른이 되며, 다혈질의 아이는 점액질의 어른이 되고, 점액질의 아이
는 우울질의 어른이 되는 것입니다. 아이들은 아직 자아체가 탄생하
기 전이므로 구성체에 따른 기질의 모습이 어른과 다릅니다.

| 어린이 | 지배적인 구성체 | 어른 |
|---|---|---|
| 우울질 | 자아체 | 담즙질 |
| 담즙질 | 영혼체 | 다혈질 |
| 다혈질 | 생명체 | 점액질 |
| 점액질 | 물질체 | 우울질 |

  어린아이의 기질을 판별하는 간단한 방법을 소개하자면 다음과
같습니다.[7]

  담즙질 : 기운이 넘친다. 정의감이 강하고 행동적이지만, 쉽게 흥
분하고 자신의 생각대로 되지 않으면 거칠어지거나 폭력적이 되기
도 한다.
  다혈질 : 밝고 아이답다. 몇 번을 말해도 금세 잊어버린다. 꾸중을
들어도 그다지 상처받지 않지만 왜 꾸중을 듣는지 이해하지도 못
한다.
  점액질 : 무엇을 하든지 느긋하다. 내면에 판타지를 많이 갖고

---

7) 크레용하우스(JAPAN) 편집부 엮음, 우리집은 발도르프 유치원 : 55.

있다. 소화가 잘되면 기분이 좋아져 잘 먹는다.

우울질 : 예술성이 높다. 생각이 깊어서 부모를 힘들게 하지는 않지만 신경이 예민해서 사소한 일에 쉽게 상처받는다.

네 기질을 시간에 대입해 보면 하나의 리듬 같기도 합니다. 봄, 여름, 가을, 겨울이 리듬 있게 흘러가며 반복되듯 우리의 인생에도 기질적인 특징이 살아 있습니다. 이러한 기조의 변화는 여름의 타는 듯한 더위, 가을의 쇠락과 죽음, 겨울의 얼음과 눈, 봄의 환희 등으로 표현할 수 있습니다. 이 기조들을 색으로 표현할 수도 있습니다.[8] 파랑은 겨울, 즉 얼음처럼 차갑고 축축한 기조입니다. 봄이 시작되는 파장 속에는 많은 층의 초록이 등장합니다. 여름의 기조는 빨강인데, 태양의 힘과 열기를 연상시킵니다. 여름이 지나면서 우리는 안으로 움츠러들고 우리를 둘러싼 자연은 갈색으로 변하며 느려지고 죽어 가는 듯이 보입니다. 뭔가를 상실한 것처럼 느끼기 시작합니다. 많은 것이 죽고, 우리는 생명이 어디서 다시 생겨날지 확실히 알지 못합니다. 물론 이러한 색상환은 관찰자마다 변화할 수 있습니다. 색상환과 연결하면 우울질은 파랑, 담즙질은 빨강, 다혈질은 노랑, 점액질은 초록이 될 것입니다.

어린아이들은 대체로 모두 다혈질입니다. 초등학교 저학년 아이들에게 이 특징은 뚜렷하게 드러납니다. 항상 신나고 즐거운 정서가 아이들에게 있습니다. 사춘기가 지나고 청년이 되면 담즙질의 특성이 두드러집니다. 자기 인생을 살고 싶어 하고 세상을 바꾸고 싶어

---

8) [Rene Querido, Role of Temperaments in the Life of a Child, *Creativity in Education: the Waldorf Approach*, Rudolf Steiner College Press, 1982] 참고.

하는 성향이 나타나기도 합니다. 그리고 중년이 되면 생각이 많은 우울질이 됩니다. 미래를 내다보기보다 과거를 돌아봅니다. 예전에 있었던 일을 반추하며 우울하고 쓸쓸한 정서에 빠지곤 합니다. 그러다가 노년이 되면 점액질의 모습을 갖습니다. 반복되는 일상이 편안하고 새로운 일에 별다른 흥미가 없습니다. 기본적으로 신생아도 이처럼 점액질의 특성이 강합니다. 이것을 하루의 리듬에 대입해 보면, 아침에 우리는 다혈질이고 점심에는 담즙질, 저녁에는 우울질, 밤에는 점액질의 특성이 있음을 알 수 있습니다. 교육과 수업에서도 깊이 고려해야 할 특성입니다.

아이들을 가르치는 교사는 기질적 특성에 늘 관심을 가져야 합니다. 사람들이 다르다는 것을 인식하는 데에서 더 나아가 무엇이 어떻게 다르고, 또 어떻게 범주화할 수 있는지 알아야 합니다. 인간 특성의 다양함을 이해하고 나면 아이들뿐만 아니라 인간에 대해 좀 더 여유롭고 구체적인 시각을 가질 수 있습니다. 네 가지 기질론뿐만 아니라 에니어그램이나 MBTI, Big 5 성격 이론(5대 성격 특성)도 훌륭한 분석 틀이 되어 줍니다. Big 5 성격 이론은 인간의 기질을 외향성, 신경성, 성실성, 친화성, 개방성이라는 다섯 가지 특성으로 결정하며, 이를 통해 성격 점수를 매기고 활용합니다.[9] 그동안 난립했던 여러 개념들이 이 성격 이론으로 통합되어 정립되었다고 합니다.

에니어그램의 상징을 현대 서구 사회에 처음으로 소개했다고 알려진 구르지예프는 인간의 발전에 크게 두 가지 노선이 있다고 말합니다. 지식의 노선과 존재의 노선입니다. 그는 현대인들이 지식에 지나치게 큰 가치를 부여하고 존재 수준에는 관심을 기울이지 않

---

9) 대니얼 네틀, **성격의 탄생**, 김상우 옮김, 와이즈북, 2009 : 23.

는다고 지적합니다.[10] 우리가 기질론에 입문할 때 이 조언은 무엇보다 중요합니다. 왜냐하면 우리들 대부분은 한 개인의 지식이 그의 존재 단계에 의존한다는 사실을 망각하기 때문입니다. 끊임없이 스스로 질문을 던지고 살피지 않는다면 함정에 빠지고 맙니다. 존재의 변화보다 지식의 축적이라는 쉬운 길에 빠질 수 있습니다. 기질론은 '인간이란 무엇인가? 나는 누구인가?'에 대한 탐구이지, 지적 우회나 편견이 되어서는 안 됩니다. 기질론이 단순히 지식이 되어서는 오히려 독이 될 것입니다. 기질론을 통해 우리는 기질이라는 고정된 특성으로부터 해방되어야 합니다. 그러기 위해서는 기질론 이해가 존재의 변화에 초점이 맞춰져야 할 것입니다. 그럴 때 기질론 이해는 우리의 정신적 성장에 밑거름이 될 것입니다.

〈12기질과 색상환〉

---

10) 거하르트 베르, **영혼의 스승들**, 최호영 옮김, 뜰, 2008 : 175.

* **개인고유성과 개별성** : 인지학에서 개인고유성과 개별성은 그 개념이 다릅니다. 개인고유성이 한 존재의 근원적이고 영원한 고유의 특성individuality이라면 개별성은 현세적이고 변화무쌍한 인격적 특성personality을 뜻합니다. 개별성은 인종과 종족, 가문 등 유전적 특성의 영향을 강하게 받습니다. 한 인간의 주변에 존재하는 모든 것이 내면의 존재와 하나가 되면서 개별화하는 것입니다. 이때 정신적인 발달과정이 덜 진행되어 미숙한 상태일수록 인종과 종족, 가문 등의 행동 양식을 더 많이 따릅니다. 발달이 더 진행된 사람은 내면의 체험에 의한 인상과 원칙에 따릅니다. 자기 내면의 것을 바깥으로 끌어내어 작업할수록 사람은 더욱 고차의 발달과정을 경험하게 됩니다.

현재의 생에서 쌓아 가는 개별성은 죽음 이후 사라지는 것이 아닙니다. 그것은 개인고유성에 영향을 미치기 때문에 다음의 육화로 이어지게 됩니다. 우리가 지금 갖고 있는 개별성은 사실 거듭하여 살아온 지난 생들의 결과라고 할 수 있습니다. 또한 다음 생에서 우리가 보이게 될 개별성은 이번 생에서 보여 주고 있는 그것의 결과물입니다. 개인고유성이라는 존재의 씨앗이 이 생에 떨어지면 인종과 종족, 가문이라는 토양 위에서 독특한 개별성의 모습으로 자라납니다. 그리고 그 모습은 새로운 열매를 맺게 합니다. 우리가 신체적 삶을 통해 이룬 것은 우리 존재의 개인고유성에 스며들어 가 사라지지 않고 끝까지 살아서 전해지고 또 전해지는 것입니다.

바른 일을 행할 용기와

옳은 것을 말할 용기는

나의 바람이니 나 허튼짓 않네,

내 마음 항상 굳건할지니.[1]


## 담즙질의 특성


담즙질cholerisch 어른은 자아가 강한 사람입니다. 자아체가 영혼

---

1) 토린 M. 핀서, **8년간의 교실여행** : 30.

체와 생명체, 물질체를 완전히 장악해서 신체적 발달이 억제되었으며, 행동 지향적입니다. 누구보다 의지가 강해서 사지를 통해 뜻을 펼치려 합니다. 신체적으로도 다부지고 강해 보입니다. 키가 크진 않지만 왜소하지도 않고 힘이 넘치는 인상입니다. 어깨가 넓고 목이 짧으며 팔다리가 굵은 편입니다. 빛나는 눈빛은 단호하다 못해 매섭기까지 합니다. 얼굴은 약간 긴장한 듯 무언가를 결심한 표정입니다. 목소리는 활기차며 큰 소리로 자기 생각을 이야기합니다. 확신에 찬 목소리는 간혹 자신감이 지나쳐 명령조로 들리기도 합니다. 잠을 잘 자고 일찍 일어나며, 맵고 자극적인 음식을 좋아합니다.

땅 위에 단단히 서서 발을 내딛으면 쿵쿵 하는 소리가 들릴 것 같습니다. 담즙질은 발뒤꿈치로 바닥을 부술 것처럼 힘차게 걷습니다. 몸을 쓰는 일에 자신이 있고 무엇이든 온 힘을 다해 움직입니다. 담즙질에게 '적당히'라는 건 없습니다. 무슨 일을 하든 끝장을 보려 하고 성취감 속에서 새로운 목표를 잡습니다. 새로운 일에 도전을 할 때면 아랫배에 힘이 가득하여 두려움이 없습니다. 강력한 힘으로 불가능을 가능으로 만들어 내는 도전을 합니다. 그래서 항상 주도적인 역할을 하고자 하며 어느 자리에서든 주인공으로 서고 싶어 합니다.

마음은 대개 미래를 향해 있으므로 목적의식이 충만하고, 의미 없는 일은 하고 싶지 않습니다. 선이 굵은 활동을 하기 때문에 다른 사람의 심리를 배려하거나 주변 상황을 섬세하게 따지는 일은 서툽니다. 진취적이고 고집이 세며 사람들을 이끌어 가는 역할을 맡곤 합니다. 가만히 앉아서 무언가를 하기보다 몸을 움직여 일하는 것을 좋아합니다. 생각을 할 때도 이리저리 움직이며 너무 오래 한 가지를 생각하지는 않습니다. 결정이 빠르고 바로 실행에 옮기는 성향 때문입니다.

미숙한 단계의 담즙질은 싸움꾼입니다. 자기 생각이 틀릴 리 없다고 믿기 때문입니다.[2] 이들은 단순하고 자기 생각에 충실합니다. 생각이 떠오르면 당장 행동하려고 합니다. 자기만이 필요한 것을 안다고 생각하기 때문에 비판을 참지 못합니다. 누군가 그의 의견에 반대를 하면 단순히 의견에 대한 반대로 여기지 않고 자기 존재에 대한 반대로 받아들입니다. 따라서 작은 의견 충돌이 곧잘 감정적 싸움으로 번지기도 합니다. 책상을 내리치고 소리를 지르는 일이 예사입니다. 심하면 물건을 집어던지고 욕을 퍼부을 수도 있습니다.[3]

그러나 건강한 단계에서 담즙질은 구성원 전체의 자유와 정의를 위한 투사가 됩니다. 그들의 이상은 매우 높고 일관되어서 목표를 성취하기 위해 헌신적으로 매달립니다. 자기가 한 말은 반드시 지키고, 지칠 줄 모릅니다. 이들이 받고 싶어 하는 보상은 인정입니다. 돈이나 권력보다 자기 자신이 얼마나 중요하고 없어서는 안 될 인물인지 인정받는 것이 최고의 보상입니다. 자신이 꼭 필요한 사람으로 인정을 받으면 지나친 관대함과 친절함을 보일지도 모릅니다.

담즙질과 평화롭게 지내기 위해서는 요구를 분명하게 밝히되 공격적이지 않아야 합니다. 어떤 경우에도 차분하면서도 당당하게 대한다면 그들은 더 이상 고집을 부리지 않고 이야기를 들으려 할 것입니다. 그들은 객관적이고 일관된 사람에게 존경심을 가지며 함께

---

2) 플로렌스 리타우어, **기질 플러스**, 정숙희·박태용 옮김, 에스라서원, 2006 : 157.
3) [Betty Staley, *Soul Weaving: How to Shape Your Destiny and Inspire Your Dreams*, Hawthorne Press, 2000] 참고.

일하고자 합니다. 그러나 자기 연민에 빠져 있고 심약한 사람은 이 해하지 못합니다. 자기 삶을 스스로 책임지고 힘차게 살아가는 것이 이들의 좌우명이기 때문입니다. 싫은 건 싫다고 말하고 좋은 건 좋다고 말하고 끝내야지, 뒤에서 불평불만만 하는 것을 못마땅하게 여깁니다.

건강한 단계의 담즙질은 주변 사람들과 친목 관계를 즐기고 다양한 행사에 사람들을 데리고 나갈 것입니다. 함께 여행하는 것을 좋아하고 봉사 활동도 주도적으로 벌입니다. 그들은 자신의 넘치는 에너지를 사회적으로 의미 있는 일에 쏟으며 주변이 자기 의도에 따라 변화하는 것에 큰 성취감을 맛볼 것입니다. 여전히 주장이 강하고 직설적이지만 애정을 갖고 나름대로 조심스럽게 이야기를 하는 편입니다.

잘못을 받아들이고 자기를 낮출 줄 아는 담즙질은 성숙한 단계에 들어선 사람입니다. 자기가 틀릴 수 있음을 깨닫고 말과 행동에서 좀 더 신중해지려고 합니다. 이들은 다른 사람의 입장에서 생각할 줄 알고 자신이 함부로 던진 말과 행동을 반성합니다. 그리고 자기 자신을 객관적으로 보기 시작하며 근원적인 질문을 던지게 됩니다. 자기중심성에서 벗어난 이들은 세상을 새로운 눈으로 바라보게 되고 영적 수련에 관심을 갖습니다.


## 담즙질의 아이

담즙질 아이는 영혼체(아스트랄체)가 강합니다. 그래서 감정 표현이 분명하고 자기 입장이 확고합니다. 또, 다른 기질의 아이들보다 건강하고 튼튼하며 활기찹니다. 워낙 건강하다 보니 다른 사람도 자기처럼 다 건강할 거라고 생각합니다. 이 아이들은 언제나 기운이 넘치기 때문에 어른으로서 감당하기 버거울 때가 많습니다. 이 아이들이 교실에 들어온 것을 알아차리는 것은 매우 쉽습니다. 교실 문을 쾅 닫고 뛰어 들어와 "선생님!" 하고 소리칠 것입니다. "선생님, 학교에 오면서 나무가 쓰러진 걸 봤어요!" 그리고 그 나무가 얼마나 큰지, 나무를 가지고 친구와 무얼 했는지, 아이는 큰 목소리로 설명한 뒤 곧장 밖으로 달려 나가 친구들과 뛰어놀 것입니다.

항상 미래에 대한 기대로 가득 차 있는 담즙질 아이는 내일은 무얼 하고 다음 주에는 어떤 수업을 할지 알고 싶어 합니다. 몸을 써서 하는 활동이 준비되어 있다면 흥분해서 빨리 그날이 오기를 기다릴 것입니다. 이 아이가 교실에서 화를 낼 때는 다른 활동을 진행할 수 없을 정도입니다. 만일 이 아이가 결석을 한다면 그날은 교실 분위기가 평소와 다르다는 걸 알 수 있습니다.

글쓰기를 시켜 보면 주로 문장을 짧게 쓰고 동사를 많이 사용합니다. 아마 이 아이들은 요점만 적은 짧은 글을 가장 먼저 제출할 것입니다. 표현력을 키워 주기 위해서는 구체적인 설명과 묘사가 잘 된 글을 들려주고, 여러 차례 다시 쓰게 하면서 그때마다 칭찬을 해 주는 것이 좋습니다. 수공예를 한다면 아주 집중해서 단순하고 투박한 결과물을 만들어 낼 것입니다. 중간에 실수를 해도 잘 고치지 않기 때문에 나중에 완성한 작품을 완전히 다시 해야 할 수도 있습니다.

둘과 같은 담즙질 아이가 교사의 눈에 때로 버릇없고 안하무인의 무법자처럼 보일 수도 있지만, 그렇다고 혼내는 것만이 능사는 아닙니다. 아이는 결코 지려 하지 않기 때문에 언성이 높아질 것입니다. 교사가 자칫 심한 말을 하거나 어른답지 못한 행동을 한다면 담즙질 아이의 시험에 걸려든 것입니다. 아이는 그 일을 트집 잡아 다른 아이들까지 선동해 교사를 무시할지도 모릅니다. 그렇다고 교사가 지나치게 부정적으로 대하면 아이는 상처를 받고 내부의 불꽃이 꺼져 버릴 수 있습니다.

이 아이들에게 다가서는 방법은 특별한 관계를 맺는 것입니다. 따로 시간을 내어 이야기를 나누고, 이 아이에게만 어떤 과제를 줄 수 있습니다. 바깥나들이나 놀이를 계획할 때, 또는 교실에서 특별한 활동을 할 때 이 아이를 한쪽으로 데려가 이렇게 말합니다. "정말 어려운 활동을 하려고 하는데, 진짜 어려운 거야. 너희가 이걸 해낼 수 있을지 잘 모르겠다." 담즙질은 쉬운 일에 흥미를 잃습니다. 이 아이들의 도전 정신을 북돋은 뒤 적절한 역할을 부여해 준다면 자신만만하게 그 일을 수행할 것입니다. 그리고 교사의 든든한 우군이 되어 줄 것입니다.

하늘에서 금빛 별이 반짝일 적에
한 천사 먼 곳에서 나를 데려왔네.
높은 하늘에서 여기 땅까지
집으로 데려와 나 태어났네.

환한 햇살과 화사한 꽃들,
고운 새들의 지저귐도 함께
어서 오라, 어서 오라, 기쁜 하루여,
다정하고 착하고 굳센 나여.[1]

---

1) 토린 M. 핀서, **8년간의 교실여행** : 31.

# 다혈질의 특성

다혈질sanguinisch 어른은 영혼체 또는 감정체가 지배적입니다. 그래서 감정이 풍부하고 하고 싶은 것도 많습니다. 신체적으로는 날씬하고 균형 잡힌 몸매입니다. 팔다리가 가늘고 긴 편이어서 몸짓이 우아해 보입니다. 표정은 대개 밝고 웃음기를 머금으며 눈이 반짝입니다. 움직임은 가볍고 통통 튀는 듯합니다. 걸을 때도 힘 있게 걷기보다 바람이 흘러가듯 가볍습니다. 두 발이 땅 위를 떠다니는 듯한 느낌을 줍니다. 자리에 앉을 때는 안정적인 자세보다 의자 앞자리에 살짝 걸터앉거나 금방이라도 일어날 듯한 자세를 취합니다.

비교적 쉽게 잠들고 깊은 잠을 자는 편이며 잠을 통해 새로운 에너지를 얻습니다.[2] 식사를 할 때는 재빨리 음식을 먹고, 다양한 과일을 좋아합니다. 색상이 다채로운 옷을 즐겨 입는데, 유행에 민감해 쇼핑을 즐겨 합니다. 말하기를 좋아해서 빠른 말투와 풍부한 어조로 이런저런 이야기를 지치지 않고 합니다. 상대방을 금세 기분 좋게 하기도 하지만 이야기에 뚜렷한 목적이 있는 것은 아닙니다. 그래서 산만하게 느껴지기도 하고 주관적인 감정과 객관적인 사실이 뒤섞여 이야기가 과장되기도 합니다. 감정의 변화에 따라 쉽게 화를 내기도 하고 슬퍼하기도 하고 기쁨에 들뜨기도 합니다. 말을 할 때 손동작이 많고 온몸을 움직이기 때문에 다소 불안정해 보일 수도 있습니다.

무언가에 대한 관심과 흥미가 아주 쉽게 일어나는 동시에 그 관심과 흥미가 다른 일로 재빨리 옮겨 가므로 이전에 했던 일에 대해

---

2) 베티 스텔리, **형식과 자유 사이** : 107.

서는 금방 잊어버립니다. 오랫동안 집중하는 일이 다혈질에게는 아주 어려운 과제입니다. 대신 반짝이는 아이디어가 많고, 창조적인 능력을 보여 주기도 합니다.

다혈질은 마음이 늘 밖을 향해 열려 있기 때문에 주위에서 벌어지는 온갖 일들에 영향을 받습니다. 또한 주변 사람들에게 관심을 받고 싶은 마음도 커서 옷차림이나 관심사를 계속해서 바꾸곤 합니다. 반복되고 지루한 일상을 견디지 못하고 새로운 일들이 날마다 벌어지길 바랍니다. 그래서 새로운 사람을 만나 사귀는 일에 능숙하고, 어떤 모임에서든 분위기를 밝고 화기애애하게 만들어서 인기가 있습니다.

미숙한 단계의 다혈질은 마음이 들뜨기 쉽고 어떤 일을 끝까지 해내지 못합니다. 마음을 모아 일하는 것을 어려워하며 깊이 생각하는 힘도 약합니다. 내공이 부족하다는 표현이 어울립니다. 그래서 한 가지 일에 깊이 있게 들어가지 못하고 겉돌다가 끝나는 경우가 많습니다. 처음에는 누구보다 의욕적이므로 두각을 나타내지만 금서 시들해집니다. 용두사미의 모습입니다. 누구에게나 친절하며 악의는 없지만 다음 날이 되면 지키지도 못할 약속을 남발하여 신뢰를 잃는 일이 잦습니다.[3]

철저히 자기만족적인 생활을 고집하기도 합니다. 객관적인 상황을 고려하기보다 당장의 기분과 욕구에 관심을 기울입니다. 그리고 그 관심은 자주 바뀝니다. 다른 사람에게는 별로 관심이 없습니다.[4] 무책임한 행동으로 누군가를 화나게 하고는 그 자리에서 사과하고

---

3) 고야스 미치코, **슈타이너 학교의 감성교육**, 임영희 옮김, 밝은누리, 1997 : 88.
4) 플로렌스 리타우어, **기질 플러스** : 124.

잊어버립니다. 변덕스러운 감정을 만만한 사람들에게 거리낌 없이 드러내고 짜증도 잘 내는 편입니다. 쉽게 생각하고 시작한 일이 뜻대로 되지 않으면 대신 해 줄 사람을 기다리다가 그마저 여의치 않으면 포기해 버리고 맙니다.

겉으로 보이는 모습과 달리 다혈질의 마음 깊은 곳에는 그들이 원하는 하나의 진짜 관심이 있습니다.[5] 다른 사람들의 인정을 받고자 하는 마음이 큽니다. 따라서 주위의 사람들은 다혈질의 무책임한 모습에 화를 내기보다 묵묵히 지켜보고 관심을 기울여 주는 것이 좋습니다. 그들에게 필요한 힘은 무엇보다 의지력입니다. 건강한 단계의 다혈질은 자기만족적인 삶에서 벗어나 다른 사람들을 돕고자 합니다. 물론 봉사 활동을 할 때에도 중간에 어려움을 겪으면 그만두고 다른 일로 도망치고 싶은 유혹을 느낄 것입니다. 이러한 유혹을 극복하는 것이 다혈질의 과제입니다.

다혈질에게는 진심으로 존경하는 사람이 필요합니다. 대부분 그런 사람은 담즙질에 속합니다. 강한 의지와 리더십이 있는 사람이 자신을 인정해 준다면 다혈질은 그에게 충성을 다할 것입니다. 그런 사람의 도움을 받아 한 가지 일에 오랫동안 경험을 쌓게 되면 다혈질은 변화합니다. 성숙한 다혈질은 더 이상 남의 인정을 받으려 애쓰지 않습니다. 그들은 여유롭고 친절하며 낙관적입니다. 수많은 경험을 통해 자기중심을 잡았기 때문에 산만하지 않게 자기 생각을 펼치며 사람들을 사랑합니다.

또한 다혈질이라는 기질 자체가 젊음의 속성을 지니기 때문에 그들은 젊은 사람들의 치기와 무모함을 넉넉히 감싸 주고 유쾌하게

---

5) 정윤경, **발도르프 교육학** : 154.

이끌어 줍니다. 성숙한 다혈질은 어린 학생과 젊은이들에게 뛰어난 선생님이 될 수 있습니다.

## 다혈질의 아이

다혈질 아이는 생명체(에테르체)가 두드러집니다. 생명력이 넘치고 아무런 걱정이 없어 보입니다. 교실에서 언제나 잘 웃고 재치가 있으며 활달합니다. 무엇이든 빨리 배우고 가장 적극적이지만 다음 날 무엇을 배웠는지 물으면 "잘 기억은 안 나지만 재미있었어요"라고 말합니다. 이 아이들은 가까운 거리도 날듯이 뛰어다니며 발끝으로 가볍게 걷습니다. 마치 눈부신 봄날 팔랑거리며 날아가는 나비와 같습니다. 다혈질은 빛과 공기의 특성을 갖습니다.

이 아이들은 쉬는 시간에 교사에게 쪼르르 달려와 어제 집에서 있었던 일을 재잘거릴 것입니다. 엄마와 아빠가 다퉜던 일, 강아지가 새끼를 낳은 일, 할머니가 많이 아프신 일, 동생이 자기 공책을 찢은 일 등 아주 많은 이야기를 해 주고 싶어 합니다. 수업이 시작해도 상관하지 않고 계속 이야기를 하다가 제지하면 꿈에서 깨어난 듯한 표정을 짓습니다. 수업 시간에 친구와 수다를 가장 많이 떠는 아이들도 대개 다혈질입니다.

다혈질 아이들은 수공예를 할 때 다른 아이들이 하는 것에 대해 지적하거나 도와주느라 정작 자기 뜨개질은 완성도 못 하는 경우가 대부분입니다. 글을 쓰면 문장에 끝이 없습니다. 분량도 길게 쓰는 편이지만 대충 금방 써 내려 가기 때문에 글에 깊이는 별로 없습니다. 글의 주제를 명확히 하고, 체계적으로 쓰는 법을 배워야 합니다. 그러나 이러한 성향이 적절히 다듬어진다면 이 아이들은 교실에서 아주 큰 역할을 할 것입니다. 만약 이 아이들이 교실에 없다면 수업 분위기는 한층 더 무겁고 지루해질지도 모릅니다. 사회성이 풍부한 이 아이들 덕분에 교실은 언제나 즐겁고 유쾌한 공간이 될 것입니다.

그리고 대부분의 어린아이들은 다혈질의 속성을 공통으로 갖고 있기 때문에 교사는 파도를 타듯 그 속성을 잘 이용할 줄 알아야 합니다. 함께 즐겁게 이야기 나누고 놀다가도 중심을 잘 잡아야 합니다. 무엇보다 수업 안에 고요함과 거룩함의 분위기를 예비해 두어 다혈질 아이들이 지나치게 흥분하지 않도록 이끌어 주는 일이 중요합니다.

빙빙 보라를 날리며 즐겁게 춤추다가
작은 눈송이 살며시 내려앉네.
나 그렇게 세상에 태어났네.
가만히 귀 기울이면
눈 내리는 소리가 들려온다네.[1]

---

1) 토런 M. 핀서, **8년간의 교실여행** : 30-31.

## 점액질의 특성

점액질phlegmatisch 어른은 생명체가 다른 구성체들보다 강합니다. 자아와 영혼체가 생명체를 장악하지 못했기 때문에 자기를 내세우거나 감정 표현을 하는 일이 거의 없습니다. 신체적으로는 둥글고 통통한 몸집입니다. 어깨가 약간 처져 있고, 몸에 근육이 없어 물렁물렁한 두부살입니다. 먹는 것을 좋아하기 때문에 대체로 덩치가 크고 무게가 나가는 편입니다. 움직임이 느리고 조심스러우며 걸음걸이는 느긋합니다. 눈빛은 부드럽고 편안하지만 자기 생각에 빠져 멍하게 보일 때도 있습니다. 그렇다고 우둔한 것은 아니고 오히려 명석한 편입니다. 규칙적인 생활을 좋아해 제시간에 잠자리에 들고 누우면 쉽게 잠드는 편인데, 아침에 일어날 때 늘 조금 더 자려고 합니다.

표정 변화가 별로 없어 무표정해 보이고, 말투는 단조롭고 지루하게 느껴집니다. 누가 무엇을 물어보면 바로 대답하기보다 한참 뜸을 들인 뒤에 대답을 합니다. 일부러 그러는 것은 아니고 점액질에게는 좀 더 시간이 필요할 뿐입니다. 그들은 서두르는 것을 아주 싫어합니다. 새로운 과제가 주어지면 그 일을 파악하고 준비하는 데에 오랜 시간이 걸립니다. 무언가에 대해서 한번 말을 시작하면 오랫동안 천천히 말하고 끝까지 이야기하려고 합니다. 거꾸로 다른 사람의 말도 참을성 있게 끝까지 들어 줄 수 있습니다.

점액질은 관심이 내면을 향해 있으며 자기 세계 안에서 편안하고 만족스럽습니다. 새롭고 부담스러운 일을 하기 싫어해 익숙한 일을 반복하고 규칙적으로 생활합니다. 무언가를 새롭게 시작하는 것은 어렵지만 한번 시작한 일은 꾸준히 합니다. 그들에게는 특히 자기 공간이 필요하며 그곳에서 남들에게 구애받지 않고 마음껏 쉬고 싶어 합니다. 또한 음식을 먹는 일은 커다란 행복으로 새로운 메뉴를 시도하기보다 좋아하는 음식을 배불리 먹는 것이 큰 즐거움입니다.

시간이 오래 걸리긴 하지만 무엇을 하든 꼼꼼하고 체계적으로 합니다. 번잡하게 일을 벌이지 않고 한 가지 일에 집중하며 정리 정돈을 하는 것을 좋아합니다. 중간에 포기하거나 방향을 바꾸는 일은 일어나지 않습니다. 남들은 지겨워할 만한 반복적인 일도 성실하게 해내며, 반복적으로 정교하게 해야 하는 일에 만족감을 나타냅니다. 뭐든지 천천히 배우지만 모든 것을 기억합니다.

그들은 조직 안에서 쉽게 눈에 띄는 부류는 아니지만 주변에서 벌어지는 모든 일을 알고 있습니다. 무심한 듯 아무 말도 안 하고 있다가 드물게 내뱉는 한마디에 뼈가 담겨 있습니다. 그렇다고 비판적이지는 않고 상황을 정확히 파악하여 재치 있게 표현하는 정도입니다. 조직을 개혁하려 하기보다 퇴행하여 나빠지지 않기를 바랍니다.

미숙한 단계의 점액질은 주변 상황에 얽매이지 않고 자기 내면에 머물며 편안하게 살고 싶어 합니다. 그런 모습이 이기적으로 보일 수 있습니다. 그들은 주변 상황의 변화에 의해 스트레스를 받고 싶어 하지 않습니다. 움직이기 싫어하는 성향 탓에 게을러 보이기도 합니다. 실제로 게으른 구석이 없다고 할 수는 없습니다.[2] 새로운 상황에서 모험하는 것을 피하며 상황을 바꾸려고 고민하는 것도 너켜 하지 않습니다. 그래서 꽉 막히고 고집스러운 사람이라는

---

2) 플로렌스 리타우어, 기질 플러스 : 182.

평가를 받기도 합니다.

건강한 단계에 올라선 점액질은 편안함과 새로움 사이에서 고민합니다. 그들은 다른 사람과 주변을 의식하기 시작하며, 마음 깊은 곳에서는 새로운 일을 해 보고자 합니다. 다만 사람들 앞에 나서는 것이 부담스럽고, 누군가의 권유 없이 자발적으로 행동하는 것을 어려워할 뿐입니다. 따라서 점액질에게는 적절한 자극과 권유가 필요합니다. 만약 새로 시작한 일이 마음에 들었다면 그들은 그 일을 권유해 준 사람에게 깊은 고마움을 느낄 것입니다.

성숙한 단계가 되면 타인의 욕구와 필요에 민감해집니다. 다른 사람의 부탁을 기쁘게 받아들이며 상대방이 원한다면 상세하게 조언을 해 줍니다. 여전히 보수적이고 안정 지향적인 태도를 유지하지만 성실하고 진지하며 믿음직스럽습니다. 어떤 일이든 철저하고 꼼꼼하게 준비하고 실행해 나가기 때문에 주변 사람들은 그를 신뢰합니다. 성숙한 점액질과 같이 일하는 사람들은 그의 뛰어난 일처리 덕분에 편안하고 안정된 기분으로 일할 수 있습니다.

성숙한 점액질들은 급박하고 긴장되는 순간에도 자기 호흡을 잃지 않습니다. 확고한 자기 리듬이 있고 그에 따라 천천히 서두르지 않고 나아갑니다. 그들은 삶을 있는 그대로 받아들이고 매사에 감사한 마음을 잊지 않습니다. 때로는 그들의 존재만으로 주위 사람들은 평화로움과 고요함을 맛볼 수 있습니다.


## 점액질의 아이

점액질 아이는 물질체가 지배적이어서 내면으로 침잠해 있는 모습입니다. 무엇보다 안락함을 좋아합니다. 이 아이에게 어울리는 계절은 겨울입니다. 바깥은 눈이 오고 찬바람이 불지만 집 안은 아늑하고 따뜻합니다. 점액질 아이들은 자기 내면 바깥으로 나가기를 싫어합니다. 그저 포근하고 안락한 집 안에 머물며 맛있는 걸 먹고 싶어 합니다. 심지어 화를 내야 하는 상황에도 이 아이들은 조용히 감수하고 맙니다.[3] 사실 화가 났지만 격렬하게 표현하지 않을 뿐입니다.

이 아이들에게 수공예를 가르칠 때 흥미를 이끌어 내기란 상당히 어렵습니다. 새로운 일에 별로 관심이 없기 때문입니다. 그러나 어떤 방식을 한번 익히고 나면 계속 그것을 하고 싶어 할 것입니다. 목도리를 뜬다면 한정 없이 길어져도 점액질 아이들은 아무런 문제가 없습니다. 교사가 그만하게 한다면 아마 하나 더 뜨고 싶어 할 것입니다. 글을 쓰게 하면 한참 동안 멍하니 앉아 있습니다. 막연하게 주제를 주면 무얼 어떻게 해야 할지 모르기 때문에 구체적인 지시가 필요합니다.

잔잔한 물처럼 꼼짝 안 하던 점액질 아이가 이따금 놀라운 발언을 한다 해도 이상한 일이 아닙니다. 이 아이들은 무심한 척해도 주변에서 벌어지는 일들을 모두 꿰고 있으며, 그 본질에 대해서도 정확히 알고 있습니다. 다만 잠잠하게 있기 때문에 고집스럽고 게을러 보일 수 있습니다.

교사가 보기에 점액질 아이들은 답답하고 속을 알 수 없기도 하지만 반대로 믿음직하고 든든하게 느껴지기도 합니다. 이 아이들은 익숙한 것을 반복하고 싶어 하고, 새로운 과제가 주어지면 천천히

---

3) 프란스 칼그렌·아르네 클링보르그, **자유를 향한 교육** : 101.

그리고 꼼꼼하게 파악하려 합니다. 재촉하거나 다그치는 것은 아무런 도움도 주지 못합니다. 교사는 이 아이들에게 겉으로는 무심하게, 그러나 내면으로는 많은 흥미와 관심을 갖고 접근해야 합니다. 계속해서 적절한 자극을 주고 참을성 있게 기다려 주면 아이는 수업 내용을 성실하게 따라올 수 있을 것입니다.

아주 아주 큰 나무를 본 적 있다네.
그보다 우람한 나무 보지 못했네.
뿌리는 땅 밑에 단단히 내리고
가지는 하늘 향해 뻗어 갔다네.

내 밑에 두 발 단단히 뿌리박고
내 몸은 되도록 곧추세워서
별들의 지혜를 내 마음 이내 알아차려
참나무와 같이 자꾸 자라네.[1]

---

1) 토린 M. 편서, **8년간의 교실여행** : 30.

## 우울질의 특성

우울질melancholisch 어른은 무거운 물질체의 영향력으로 자아가 몸을 장악하지 못한 모습입니다. 가장 완성된 신체라고 할 수 있는 머리에 의식이 집중되며, 개념적인 사고를 잘합니다. 담즙질이 사지형(의지형)이고 다혈질과 점액질이 가슴형(감정형)이라면, 우울질은 머리형(사고형)입니다.

이들은 마르고 야윈 편으로 약간 어두운 인상입니다. 얼굴은 해쓱하며 눈을 잘 마주치지 못하고 자기 생각에 빠져 있는 경우가 많습니다. 눈을 들어 상대방을 바라볼 때는 마음속을 응시하는 듯한 시선입니다. 목소리는 차분하다 못해 주저하는 듯하고 말끝을 흐리거나 우물거리곤 합니다. 무언가를 결정할 때는 자신 있게 하기보다 계속 고민하는 모습입니다. 걸을 때도 깊은 생각에 잠긴 듯 고개를 숙이고 어깨를 늘어뜨린 채로 걷습니다. 발걸음은 무겁고 신중하며 몸짓은 소극적이어서 무언가를 감추는 듯한 느낌을 줍니다. 생각이 너무 많아지면 잠으로 달아나는데, 잠을 푹 자는 것 같지는 않습니다. 스트레스를 받으면 초콜렛이나 사탕과 같이 단 것을 찾습니다.

자기 몸에 예민한 우울질은 편하고 부드러운 소재의 옷을 선호합니다. 옷이 작아 몸에 꼭 끼거나 까칠까칠한 부분이 살에 닿으면 과민 반응을 보입니다. 다른 일에 집중을 못 하고 계속 그 불편함만을 생각할 정도입니다. 또한 몸이 조금만 아프거나 컨디션이 안 좋아도 아주 민감해집니다. 이러한 예민함은 다른 사람을 대할 때도 마찬가지입니다. 다른 기질들은 눈치채지 못할 특성이나 가치를 예리하게 파악하고 지적하거나 배려해 주기도 합니다.

대체로 마음이 과거를 향해 있기 때문에 예전에 있었던 일을 끊임없이 반추하고 세상에 대한 불평불만이 많습니다. 다른 사람들보다 자기에게 주어진 고통의 무게가 더 크다고 생각합니다. 그래서 비관적으로 세상을 바라보기 쉽고 늘 부정적인 결과를 예측합니다.[2] 어떤 일을 할 때는 누가 봐도 인정할 정도의 완벽한 수준을 바라기 때문에 스스로에게 엄격하고 때로는 가혹할 정도입니다. 그래서 새로운 일에 도전하는 것을 꺼리는 경향이 있습니다. 그들의 완벽주의 성향은 자기 자신뿐만 아니라 주위 사람들을 지치게 하기도 합니다.

그러나 우울질이 한 가지 일에 관심을 갖게 되면 자기의 모든 역량을 거기에 쏟아붓습니다. 오로지 그 일만 생각하며 가능한 모든 자료를 읽고 다양한 시도를 합니다. 일이 성공적으로 끝나기 전까지 결코 지치는 법이 없습니다. 이들을 이렇게 헌신할 수 있도록 하는 근원에는 믿을 만한 사람들의 공감과 지지가 있습니다. 우울질은 친분이 있는 소수의 사람들에게만 인정받길 원하며 때로는 지나칠 정도로 의지하기도 합니다. 그런 과정에서 커다란 상처를 받기도 하지만 외로움보다는 사람의 정을 그리워합니다.

미숙한 단계의 우울질은 자존감이 낮으면서도 지극히 자기중심적입니다. 내적으로는 다른 사람들의 공감을 바라고 친밀한 관계를 맺고 싶어 하지만 자기중심적인 태도 때문에 고립되고 단절되기 쉽습니다. 다른 사람의 잘못도 자기 탓이라고 생각할 정도로 자기 안에 갇혀 있으며, 객관성이 부족해서 세상과 관계 맺는 것이 대단히

---

2) 플로렌스 리타우어, 기질 플러스 : 145.

서툽니다.[3] 이들은 자기의 이야기를 들어 줄 사람이 있다면 쉬지 않고 하소연을 늘어놓을 것입니다.

미숙한 우울질에게 도움을 주기 위해서는 그들을 생각의 늪에서 건져 내야 합니다. 우선 그들이 무시받고 있다는 느낌이 들지 않도록 조심하고, 이야기를 귀 기울여 들어 주면서 적절한 질문을 던지는 것입니다. 한없이 이야기를 들어 주는 것은 이들의 경계를 무뎌지게 합니다. 질문은 그들이 자기 생각을 객관적으로 돌아보게 하고 의미 없는 걱정에서 빠져나올 수 있게 할 것입니다. 우울질의 교묘한 이기심과 자기 연민에 대해 때로는 단호하게 "그만하면 되었다"라고 말할 줄 알아야 합니다.

건강한 단계의 우울질은 다른 사람들과의 교감을 통해 자기중심성에서 벗어납니다. 다른 사람의 감정과 생각에 관심을 갖고, 그 사람 입장에서는 그럴 수 있겠다는 마음이 든다면 비로소 자기의 우물에서 빠져나오게 됩니다. 이제 조금씩 객관적으로 주변을 보게 되고 다른 이와 비교하지 않은 채 하고 싶었던 일에 매진할 수 있습니다. 그러나 여전히 그들은 이기심과 이타심 사이에서 방황하고 자기 동굴 안에 들어가 버리고 싶은 유혹을 느낍니다. 이럴 때 도움이 되는 방법은 정서적 교감보다 필요한 일을 부탁하는 것입니다. 그들은 자기가 필요한 존재이며 다른 사람을 위해 무언가를 하게 되었다는 사실에 기쁨을 느낄 것입니다.

자기중심주의로부터 완전히 벗어난 성숙한 우울질은 자신의 그릇을 가득 채우고 넘쳐흐르는 빛의 샘물과 같습니다. 그들은 더 이상 자기 연민이나 비관주의에 빠지지 않습니다. 다른 이들의 행복

---

3) 베티 스탠리, 형식과 자유 사이 : 94.

과 성장에 삶의 의미를 두는 그들은 누구에게든 언제든지 도움의 손길을 내밉니다. 그러나 모든 일에 책임감을 느끼는 것은 아니고 할 수 있는 만큼 최선을 다하고 자기 자신을 지키는 일도 소중히 여길 줄 압니다.

## 우울질의 아이

우울질 아이는 자아가 아주 강하게 발달되어 있습니다. 정신-영혼이 신진대사를 완전하게 장악하지 못했기 때문에 신진대사에 어려움이 많습니다. 그래서 자기 몸을 불편해합니다. 이 과정에서 아이는 무의식적으로 정신을 향합니다.[4] 이 아이들의 마음은 대체로 무겁고 단단하며 가라앉아 있습니다. 땅의 기운이라고 할 수 있습니다. 여럿이 놀고 있는 아이들을 보면 함께 놀고 싶은 마음도 있지만 굳이 끼어 달라고 하고 싶지는 않습니다. 그저 친구들이 노는 것을 바라보고 놀이에 대해 이런저런 생각을 하려고 합니다.

어린 나이 때부터 생각이 많은 이 아이들의 특징은 세상을 비관적으로 바라본다는 것입니다. 혼자 있으면 주로 예전에 있었던 일들을 다시 떠올리거나 힘들고 괴로웠던 일들의 원인을 생각해 봅니다. 새롭게 벌어지는 일들에 대해서는 일단 부정적인 태도로 일관합니다. 가족이 친척 집에 가거나 멀리 여행을 가야 할 때 이 아이들은 투덜거리며 집에 있고 싶어 할 것입니다. 머리가 아프다거나 배가 아프다는 핑계로 집에 혼자 있고 싶다고 할 수도 있습니다.

---

4) 루돌프 슈타이너, 세미나 논의와 교과 과정 강의 : 33.

수공예를 할 때 이 아이들은 굉장히 창의적이고 예술적인 능력을 보여 줍니다. 목도리를 뜨라고 하면 다른 아이들과 다른 독특한 패턴의 무늬를 보여 줄 것입니다. 글쓰기에서는 조숙하다고 느껴질 정도로 진지하게 글을 쓰며, 예전에 겪었던 일을 세세하게 기억해 묘사할 수 있습니다. 평소에 책을 많이 읽고, 글을 쓸 때 형용사를 많이 사용하는 것도 이 아이들의 특징입니다. 문법과 문장의 의미, 구조, 원리 등을 아는 것에 관심이 많습니다.

보통 교사들은 우울질 아이를 선호합니다. 조용하고 한 가지 과제에 몰입하며 다른 아이들보다 깊이 생각할 줄 알기 때문입니다. 그러나 이 아이들은 교사에게 곤란한 질문을 던지기도 합니다. 수업과 관련은 없지만 대단히 심각한 질문을 던지기도 하고, 교사를 시험해 보기도 합니다. 만약 교사가 자신의 질문에 관심이 없다는 걸 깨닫는다면 우울질 아이들은 크게 실망하고 마음의 문을 닫을지도 모릅니다.

우울질 아이들은 세상이 왜 이렇게 되었는지에 대해 늘 궁금해합니다. 직관적으로 원리를 파악할 줄 알고, 사물과 사건의 구조와 그 의미에 대해 알고 싶어 합니다. 하나의 현상을 깊이 들여다보고, 특정 물건을 수집하기도 합니다. 자기만의 세계를 일찍부터 갖고 있는 것인데, 때로는 오만하고 이기적인 모습을 보여 주기도 합니다. 어른들은 이 아이들이 너무 자기중심적으로 생각하지 않도록 생각의 폭을 넓혀 줄 필요가 있습니다.

# 기질에 따른 지도

1919년 최초의 발도르프 학교가 문을 열기 전, 슈타이너는 교사진을 위해 보름 동안 인간학과 방법론을 강연합니다. 이와 함께 진행된 '세미나 논의와 교과 과정 강의'의 삼분의 일 이상에서 그는 기질에 대해 상세하게 언급합니다.[1] 그만큼 기질론은 발도르프 교육학에서 아주 중요한 위치를 차지합니다.

슈타이너는 기질의 네 가지 기본 유형을 제대로 이해하는 것이 교사의 가장 중요한 과제 중 하나라고 말합니다. 아이들 각자의 기질을 파악하고 적절한 도움으로 그 기질에서 해방되도록 하는 것

---

1) 마리엘레 자이츠·우르술라 할바흐, **몬테소리 교육학과 발도르프 교육학**, 이명환·곽노의 옮김, 밝은누리, 2001 : 144.

이 교사가 할 일입니다. 예를 들어, 우울질의 아이가 사물을 심각하고 비관적으로 받아들인다면 그것을 비웃지 않고 오히려 교사도 같은 기질이 된 것처럼 하나하나의 사물을 아주 진지하게 대해야 합니다. 물론, 교사는 아이들 각자의 기질에 따른 단점을 천천히 극복시켜 주는 것도 생각해야 합니다.[2]

기질은 인간의 구성체와 연관이 깊고 누구에게든 항상 네 가지 요소 중 하나가 지배적입니다. 네 구성체 간에 조화가 이루어지도록 돕는 것이 언제나 교육과 수업의 결과가 되어야 할 것입니다. 새 학기를 시작하고 처음 몇 달 동안 교사는 수업을 하면서 아이들의 기질적 성향을 알아내는 일이 필수적입니다. 그렇게 하여 한 반을 네 모둠으로 나눌 수 있습니다.

한 가지 주제를 주었을 때 가장 민감하게 반응하고 그 주제에 강하게 머문다면 담즙질입니다. 다혈질은 금세 다른 주제로 관심이 옮아갑니다. 우울질은 새로운 주제에 거의 반응하지 않지만 관심이 생기면 강하게 몰두합니다. 점액질은 반응도 약하고 새 주제에 오래 머물지도 않습니다. 점액질 아이는 자신에게 흥미롭고 익숙한 주제에만 오래도록 머물려고 할 것입니다. 다혈질과 점액질은 기질적으로 상당히 가깝습니다. 이 두 기질은 정서적인 가슴형이라고 할 수 있습니다. 다만 다혈질은 그 시선이 외부를 향해 있고, 점액질은 내부를 향해 있다는 차이점이 있습니다. 우울질이 사고가 우세한 머리형이라면, 담즙질은 의지가 강한 사지형입니다. 아이들에게는 두 가지 기질이 병존하기도 합니다. 바로 옆에 있는 기질들은 상호 간에 섞이고 융합됩니다. 그러나 마주 보는 대극인

---

2) 고야스 미치코, **슈타이너 학교의 참교육 이야기**, 임영희·이연현 옮김, 밝은누리, 2003 : 71.

담즙질과 점액질은 극과 극입니다. 우울질과 다혈질도 마찬가지입니다

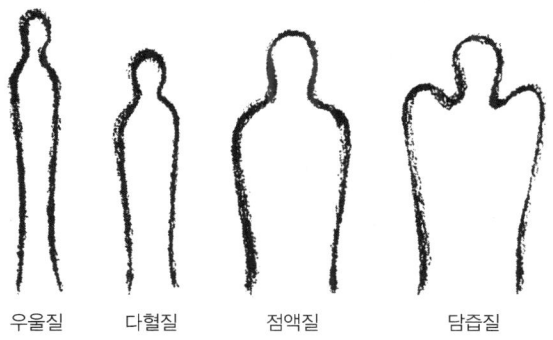

우울질    다혈질    점액질    담즙질

　점액질 아이들을 한 모둠에 앉혔다면 담즙질 아이들을 대극점으로 삼고 그 사이에 우울질과 다혈질을 앉힙니다. 기질별로 나누는 것은 특정한 의도가 있습니다. 일단 아이들은 같은 모둠에 앉은 같은 기질의 아이들을 보면서 자기 자신을 돌아보게 됩니다. '내가 이렇게 행동하는구나'라는 사실을 무의식적으로 깨닫게 됩니다. 훈계조로 설명하지 않고도 스스로 자기를 인식할 수 있는 것입니다. 아이들은 자신의 기질적 성향을 서로 강화하지 않고 오히려 지양하게 됩니다. 슈타이너는 아이들이 수다를 떠는 것도 기질적 특성이 서로 닮게 하는 과정이라고 말합니다. 그렇게 기질들이 서로 마모되어 10세 정도에 이르면 기질적 차이가 어느 정도 극복될 수 있다고 합니다.

　그리고 이런 자리 배치는 교사가 아이들의 기질에 집중해 발화하는 것을 좀 더 쉽게 해 줍니다. 슈타이너는 우울질 아이들에게는 판단할 수 있는 것을 보여 주고, 다혈질 아이들에게는 관찰할 수 있

는 것을 보여 주라고 합니다. 그렇게 하면 그 두 모둠의 아이들은 서로를 보면서 배우고 상호 간에 흥미를 조정하면서 보충할 것입니다. 담즙질 아이들에게는 다른 아이들 앞에서 시범을 보이는 행동을 하라고 하면 만족스러워할 것입니다. 반면 점액질 아이들에게는 이것이 끔찍한 '명령'처럼 들릴 것입니다. 여기에서 주의해야 할 것은 자리 배치의 원리에 대해 아이들에게 비밀로 해야 한다는 점입니다. 자리 배치는 교사의 권위에 따른 일입니다.

아이를 직접적으로 대하는 교사와 부모는 아이의 기질을 억누르려 해서는 안 됩니다. 아이의 기질에 반대되는 성향을 길러서 본래의 기질을 극복하려는 태도야말로 기질에 접근하는 가장 나쁜 방법입니다. 기질을 다룰 때 가장 중요한 사항은 기질에 다가서는 것입니다. 교사와 부모는 아이의 기질을 인식해야 하고, 다음과 같은 질문을 던져야 한다고 슈타이너는 말합니다. "아이가 자신의 기질적 장점을 통해 삶의 목표를 이룰 수 있게 하기 위해서는 어떻게 그 기질을 다루어야 하는가?" 예를 들어, 다혈질의 아이에게는 수업과 관련된 가능한 한 많은 것을 그 아이의 주의력 범위 내에 가져다주는 것이 좋습니다. 그러면 아이는 좀 더 섬세하게 학습에 집중할 수 있을 것입니다. 그렇게 하면 아이를 강하게 구속하던 기질적 성향은 점차 약화되어 다른 기질들과 조화를 이루게 됩니다.[3]

마찬가지로 담즙질의 아이가 흥분하여 화를 낼 때 그 행동에 맞서서 똑같이 화를 내며 혼내려 해서는 안 됩니다. 교사는 그럴 때 더욱 차분해져야 합니다. 냉정하게 아이의 행동을 관찰하고 지켜

---

3) 루돌프 슈타이너, 세미나 논의와 교과 과정 강의 : 22.

보다가 아이가 잠잠해졌을 때 다가가야 합니다. 감정적으로 대응하는 것은 불난 집에 기름을 붓는 격입니다. 교사는 감정이라는 게 없는 사람처럼 무심하게 아이의 행동을 바라봅니다. 그리고 수업이 끝난 쉬는 시간이나 방과 후에 그 아이와 이야기를 해야 합니다. "네가 책을 집어던지고 선생님에게 거짓말쟁이라고 했다." 벌어졌던 상황에 대해 깊은 관심을 가지고 아이와 함께 이야기를 합니다. 아이가 한 행동에 깊이 동의를 하며 무슨 일을 벌였는지 차근차근 이야기하고 조용히 판결을 내립니다. 담즙질 아이에게는 이 방법 외에 별다른 효과적인 방법이 없을 것입니다.

담즙질 아이들의 기질적 특성을 줄이기 위해서는 꾸며 낸 이야기를 들려줄 수도 있습니다. 이야기는 가능한 한 문제 상황에 맞게 인위적으로 꾸며 내는 게 중요합니다. 예를 들어, 옛이야기 속 거인이 얼마나 난폭했는지 실제로 겪은 것처럼 실감 나게 이야기를 들려줍니다. 그러면서 주인공 아이가 어떻게 그 거인을 혼내 주었는지, 사실적으로 묘사해 주면 담즙질 아이는 자신의 성격을 거울처럼 보게 됩니다. 그렇게 하면 아이는 무엇이 문제이고 무엇을 조심해야 하는지 깨닫게 됩니다. 평소에도 이 아이들에게는 해야 할 일의 목표를 상황에 맞게 꾸며 내어 이야기를 들려주는 게 좋습니다. 그러면 아이는 거기에 집중할 것입니다. 결코 담즙질 아이의 기질을 몰아내려 해서는 안 됩니다. 힘이 넘치는 이 기질이 없었다면 세계 역사의 많은 부분이 뒤바뀌거나 잘못되었을 거라고 슈타이너는 지적합니다.

점액질 아이는 담즙질 아이처럼 흥분하거나 화를 내는 일이 아주 드뭅니다. 우선 점액질 아이는 어떤 일에든 무관심합니다. 내적인 활동도 엿보이지 않습니다. 따라서 교사는 아이의 내면에 관심과 흥미를 일깨우도록 노력해야 합니다. 그렇다고 교사가 다혈질처럼 행동할 필요는 없습니다. 오히려 외적으로는 무관심한 척하면서 점액질 아이의 관심을 끌어야 합니다. 내적으로는 많은 관심을 지니지만, 외적으로는 그 아이가 교사에게 자신의 존재를 반사하는 그림을 얻을 수 있도록 합니다. 마치 녹색을 바라볼 때 내면에 빨강의 보색이 생기는 것처럼 말입니다. 슈타이너는 교사가 가정과 협력이 잘된다면 아이를 평소보다 한 시간 정도 일찍 일어나도록 부탁하는 것이 가장 좋다고 조언합니다. 그 한 시간 동안 할 수 있는 한 다양한 활동을 시키는 것입니다. 점액질 아이들은 평상시에 많이 자기 때문에 한 시간 정도 덜 잔다고 해서 해를 입지는 않습니다. 그렇게 할 수 있다면 점액질적 성격을 덜어 내는 데 큰 도움을 받을 수 있을 것입니다. 점액질의 경우에 중점은 아이가 변화된 영혼 상태에서 주의를 집중하도록 만드는 것입니다.

우울질 성향이 도드라지는 것은 정신-영혼이 신체의 신진대사를 완전하게 장악하지 못하기 때문이라고 슈타이너는 말합니다. 인간의 신체에서 정신-영혼은 신진대사 조직에서 가장 많이 일해야 하는데, 신진대사가 원활하지 못할 때 정신을 향한 내적인 추구가 드러난다는 것입니다. 또한 우울질 아이들은 이갈이와 함께 생명체가 바로 태어나지 않고 다소 지체됩니다. 그래서 이 아이들은 모방의 원리를 더 오래 지닙니다. 교실에서 교사의 행동거지를 가장 잘 흉내 내는 게 우울질 아이들입니다. 교사는 이 아이들을 위해 우리 주변에 있는 사물들에 대해 가능한 한 많은 흥미를 유발시켜야 합니다. 그리고 스스로 다혈질처럼 행동해야 합니다. 반대로 다혈질 아이들을 위해 교사는 우울질이 되어야 합니다. 내적으로 진지하고 한 가지 일에 오래 집중하는 모습을 다혈질 아이들에게 보여 주어야 합니다.

다혈질 아이들이 모여 있는 모둠은 우울질 아이들을 향하도록 합니다. 그래서 우울질 아이들이 모범이 되도록 합니다. 우울질 아이들의 진지함과 침착함이 다혈질 아이들의 기질적 균형을 맞추어 줄 수 있습니다. 꽃에 대해 배운 뒤 나비에 대해 배운다고 할 때, 벌써 흥미를 잃고 벌이나 딱정벌레 같은 다른 곤충을 생각하고 있는 다혈질 아이에게 "봐라, 너는 벌써 나비를 잊었는데 저 친구는 아직도 꽃에 대해 생각하고 있구나"라고 말해 준다면, 강렬한 인상을 받을 것입니다.

우울질 아이들의 경우 특이한 자기기만에 빠져 있는 경우가 대부분입니다. 이 아이들은 자기가 한 체험이 오직 자기에게만 해당한다고 믿습니다. 늘 자기 생각 속에 빠져 있기 때문입니다. 그래서 억울한 일도 많고 별것도 아닌 일로 깊은 상처를 받기도 합니다. 동시에 자기는 특별한 존재라고 우쭐대기도 합니다. 열등감과 우월감을 오가는 것입니다. 이 아이들에게 다른 사람들도 너와 똑같은 경험을 한다고 가르쳐 주는 것이 중요합니다. 그래서 우울질 아이들에게는 위대한 인물들의 전기를 이용해 가르치는 것이 좋습니다.

네 가지 기질의 특성을 잘 이해하고 있다면 우리는 모든 교과에서 개별화 수업을 발전시킬 수 있습니다. 음악 수업을 할 때 다혈질 아이는 오케스트라에 참여하는 것이 좋고, 담즙질의 경우에는 독주를, 점액질은 합창, 우울질은 독창을 더 많이 시키는 것이 좋습니다. 오케스트라에서도 기질마다 연주하고 싶어 하는 악기가 다릅니다. 담즙질은 북을, 다혈질은 바이올린과 오보에를, 우울질은 바순과 첼로를 좋아합니다. 점액질은 조율을 할 필요 없이 항상 준비가 되어 있어서 언제든 연주하고 싶을 때 연주할 수 있는 리코더나 피아노 같은 악기를 좋아합니다. 그럼에도 기질에 너무 의존하기보다 다양한 예술을 접할 수 있도록 하는 것이 좋습니다.[4]

연극을 할 때도 배역을 정할 때 아이들의 기질을 고려해야 합니다. 셰익스피어의 〈줄리어스 시저〉를 졸업 연극으로 올린다면, 담즙질 아이에게는 시저 역을, 다혈질 아이에게는 전령을 맡길 수 있습니다. 그러면 다혈질 아이는 신이 나서 소식을 들고 들락날락할 것입니다. 우울질 아이들은 철학적인 역할을 좋아합니다. 안토니우스의 연설을 멋지게 소화할 수 있을 것입니다. 점액질 아이는 연극의 중심에서 벗어나 편안히 앉아서 생각할 수 있는 역할을 좋아합니다. 로마 제국 시대에는 소식들이 빨리 전해지지 못했습니다. 변방까지 소식이 전달되는 데 수개월이 걸렸습니다. 점액질 아이에게는 멀리 떨어진 나라에서 소식을 기다리고 있는 역할이 이상적입니다. 아이의 기질에 맞는 역할을 부여하다 보면 희극적인 부분은 우울질 아이에게 돌아갈 것입니다. 예상과 달리 우울질은 세상에서 가장 뛰어난 희극 배우이기 때문입니다. 훌륭한 구경꾼이자 모방꾼인 우울질 아이는 모든 몸짓과 기교들을 정확히 몸에 익혀 결과적으로 뛰어난 희극 장면을 연출해 냅니다.[5]

영양 섭취에서 주의할 점은 다혈질 아이의 경우 육식을, 우울질 아이의 경우 계란을 너무 많이 먹지 않도록 하는 것입니다. 점액질 아이는 먹는 것을 워낙 좋아하기 때문에 과식하지 않도록 주의해

---

4) 루돌프 슈타이너, **세미나 논의와 교과 과정 강의** : 41.
5) [Rene Querido, Role of Temperaments in the Life of a Child, *Creativity in Education the Waldorf Approach*] 참고.

야 합니다. 특히 아침에 과식을 하고 온 점액질 아이는 학교에서 아무것도 배울 수 없습니다. 다혈질과 점액질의 경우에는 대부분 그 원칙을 따르되 우울질의 경우는 아이마다 영양 섭취가 아주 다른 편이라고 합니다. 대체로 뿌리채소와 양배추를 너무 많이 주지 않도록 합니다. 담즙질 아이의 경우에는 특별히 주의할 게 없지만 튀긴 음식이나 자극적인 양념이 들어간 음식을 너무 많이 먹지 않도록 하고, 편식하지 않도록 하는 것이 고려할 점이라고 합니다.

이야기를 들려줄 때 우울질 아이에게는 세부 묘사를 인상적인 방식으로 하는 것이 감명을 줄 수 있습니다. 그리고 가능한 한 편안하고 느긋한 정서를 만들어 내는 것이 좋습니다. 이에 비해 다혈질 아이를 위해서는 긴 이야기를 들려줄 때 중간에 잠깐씩 쉬어 주면 흐트러졌던 주의를 다시 집중시킬 수 있습니다. 이 아이들의 경우에는 가급적 똑바로 앉게 하고 계속해서 교사의 시선 안에 두는 것이 좋습니다. 점액질 아이에게는 계속해서 질문을 던지는 식으로 이야기를 전개하는 것이 좋습니다. 예상할 수 있는 쉬운 내용을 질문으로 던지고 대답을 들으면서 아이에게 적절한 긴장감을 갖게 합니다. 문장을 말하면서 자주 멈추고 아이를 바라봐 주는 것도 도움이 됩니다. 담즙질 아이의 경우에는 위태로운 상황이나 모험이 필요한 지점에서 아이가 상상의 나래를 펼치도록 합니다. 그러면 아이는 아무도 모르게 그 과정에 대해 두려움을 느끼게 되고, 그로 인해 조금은 부끄러워지는데 그때 아이는 좀 더 겸손해질 수 있습니다. 이는 오직 담즙질 아이에게만 해당하는 일입니다.

수학의 연산에서도 기질적 차이를 생각해야 합니다. 점액질은 덧셈과 같이 거듭되는 활동을 좋아하고, 상실감을 쉽게 느끼는 우울질은 뺄셈에 마음이 갑니다. 곱셈은 자유분방한 다혈질, 나눗셈은 무엇이든 자기가 공평하게 나눠 주고 싶어 하는 담즙질에게 맞습니다. 사칙연산을 종합한 이야기를 활용할 수 있습니다. 이를 통해 아이들은 자신들이 가장 좋아하는 연산을 발견하고 동시에 다른 연산들의 진가도 깨닫게 됩니다. 덧셈부터 보자면, 발도르프 학교에서는 덧셈을 할 때 덧수가 아니라 합계에서 출발합니다. 아이들에게 세상을 항상 전체에서 시작해 부분으로 접근하도록 하는 것은 중요한 일이기 때문입니다. 세상이 파편화된 부분들로 이루어진 것이 아니라 다양한 부분들이 모여 하나의 전체를 이룬다는 사실을 자연스럽게 느끼도록 배려해야 합니다.

〈덧셈의 예시〉

| | | |
|---|---|---|
| 10 = 6 + 4 | 10 = 1 + 2 + 7 | 10 = 1 + 2 + 1 + 6 |
| 10 = 5 + 5 | 10 = 3 + 1 + 6 | 10 = 3 + 1 + 1 + 5 |
| 10 = 1 + 9 | 10 = 4 + 2 + 4 | 10 = 2 + 3 + 1 + 4 |
| 10 = 2 + 8 | 10 = 5 + 1 + 4 | 10 = 4 + 1 + 2 + 3 |
| 10 = 3 + 7 | 10 = 8 + 1 + 1 | 10 = 5 + 3 + 1 + 1 |

여기에 도토리 36개가 있다고 하겠습니다. 아이들과 도토리의 숫자를 다 세고 "36개, 이게 합계입니다"라고 말합니다. 이제 이것을 작은 무더기로 나눕니다. 15개, 11개, 6개, 4개, 이렇게 작은 무더기의 도토리 숫자를 셉니다. 36 = 15 + 11 + 6 + 4. 계산 과정을 합계인 36에서 시작합니다. 이런 방식의 더하기를 점액질 아이들에게 시켜봅니다. 그리고 거꾸로 도토리를 모두 합치며 이미 정리되었던 4, 6, 11, 15를 합치면 36이라고 말합니다. 이런 과정을 담즙질 아이들에게 시킵니다. 거꾸로 하는 계산은 늘 대립적인 기질에게 시킵니다. 이런 방식으로 뺄셈은 먼저 우울질 아이에게 시키고, 그 역

산은 다혈질 아이에게 하도록 합니다. 그리고 곱셈은 다혈질 아이에게. 그 역산은 우울질 아이가 합니다. 담즙질 아이에게는 이렇게 말합니다. "자, 여기 도토리가 12개씩 무더기로 있단다. 어떤 수에 12가 세 번 들어 있는지 알고 있니?" 아이는 36개라는 답을 찾아내야 합니다. 거꾸로 하는 일반적인 나눗셈은 점액질 아이에게 시킵니다. 저학년에서 사칙연산은 그렇게 한꺼번에 연습하는 것이 효과적입니다.

형태 그리기에서도 기질을 고려할 수 있습니다. 형태 그리기의 목적은 항상 기질적 성향을 조화롭게 하는 것입니다. 한 가지 기질이 특별히 도드라지는 아이를 위해 다음과 같은 활동을 해 볼 수 있습니다.[6] 물론 이러한 형태는 예시에 지나지 않습니다.

다혈질은 주변에 쉽게 휩쓸려 가는 원심력의 특성을 보이기 때문에 계속해서 중심으로 되돌아가게 할 필요가 있습니다. 또 본성적으로 무언가 늘어나고 많아지는 것을 좋아하는 다혈질에게 균형을 가져다줄 수 있는 연습은 증가하는 형태에서 시작해 감소하는 형태로 끝나게 합니다.

---

6) 로하 엠브리-스타인·에른스트 슈버트, **형태 그리기**, 도서출판 푸른씨앗 옮김, 푸른씨앗, 2013 : 38-39.

점액질은 천성적으로 자신을 뭔가로 둘러싸고 싶어 합니다. 이 아이들을 위한 형태는 외부 세계와 편하게 관계 맺도록 하는 것입니다. 먼저 원을 그리고 다음에 원 안에 형태를 그리게 한 뒤, 그 형태가 주변 공간과 서로 연결될 수 있도록 바깥 원을 지우게 합니다.

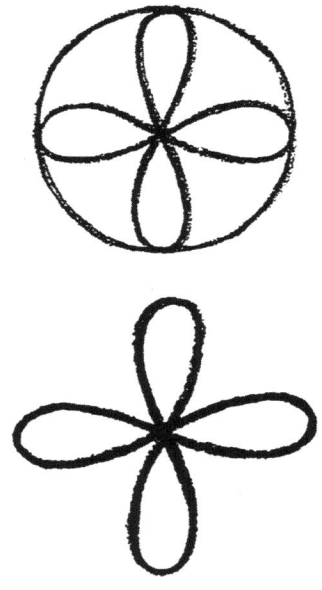

담즙질의 성향은 세상으로 뛰어드는 것입니다. 아이들이 사회적으로 올바르게 발달할 수 있도록 모서리를 약간 부드럽게 해 주어야 합니다. 먼저 담즙질적 특성의 내부 형태를 그리고, 그 형태 주변으로 뾰족함을 부드럽게 해서 균형을 줄 수 있는 외피를 그리게 합니다.

  우울질은 강렬한 내면세계에 이끌려 어두운 심연으로 들어가는 경향이 있습니다. 이러한 깊은 내면을 인정해 주되 그 안에 빛을 비춰 주어야 합니다. 또 내면세계를 위해 보호받을 공간이 필요합니다. 그래서 우울질은 어둠으로 시작하며, 어둠을 통해 밝은 형태가 드러나도록 안내해 줄 수 있습니다. 이 아이들에게는 점액질 아이들이 그렸던 형태를 음화로 그리게 해 봅니다. 이런 형태를 그리려면 고도의 집중력이 필요하므로 우울질에게 아주 적합합니다.

  지금까지 나온 이야기들을 정리하면, 기질을 이야기할 때 담임

과정의 모든 아이들은 기본적으로 다혈질이라는 점을 기억해야 합니다. 다혈질은 아동기의 기질입니다. 모든 아이들은 세상에 대한 경이로움과 세상을 탐험하고자 하는 열망으로 가득 차 있습니다. 담즙질이 미래를 내다보고 우울질이 과거를 돌아보는 경향이 있듯이, 다혈질은 자기 밖의 현재가 기쁘고 점액질은 자기 안의 현재를 즐기고 싶어 합니다. 어떤 과목을 가르칠 때 우리는 이런 서로 다른 음영과 색깔들을 조화시키려고 노력해야 합니다.

교실에서 우울질 아이들은 모든 아이들이 서로 다르게 반응한다는 것을 불현듯 알아차리고는 상황에 반응하는 다른 방식들을 깨닫기 시작합니다. 특히 다혈질 아이들이 얼마나 활동적인지를 보고는 그들의 활기에 놀라워합니다. 다혈질 아이들은 우울질 아이들이 항상 심각한 질문을 한다는 것을 깨닫고는 자신은 그렇게 진지하게 생각을 해 본 적이 없다는 사실을 인식합니다. 그렇게 교실 안에서 교감이 생기기 시작합니다. 담즙질과 점액질 아이들도 서로를 보면서 각자 다른 기질적 특성에 대해 깨닫게 됩니다. 학급 안에서 상호 보완적인 활동들이 생겨나기 시작하는 것입니다.

교사가 아이들의 기질을 고려해 학급을 이끌어 갈 때 잊어서는 안 될 것은 기질을 따르라는 것입니다. 기질을 거스를 수는 없습니다. 아이들에게는 기질을 통해 세상을 경험하고 균형을 잡아 갈 기회가 필요합니다.[7] 그리고 또 잊어서는 안 될 것이 교사 스스로가 어떤 기질인가에 따라서 아이들이 받게 되는 영향이 크다는 점입니다. 아이들의 기질을 자세히 관찰하는 것도 중요하지만 먼저 교사 자신의 기질을 파악하는 것이 무엇보다 중요합니다. 아이들이 노

---

7) 베티 스탤리, **형식과 자유 사이** : 91.

는 모습에서 아이들의 기질을 살펴보는 동시에 놀이에 임하는 교사 자신의 반응도 주의 깊게 바라봐야 합니다.

예를 들어, 아이들이 다른 사람 앞에서 교사에게 소리칠 때 체면이 깎이는 것을 견딜 수 없어 강하게 반응하지 않았는지, 놀이에 대한 설명이 너무 빠르거나 체계가 없어 아이들이 무엇을 해야 할지 몰라 산만해진 적이 있는지, 스스로 너무 신랄하고 풍자스럽게 말했던 적은 없는지, 한두 명의 아이가 놀이가 재미없다고 그만두었을 때 혼자서 상처를 받지 않았는지, 자신이 상당히 주의 깊게 계획했던 놀이에 지나치게 매달려서 몇몇 아이들이 방해했을 때 화를 낸 적이 있는지 등을 돌아볼 수 있습니다.

교사가 극단적인 기질의 상태가 되면 아이들은 좋지 않은 영향을 받습니다. 그것은 바로 나타나기보다 훗날 특정한 질병으로 나타날 수 있습니다. 담즙질인 교사가 자신의 기질을 다스리지 못한다면 아이들은 성인이 된 뒤에 소화 계통과 신진대사 계통의 질환과 류마티즘에 걸리기 쉽습니다. 극단적인 점액질의 교사는 아이들에게 신경 질환을, 우울질이 심한 교사는 호흡과 혈액 순환, 심장 등의 질환을 미래에 야기시킬 수 있고, 다혈질이 지나친 교사의 아이들은 의지력과 인내심이 부족하여 삶에 대한 생명력과 열정을 잃게 될 수 있습니다. 그러므로 교사는 자신의 기질을 다스리고 더욱더 조심스럽게 행동해야 합니다. 네 가지 기질을 고루 갖추고 때로는 아이들을 위해 특정 기질의 사람인 것처럼 연극을 할 필요도 있습니다. 실제로 그렇게 할 수 있을 때 우리는 인격적으로 자유로움을 맛보게 될 것입니다.

# 사상체질과 기질론

슈타이너가 제안한 4구성체를 이해하지 않고 발도르프 교육을 수업에 적용하기는 어렵습니다. 교육철학과 방법론 전반에 인간의 그 독특한 구성 원리가 적용되기 때문에 피할 수도 없습니다. 한국에서 발도르프 교육의 인간학이 더 많이 연구되어야 한다고 보는 이유입니다. 개인적으로 물질체, 생명체(에테르체), 영혼체(아스트랄체), 자아체라는 4구성체의 용어가 낯설어서 골머리를 앓았던 기억이 있습니다. 인지학에 대해 공부를 계속하면서 우리 문화 안에서는 인간을 어떤 구성 원리로 나누어 생각했는지 고민하게 되었습니다. 먼저 우리가 주로 쓰는 말들 속에서 4구성체에 해당하는 용어를 떠올려 보았습니다.

흔히 우리는 사람이 몸과 마음으로 이루어졌다고 여깁니다. 좀 더 자세히 들여다보면 그 사이에 '기운'이 있습니다. 기운은 몸과 마음을 이어 주고 우리에게 살아갈 힘을 줍니다. 관상학적으로는 얼굴의 생김이 아무리 좋아도 기운이 빛나지 않으면 좋은 관상으로 치지 않습니다. 기운이 넘치는 날도 있지만 기운이 없는 날도 있습니다. 감기, 기절, 기가 차다, 기가 막히다 같은 말들을 통해 기운이 우리 삶에 얼마나 밀접해 있는지 알 수 있습니다.

몸을 통제하는 건 기운이고, 기운을 다스리는 것은 마음입니다. 기분 좋게 교실에 들어섰는데 아이들이 싸우고 있으면 마음이 상합니다. 마음이 상하면 기운이 빠지고, 기운이 빠지면 몸이 아픕니다. 아프지 않기 위해 우리는 마음을 잘 다스려야 하는 것입니다. 그렇다면 마음을 움직이는 건 무엇일까요? 다름 아닌 '나'입니다. 화가 났어도 내가 깨어서 감정을 알아차릴 수 있다면 평정심을 되찾을 수 있습니다. 감정이나 욕구가 항상 '나'를 대신한다면 우리는 사람다운 삶을 살 수 없을 것입니다.

우리 삶의 주인은 나 자신입니다. 내가 삶의 주도권을 빼앗기고 억눌리게 된다면 남의 인생을 대신 살아 주는 것에 지나지 않습니다. 누구든 자기를 지키고 자기중심을 분명히 세워야 합니다. 동시에 자기중심주의에 빠지지 않도록 경계해야 합니다. 이 역설적인 원칙을 지켜 나가는 게 군자의 삶입니다. 그렇지 못하다면 소인배의 삶이 될 것입니다. 군자는 독선에 빠지지 않고 겸손합니다. 자만하거나 자기를 연민하지도 않습니다. 그럴 수 있는 것은 자기 뜻을 고집하지 않고 항시 하늘의 뜻을 살피기 때문입니다. 우리 안에도 있는 그 하늘의 속성을 '얼'이라고 할 수 있습니다.

물질체, 생명체, 영혼체, 자아체, 그리고 정신에 대해 몸, 기운, 마음, 나, 얼이라는 우리의 관점은 어느 정도 비슷하게 대응하는 듯합니다. 이렇게 비슷한 점들을 찾아보는 것도 좋은 공부라고 생각합니다. 이런 방식이 신비주의에 가깝게 보일 수도 있지만 놀랍게도 수타이너의 사상은 굉장히 실재적이고 실용적입니다. 우리의 오래된 지혜와 흡사한 것들이 아주 많습니다. 그렇다면 동양 사상 중 사상의학은 어떤 인간 이해를 갖고 있을까요. 앞에서 논의한 4기질과 관련해 음양오행에 이어 사상체질을 중심으로 짚어 보도록 하겠습니다.

### 오행과 사상체질

계절의 변화를 보면서 통찰한 우주의 질서를 담아낸 게 오행이라면 사상四象은 공간적인 개념입니다. 오행의 중심에는 토가 있어서 목화금수의 순환하는 생장수장生長收藏을 주관합니다. 이에 비해 사상은 공간·구조적인 시각으로 살펴봐야 합니다. 지구를 보면 지구의 한가운데에는 핵이라는 뜨거운 불이 들어 있습니다. 태양계의 중심에도 불타는 태양이 있으며, 사람 역시 마찬가지입니다. 사람에게는 심장이 있습니다. 생명이 끝나는 날까지 단 한시도 쉬지 않고 뜨거운 피를 내뿜는 심장은 불의 속성을 지닙니다. 지구 역시 붕괴되지 않는 이상 핵의 열기가 식지 않을 것입니다. 이러한 불火은 오행의 화와는 다른 속성입니다.

오행이 눈에 보이지 않는 실상이라고 한다면 사상은 눈에 보이는 실상입니다. 공간 속에서 불이라는 실제 존재는 중앙에 자리 잡고 있는 현실의 중심입니다. 동양에서는 전통적으로 눈에 보이지 않는 시간의 질서를 중심으로 세상을 관찰해 왔습니다. 목화토금수의 개념은 변화의 연속선상에서 어떠한 특성들을 추출해 낸 것입니다. 그것을 오행이라고 부르고, 오행 간의 관계를 연구한 것이 오행론입니다. 이러한 추상화의 개념을 잘 이해한다면 목은 나무가 아닌 것임을 알 수 있습니다. 나무처럼 무럭무럭 자라나는 생명력을 목이라는 개념에 대입했을 뿐입니다.[1] 그와 같이 오행론에서 화는 불이

---

1) 한동석, 우주 변화의 원리, 대원출판, 2001 : 60.

아니며 토는 흙이 아니고 금은 돌이 아니며 수는 물이 아닙니다. 연관은 있지만 일종의 기호일 뿐입니다.

전통의 한의학이 오행에서 비롯된 오원五元 체계를 기본으로 하였다면, 사상의학은 심장을 제외한 폐, 비장, 간, 신장이라는 네 장기의 대소를 따지는 사원四元 체계를 기본으로 하였습니다. 심장은 모든 변화의 상위에 존재하며 중심이 되므로 심장을 제외한 나머지 네 장부의 대소만을 구분한 것입니다. 사람은 태어나면서부터 장부의 불균형을 가지고 태어나며 그것을 크게 네 가지 속성으로 분류할 수 있다는 것이 이제마의 생각이었습니다. 이들을 양 중의 양인 태양인太陽人, 음 중의 음인 태음인太陰人, 그리고 양 중의 음인 소음인少陰人, 음 중의 양인 소양인少陽人으로 나눈 것이 사상체질입니다.

전통 한의학이 오행을 이용해 보편적인 인체 내면의 질서를 중요시 여기는 증치의학으로 발전해 왔다면, 이제마에 의해 사상이라는 공간적 관찰이 시도되면서 인간의 개별성을 중시하는 체질의학이 대두되었습니다.[2]

태양인은 폐肺가 크고 간肝이 작은 체질입니다. 상체가 잘 발달되어 역삼각형 몸매를 가지고 있지만 하체는 그에 비해 약한 편입니다. 그래서 걸음걸이나 서 있는 자세가 불안정해 보입니다. 태양인은 진취적이고 적극적이며 도전적입니다. 목표를 세우면 그것만 보고 돌진합니다. 하지만 고집이 세고 남에게 지는 것을 싫어하여

---

2) 한의학은 크게 증치의학과 체질의학으로 나누어집니다. 증치의학은 사람을 수동적인 대상으로 보고, 병이 생기는 이유를 풍한서습조화風寒暑濕燥火의 외적 요인에서 찾습니다. 그래서 한 개인의 신체적 특성과 약점을 덜 중요시합니다. 체질의학인 사상의학은 병의 일차적 원인을 병이 걸린 개인 자신에게 둡니다. 사람은 스스로 자기 몸을 조절할 수 있고, 개인의 심신 특성에 따라 병이 온다고 보기 때문입니다.

## 〈사상의 특성〉

| 사(事) | 심(心) | 신(身) | 물(物) |
|---|---|---|---|
| 천시(天時) | 세회(世會) | 인륜(人倫) | 지방(地方) |
| 천(天) | 인(人) | 아(我) | 지(地) |
| 천(天) | 인(人) | 성(性) | 명(命) |
| 폐 | 비장 | 간 | 신장 |
| 턱 | 가슴 | 배꼽 | 배 |
| 귀(청력) | 눈(시력) | 코(후각) | 입(미각) |
| 소리 | 색 | 냄새 | 맛 |
| 머리 | 어깨 | 허리 | 볼기 |
| 피모(皮毛) | 근(筋) | 육(肉) | 뼈(骨) |
| 애(哀) | 노(怒) | 희(喜) | 낙(樂) |
| 인(仁) | 의(義) | 예(禮) | 지(智) |
| 신(神) | 기(氣) | 혈(血) | 정(精) |
| **태양인** | **소양인** | **태음인** | **소음인** |
| 거친 노여움과 깊숙한 슬픔 | 거친 슬픔과 깊숙한 노여움 | 출렁이는 즐거움과 깊숙한 기쁨 | 출렁이는 기쁨과 깊숙한 즐거움 |

주변 사람들과 쉽게 어울리지 못합니다. 모든 일에서 리더가 되기를 원하며 뛰어난 관찰력과 기억력을 가지고 있는 것도 태양인의 특성입니다.

소양인은 비脾가 크고 신腎이 작습니다. 대체로 키가 작고 외관상으로 날카로워 보이는 게 특징입니다. 머리는 둥근 편이고 어깨가 넓은 반면 허리와 엉덩이는 빈약합니다. 하체가 가벼워서 걸음걸이가 날렵해 보입니다. 소양인은 솔직담백한 성격을 가지고 있으며 기분파입니다. 기분에 따라 일을 하는 편이고 기분에 맞으면 무슨 일이든 적극적으로 뛰어듭니다. 남을 돕는 일에도 잘 나섭니다. 하지만 늘 마무리가 서툴고 겉치레에 신경 쓰는 경향이 있습니다. 간혹

도가 지나쳐서 사치와 낭비벽에 빠지는 경우도 있습니다.

　태음인은 태양인과 반대로 간이 크고 폐가 작습니다. 태음인은 네 체질 가운데 체격이 가장 큰 편으로 얼굴이 둥글고 손발이 크며 상체보다는 하체가 발달했습니다. 살이 찌면 대부분 하체 비만이나 복부 비만으로 나타납니다. 수렴하고 저장하는 음기가 강하기 때문입니다. 끈기와 지구력이 뛰어나고 침착해서 맡은 일을 반드시 성취해 냅니다. 하지만 고집이 센 편이고 안정적인 것을 좋아해 변화를 싫어합니다.

　소음인은 비장이 작고 신장이 큽니다. 상체보다는 하체가 발달했으며 전체적으로 약간 마른 체격입니다. 얼굴의 이목구비는 작고 오밀조밀해서 미남미녀가 많습니다. 어깨와 가슴은 빈약하지만 엉덩이가 발달해서 전체적으로 안정된 자세를 보여 줍니다. 소음인은 외유내강형으로 자상하고 부드러운 면이 있고 사람을 잘 모읍니다. 또 머리가 총명해서 사리분별을 잘하고 빈틈없이 일을 처리합니다. 하지만 다른 체질에 비해 추진력이나 적극성이 부족하고 세심함이 지나쳐서 과민해지기도 합니다.

　이제마의 사상체질과 슈타이너가 이야기했던 네 가지 기질론의 연관성에 대해서도 논의해 볼 수 있겠으나 그 부분은 심도 깊은 후속 연구가 필요해 보입니다. 간략하게 사상체질과 기질론의 유사성은 짚어 볼 수 있습니다. 담즙질과 태양인, 다혈질과 소양인, 점액질과 태음인, 우울질과 소음인은 여러모로 비슷한 특성이 많습니다. 그러나 정확히 들어맞는 것은 아니며 좀 더 체계적인 연구가 필요합니다.

| 물질체 | 생명체 | 영혼체 | 자아체 |
|---|---|---|---|
| 地(고체) | 水(액체) | 風(기체, 빛) | 火(열) |
| **우울질** | **점액질** | **다혈질** | **담즙질** |
| 뼈 | 분비선 | 신경 | 혈액 |
| 폐 | 간 | 신장 | 심장 |
| 코 | 혀 | 비인강 | 뇌 일부 |
| 차가움 | 습함 | 건조함 | 따뜻함 |
| 성인기 | 유아기/노년기 | 아동기 | 청소년기 |
| 빼기 | 더하기 | 곱하기 | 나누기 |
| 요한복음 | 마태복음 | 누가복음 | 마가복음 |
| 광물 | 식물 | 동물 | 인간 |
| 가을 | 겨울 | 봄 | 여름 |
| 북 | 서 | 동 | 남 |
| 촉각 | 생명 감각 | 운동 감각 | 균형 감각 |
| 후각 | 미각 | 시각 | 온각 |
| 청각 | 언어 감각 | 사고 감각 | 자아 감각 |

## 정기신과 영혼백

동양에서 인간이라는 소우주를 이해할 때는 음양오행과 더불어 정기신精氣神과 영혼백靈魂魄의 관점을 빼놓을 수 없습니다. 정기신은 한의학이나 기수련의 형태로 현재에도 활용되고 있고, 영혼백은 주로 제례를 지낼 때 기본 원리로 통합니다. 정기신이 세상 만물에 공통으로 내재해 있다면 영혼백은 인간에게만 있는 것입니다. 영혼백은 정기신이 담기는 그릇과 같은 것으로 정기신과 유사한 점이 있지만 작용과 기능 면에서 다소 차이가 있습니다.[3] 사후에 인간 고

---

3) [석문도문, 석문사상, 석문출판사, 2010] 참고.

유의 본질인 영靈은 천상으로 돌아가고 혼魂은 허공으로 날아가 천기天氣와 합일하며 백魄은 땅에 흩어져 지기地氣와 합일하게 됩니다. 혼비백산魂飛魄散이란 말은 이러한 특성을 잘 나타내는 표현입니다.

정기신을 촛불에 비유한다면 환한 빛이 신神이고 불은 기氣이며 촛농은 정精이라 할 수 있습니다. 신이 기가 되고 기가 정으로 변화한다고 할 때, 정은 색色으로 물질화되기 직전의 에너지입니다. 만물의 물질적 기원인 정은 기를 만나 조화를 이루어 생명을 탄생시킵니다. 따라서 모든 생명은 정기를 지니고 있습니다. 정은 기에 비해 음이므로 운직임이 단조롭고 제한적이며 고정된 형태를 이루려 합니다.

정은 다시 음정陰精과 양정陽精으로 나뉩니다. 음정에서 음기陰氣가 나오는데 음기는 호흡을 통해 일어납니다. 호흡 자체는 뜨거운 것으로 화火의 기운이 호흡을 타고 들어가서 음정을 끓게 합니다. 물이 끓으면 수증기가 생기듯 음정 또한 끓어 음기를 발생시킵니다. 양정은 혈액 순환에 의해 양기를 발생시킵니다. 혈액이 혈관을 돌아 순환함으로써 온몸이 따뜻해지듯이, 우리 몸에 피가 돌면 열기가 생기는데 이것이 바로 양기입니다.

기는 정보다 한 차원 높은 에너지의 형태입니다. 모든 사물에는 다 기가 내재되어 있고 천지만물은 기로 이루어졌습니다. 기는 신과 같이 양이어서 기 자체를 우리의 감각 기관으로 인식하지는 못하지만, 양 중의 음陽中之陰이어서 기의 작용으로 기를 아는 것이 신보다는 쉽습니다. 하늘의 기인 공기가 호흡기로 들어오고, 땅의 기인 곡기가 음식의 형태로 소화기에 들어와 변화하여 생명 활동을 펼칩니다. 따라서 기의 작용은 생명 현상에 앞서며 생명 활동의 상태를 안다는 것은 기의 상태를 아는 것입니다.

이러한 기는 천지만물에 존재하나 각기 저마다의 특성이 다릅니다. 즉 살아 있는 생명의 기운 중에서도 움직이지는 않으나 스스로 생장 활동을 계속하는 초목이 가지고 있는 기운과 동물이 가지고 있는 기운, 인간이 가지고 있는 기운이 다를 뿐만 아니라 생명력이 없는 광물질 중에도 각기 다른 성질의 기운들이 내재해 있습니다.

정이 승화되어 기가 되고 기가 제자리를 잡아 안정이 되면 신에 이르게 됩니다.[4] 만물은 이 신이 있음으로 해서 존재합니다. 신은 햇빛이 지구 위를 두루 비추어 모든 생명 활동을 가능하게 하는 것처럼 몸 전체의 모든 활동을 가능하게 합니다. 그러나 신은 양 중의 양陽中之陽이어서 듣거나 만지거나 냄새 맡거나 맛을 볼 수 없습니다.[5] 신은 초감각적 세계에 속합니다. 신이 충만하면 몸에서 빛이 나고 가볍지만, 신이 흩어지면 그 사람은 살 수 없습니다. 흥이 일어나 기분이 몹시 좋아질 때를 표현하는 '신나다' 또는 '신명神明나다' 등의 말은 신의 특성을 잘 보여 줍니다.

정기신과 영혼백은 천지인天地人과 통합니다. 그리고 인간 신체의 세 중심인 상중하의 단전丹田과도 연결됩니다.[6] 이러한 삼지적 관

---

4) 신→기→정의 순서를 따르는 게 재육화이고, 탈육화는 정→기→신의 순서를 따릅니다.

5) [김명호, **자연, 사람 그리고 한의학**] 참고.

6) 한국의 선도 수련은 호흡을 통해 사지의 중심인 하단전에 기를 쌓는 수련을 근간으로 합니다. 하단전에 응축된 기가 상승해 정서 생활을 담당하는 중단전과 사고 작용을 담당하는 상단전을 밝히는 원리입니다. 슈타이너는 이러한 호흡 수련이 당시 서양인에게는 적절치 않을 수 있다고 하면서 《장미십자의 비교秘敎》에서 다음과 같은 이야기를 전합니다. "우리는 오컬트 훈련을 통한 호흡 훈련에 의해 이것 — 자아가 물질체에 작용하여 물질체를 변형시키는 것 — 을 의식적으로 일으킬 수 있습니다만 대단히 섬세한 주의와 절차를 거쳐야 합니다. 왜냐하면 대중적 문헌에 공개되어 있는 잘못된 훈련 방법은 종종 유럽인들의 몸에 심각한 손상을 주기도 하기 때문입니다. 현대인에 적합한 훈련에 대한 지식이 매우 중요합니다. 의식적 호흡 방법을 통해 자아는 물질체를 아트만Atman, 즉 정신인간으로 변형시킬 수 있습니다."([Rudolf steiner, *The Mysteries of the Rose-Cross and Other Essays*, translated by George Adams, Temple Lodge Press, 1989] 참고.)

점은 동양학의 기본적인 태도와 같습니다. 슈타이너의 인지학 역시 우주와 인간을 기본적으로 삼지적인 관점으로 인식하고 받아들입니다. 정신과 물질 사이에 영혼이 있고, 정신의 의식 상태는 깨어 있는 의식과 꿈꾸는 의식, 잠들어 있는 의식으로 나누며, 영혼 역시 사고, 감정, 의지로 파악합니다. 신체 또한 머리, 가슴, 사지로 나누어 인식합니다.

| 천(天) | 신(神) | 영(靈) | 상단전(上丹田) | 머리 | 사고 |
|---|---|---|---|---|---|
| 인(人) | 기(氣) | 혼(魂) | 중단전(中丹田) | 가슴 | 감정 |
| 지(地) | 정(精) | 백(魄) | 하단전(下丹田) | 사지(아랫배) | 의지 |

이는 우연의 일치가 아니라 우주와 인간을 바라보는 관점이 서로 통한다는 것을 뜻합니다. 동양학과 인지학 모두 정신과학의 성격을 갖고 있기 때문입니다. 따라서 동아시아에서 인지학을 연구하는 입장에서는 동양학과 인지학의 유사점과 차이점을 밝히고 통합적인 관점을 획득하는 것이 주요한 과제라고 할 수 있겠습니다. 여기에서는 그러한 작업을 제안하는 차원에서 동양학의 기초적인 개념을 살피고 인지학 개념과의 유사성을 비교했을 뿐입니다.

4부

# 12감각

# 감각 교육의 필요성

감각은 인간이 세상과 만나는 통로입니다. 우리는 감각을 통해 세상을 경험하고 이해합니다. 특정 감각에 문제가 생겼을 때를 떠올려 보면 그 사실은 더욱 분명해집니다. 앞이 보이지 않는 사람에게 색깔은 무의미합니다. 귀가 들리지 않는 사람에게 음악은 알 수 없는 무엇입니다. 세상은 감각적 인식을 통해 우리 안에서 그 실체가 만들어집니다. 감각 없이 우리는 하늘을 떠가는 구름도, 따뜻한 햇볕도, 다른 사람의 말과 몸짓도 알 수 없습니다. 우리에게 몸이 있다는 사실조차 느낄 수 없을 것입니다. 그러면 학문도, 문화도, 교육도 존재할 수 없습니다. 감각이란 아이들이 무엇인가 배우고 자신을 발달시키는 데 필요한 전제 조건입니다. 감각 촉진에 대한 관심은 지난 몇 년간 점점 더 기초 교육학의 핵심에 놓이게 되었

습니다.[1]

오늘날 우리는 감각적 홍수 속에 살아가고 있습니다. 특히 현대는 감각 과잉의 시대라고 해도 과언이 아닙니다. 넘쳐나는 미디어의 영상들로 인한 시각적 자극과 커다란 소음들, 심지어 우리는 텔레비전과 스마트폰의 영상과 소리를 잠들기 직전까지 곁에 두곤 합니다. 이렇게 넘쳐나는 자극 속에서 우리의 몸은 경직되고 호흡은 불안정하며 판단력은 흐려집니다.[2] 의학계에서는 전자기기에서 나오는 빛이 수면 상태에 영향을 주고 멜라토닌melatonin 수치를 낮춘다고 경고합니다. 이는 비만, 당뇨, 심장 질환 및 암 같은 질병과도 연관됩니다.

첫 번째 7년 주기의 아이는 완전히 감각적인 존재라고 슈타이너는 말합니다. 아이의 모든 감각적 체험은 신체 기관의 형성과 영혼의 리듬에 아주 깊은 영향을 끼칩니다. 아이는 자기가 감각한 것을 아직 돌아볼 수 없습니다. 저항 없이 그대로 받아들이는 것입니다. 감각을 통해 받은 모든 인상들은 무방비 상태로 받아들여지고 모방됩니다.[3]

감각은 태어날 때부터 주어진 것입니다. 그러나 감각을 통해 지각하는 것은 학습이 필요합니다. '지각하기'는 지각을 통해서만 배울 수 있기 때문입니다. 지각이 없다면 감각은 퇴화되고 말 것입니다. 그래서 아이들에게는 무엇인가 듣고 보고 냄새 맡고 만져 볼 것이 필요하며, 운동 감각, 균형 감각이 발달하기 위해서는 그에 따른 적절한 활동이 필요합니다. 아이들은 직접 움켜잡고 만져 보고

1) 볼프강 아우어, **감각을 깨우다**, 윤선영 옮김, 창지사, 2013 : 12.

2) 최숙연, 슈타이너의 12감각론과 교육, 발도르프 교육연구, 제3권 제2호, 2011 : 1-28.

3) 마리엘레 자이츠·우르슐라 할바흐, **몬테소리 교육학과 발도르프 교육학** : 148.

맛보고 냄새 맡고 흔들어서 들어 보고 눈으로 살펴봅니다. 물에 손을 넣으면 어떤 느낌인지, 쇠끼리 부딪히면 어떤 소리를 내는지, 나무는 얼마나 딱딱한지, 장미는 어떤 냄새인지, 무지개는 어떻게 보이는지, 사과는 어떤 맛인지 끊임없이 탐색합니다. 세상을 탐색하기 위해 아이는 걷기, 뛰기, 기어오르기, 균형 맞추기, 줄넘기, 땅 파기, 모래성 쌓기, 그림 그리기, 밀랍으로 만들기, 채소나 과일 썰기 등을 합니다. 그러면서 아이는 섬세한 손동작을 익히고 소근육 동작을 발달시킵니다.[4]

우리는 얼마나 많은 감각을 지녔을까요? 아직도 인간이 다섯 가지의 감각만을 지녔다고 하는 의견이 보편적입니다. 이러한 견해는 2천 년도 넘은 오래된 것입니다. 오늘날에도 여기에만 매여 있는 사람은 감각 기관으로 단지 눈, 귀, 코, 혀, 피부만을 보게 됩니다. 사실 오감에 대한 견해는 학문적으로도 오래전에 개선되었습니다.[5] 우리는 더 많은 감각을 지니고 있습니다. 슈타이너는 12개의 감각에 대해 말했습니다.

아이의 모든 감각에 흥미를 제공하는 것이 교육학의 목표가 되어야 합니다. 오로지 시각과 청각만을 중요하게 여기는 오늘날의 교육 환경은 아이들의 온전한 감각 발달을 도외시합니다. TV나 컴퓨터 등을 보고 듣는 것만으로 뇌에 자극을 전하려 하기 때문에 다른 감각들은 사용되지 않은 채 오그라들게 합니다. 아이들의 감각을 촉진하기 위해 우리는 우리 자신에게서 이 감각들을 발견하고 발달시켜야 합니다.

---

4) 마리 루이제 콤파니·페터 랑, 유아기에 컴퓨터 교육이 필요한가, **발도르프 유아교육**, 이정희 외 옮김, 행동하는정신, 2013 : 224-226.
5) 볼프강 아우어, **감각을 깨우다** : 12.

감각 교육은 예술 교육이라는 틀 속에 제한되지 않고 학습과 체험의 모든 영역에 걸쳐서 이루어집니다. 아이들의 방과 유치원, 학교 교실에는 감각을 과도하게 자극하는 물건들이 넘칩니다. 아이들은 영유아 때부터 수많은 캐릭터 상품을 사용합니다. 장난감도 대개 화려하고 정밀한 완성품입니다. 이런 과도한 자극이 오히려 감각을 둔하게 할 수 있다는 사실은 간과됩니다. 감각 기관이 진정으로 발달하기 위해서는 아이의 환경이 가능한 한 자연 그대로여야 합니다.[6]

　'유년기에 현대적 매체를 어떻게 접하게 할 것인가' 하는 것은 감각 교육의 본질적 문제입니다. 세탁기는 나무로 된 낡은 빨래판보다 아이의 감각 교육에 덜 기여합니다. 마찬가지로 어린이 TV 프로그램이 빨래에 대해 아이에게 진정으로 말해 줄 수 있는 것은 얼마 되지 않을 것입니다. 아이의 감각이 지각하고 아이 내면에서 세상의 모습으로 확립되는 것은 진실해야 합니다. 즉, 나무처럼 보이는 플라스틱 장난감이 아니라 진짜 나무여야 하고, 사과 맛 주스가 아니라 진짜 사과를 갈아 만든 주스를 마셔야 합니다. MP3 플레이어로 음악을 듣기보다 악기 연주를 직접 듣는 것이 좋습니다. 너무 일찍 거짓된 감각인상들의 홍수에 노출되면 그 감각들을 여과시키지 못하고 현실로 받아들이기 때문에 아이들은 무의식적으로 내적 갈등에 빠집니다.[7] 어린아이들에게 이러한 갈등은 극복하기 어려운 문제입니다.

　학교에서는 모든 영역에 걸쳐서 다양한 방법으로 감각이 자극되

---

6) 마리엘레 자이츠·우르술라 할바흐, **몬테소리 교육학과 발도르프 교육학** : 149-151.
7) [마틴 라지, **TV의 무서운 진실**, 하주현 옮김, 황금부엉이, 2012] 참고.

어야 합니다. 텃밭 농사를 짓는 시기에는 촉촉하고 따뜻한 흙의 냄새를 맡는 것과 어린 싹을 부드럽게 만지는 것이 좋은 감각 교육이 됩니다. 동시에 아이가 식물 속에 있는 생명을 느끼고 씨앗이 변형되어 나중에 무엇이 되는지를 상상함으로써 더욱 높은 감각들도 발달합니다. 체조를 통해서는 운동 감각과 균형 감각을 체험하며, 과학에서는 실험 활동을 통해 후각, 미각, 촉각, 시각, 온각이 동시에 작용합니다. 자아 감각, 사고 감각, 언어 감각은 시각, 청각과 함께 연극 놀이를 통해 온전히 즐길 수 있습니다. 언어는 책을 통해서만 체험되는 것이 아닙니다.[8]

발도르프 교육에서 감각적 경험은 유아기뿐만 아니라 인생의 전반에 걸쳐 중요한 요소로 간주됩니다. 이에 따라 적절한 교육 활동을 위해 실천적인 방법과 함께 감각 활동이 정신 활동의 기초가 된다는 사실이 강조됩니다. 그래서 발도르프 학교의 교실에는 TV나 컴퓨터가 없습니다. 가정에서도 가급적이면 TV를 없애는 것을 제안합니다. 또한 발도르프 학교에는 교과서와 같은 정형화된 교재가 없을 뿐만 아니라 교구도 나무와 양모, 실크, 밀랍 등의 자연물로 구성됩니다. 학생들은 수업 시간에 들었던 내용을 자기 공책에 그리고 쓰며 자기만의 교과서를 만들어 갑니다. 이러한 노력은 아이들의 감각을 보호하고 의지를 키워 주기 위해서입니다.

아이들의 감각을 보호하고자 하는 발도르프 학교의 교육적 실천은 슈타이너의 12감각론을 기반으로 합니다. 이는 우리가 일반적으로 알고 있는 오감이나 여섯 가지 감각과는 다른 시각을 열어 줍니다. 12개의 감각을 크게 하위 감각, 중위 감각, 상위 감각의 세 영

---

8) 마리엘레 자이츠·우르슐라 할바흐, **몬테소리 교육학과 발도르프 교육학** : 151-152.

역으로 나눌 수 있는데, 의지 감각(신체 감각), 정서 감각(영혼 감각), 인지 감각(정신 감각)으로 나눠 볼 수도 있습니다. 우리의 몸에서 일차적으로 지시되는 의지 감각에는 촉각, 생명 감각, 운동 감각, 균형 감각이 있고, 인간이 세상과 관계를 맺도록 해 주는 데 주로 사용되는 정서 감각에는 후각, 미각, 시각, 온각이 포함됩니다. 자기 자신과 다른 존재를 내적으로 경험하는 일에 사용되는 인지 감각에는 청각, 언어 감각, 사고 감각, 자아 감각이 있습니다.

# 18강

# 하위 감각

하위 감각은 신체 감각이라고 할 수 있습니다. 하위의 네 가지 감각들이 모두 신체의 피부 안에서 작용하기 때문입니다. 이 감각들은 인간의 신체를 통해 직접 경험으로 느끼는 것들입니다. 또한 이 감각들은 주로 의지 행위에 의해서 관철되기 때문에 의지 감각이라고 부르기도 합니다.

신체를 통해 발생한 감각 속으로 의지가 영향을 미칩니다. 가만히 서 있는 상태에서 움직일 경우 그 움직임에 대한 감각, 즉 운동 감각 속으로 의지가 어떻게 작용해 들어가는지 느껴 보면 알 수 있습니다. 평온한 의지가 균형 감각에 영향을 미칩니다. 생명 감각으로는 의지가 더욱 강하게 영향을 끼칩니다. 촉각도 마찬가지인데, 우리가 어떤 것을 만진다는 것은 결국 의지와 환경 간의 대결이기

때문입니다.[1)]

촉각의 경우에는 우리가 무언가를 만지고 있을 때 자신의 손이 움직이고 있다는 것을 눈으로 볼 수 있기 때문에 그 존재가 분명하게 드러납니다. 그러나 생명 감각, 운동 감각, 균형 감각의 경우에는 촉각만큼 뚜렷하게 드러나지는 않습니다. 또한 그것들은 의지 감각이기 때문에 인간의 의식이 보통 의지에서 잠을 자는 것처럼 그렇게 이 감각들에서 잠들어 버립니다. 따라서 대부분의 심리학에서는 이 의지 감각들의 존재를 찾아보기 어렵습니다. 그러나 이러한 하위 감각의 경험은 인간의 사고나 행위에 직접적인 영향을 미칩니다.


## 1) 촉각

촉각은 신체 감각 중 가장 기본이 되는 것으로 우리가 만지고 있는 대상에 대해 중요한 것들을 이야기해 줍니다. 또한 우리 자신을 이루고 있는 신체의 경계들에 대해서도 중요한 것들을 말해 줍니다. 무언가를 만질 때 우리는 그 대상 안으로 들어갈 수 없습니다. 그 대상이 우리의 신체 감각 안으로 들어올 뿐입니다. 또한 우리가 어떤 물건을 만질 때 온전히 촉각만을 느낄 수는 없습니다. 거기에는 온각, 운동 감각, 균형 감각 등이 있기 때문입니다. 그러나 이러한 감각들을 제외하고 오직 촉각에만 집중했을 때, 우리가 느끼는 것은 일종의 저항감 또는 장애입니다.[2)] 그것이 바로 경계입

---

1) 루돌프 슈타이너, 인간에 대한 보편적인 앎 : 184.
2) 알베르트 수스만, 영혼을 깨우는 12감각 : 21.

니다.

아기는 주변의 물건을 만지거나 빨고, 무수히 부딪히는 경험을 통해 자신과 세계 사이에 경계가 있음을 깨닫게 됩니다. 이러한 촉각을 통해 개별자로서의 인간은 자신이 마주한 세계와의 경계를 설정하고 자신의 내면세계를 확립해 갑니다. 접촉의 체험을 통해 자신의 고유한 경계선을 경험하고 자신의 정체성에 대해서도 경험하는 것입니다.[3] 따라서 어린아이들에게 무언가를 만지게 하는 일과 부모가 아이를 만져 주는 일은 둘 다 매우 중요합니다. 뭔가를 만지는 일에는 분리와 연결이라는 두 가지 특성이 있습니다. 다른 것과 분리되고 다시 연결되는 이러한 경험들은 점차적으로 관계 맺기와 그것의 가치에 대해 아이를 일깨워 줍니다.

갓난아기를 떠올려 보면, 아기는 이제 막 어머니의 자궁에서 빠져나왔습니다. 힘든 과정을 거치며 세상에 나온 아기는 우렁찬 울음과 함께 어머니의 젖을 찾습니다. 어머니의 가슴을 만지고 젖을 먹으며 촉각이 발달해 갑니다. 아기에게 모든 세계는 촉각을 통하여 파악된다고 할 수 있습니다.[4] 자연 분만과 모유 수유가 중요한 이유입니다. 태어날 때부터의 촉각적 경험은 세상에 대한 신뢰감을 주고 그로 인해 아기는 안정감을 갖게 됩니다. 아기에게 천연 소재의 옷을 입히고, 양모나 면, 나무, 실크와 같은 자연물을 장난감으로 주는 노력도 필요합니다.[5] 촉각이 건강하게 발달하면 아이들은 자신뿐 아니라 주변 대상의 경계도 잘 이해할 수 있게 됩니다.

---

3) 볼프강 아우어, **감각을 깨우다** : 18.
4) 바바라 J. 패터슨·파멜라 브래들리, **무지개 다리 너머** : 113.
5) [카린 노이슈츠, **놀잇감으로 길러주는 상상의 날개**, 전경원 옮김, 한울림, 2002] 참고.

## 2) 생명 감각

생명 감각은 우리가 스스로의 상태를 파악할 수 있는 감각입니다. 배가 고픈지, 아니면 피곤한지 알기 위해 우리는 거울을 볼 필요가 없습니다. 우리 몸이 알려 주기 때문입니다. 편안하고 쾌적한 상태인지, 아니면 불쾌하고 고통스러운 상태인지를 끊임없이 신체 안에서 지각하고 있는 것은 생명 감각입니다.[6] 우리는 이 감각을 통해 생명체(에테르체)로서 자신의 몸 내부에서 일어나는 다양한 생리적 현상을 파악할 능력을 갖게 됩니다. 따라서 생명 감각은 인간의 생존과 직결되는 감각이라고 할 수 있습니다.

생명 감각은 아이들로 하여금 안전한 행복감이나 위험에 대한 인상을 깨닫게 해 줍니다. 슈타이너는 어른들이 어린아이에게 항상 좋은 마음으로 대하고 친절하게 말하며 따뜻하고 편안한 환경을 만들어 주어야 아이의 생명 감각이 일깨워진다고 말했습니다. 그러나 아이들의 육체적 고통을 제거해 주려는 목적으로 춥고 바람 부는 날에는 밖에 나가지 못하게 하거나 자연에서 뛰놀지 못하게 한다면 아이들의 생명 감각은 둔화될 것입니다. 아이들은 육체적인 피로와 고통을 통해 생명 감각이 일깨워지기도 하기 때문입니다.

이는 정신적인 고통과도 연결됩니다. 권선징악이 뚜렷한 동화에는 기쁨과 슬픔이 조화롭게 포함되어 있고, 아이들은 이것을 자신의 기질 안에서 곧바로 경험합니다. 목소리를 과장해서 들려주지만 않는다면 동화는 아이들의 생명 감각을 자극하고 생명 감각에 양

---

6) 볼프강 아우어, **감각을 깨우다** : 21.

분을 제공해 줍니다.[7] 어른이 보기에 잔혹하거나 고통스러운 장면 들을 제거하는 것은 올바른 방법이 아닙니다.[8] 동화를 들려주는 기술은 그것을 완전하게, 그리고 조용히 들려주는 것입니다.


## 3) 운동 감각

우리가 다양한 차원의 의지를 가지고 움직일 수 있는 것은 영혼 체(아스트랄체)가 있기 때문입니다. 영혼체를 지닌 인간으로서 자신 의 움직임을 파악할 수 있는 감각이 바로 운동 감각입니다. 이를 통 해 우리는 적어도 수의근에 한해서는 스스로의 의지에 따라 움직 일 수 있고, 그 움직임의 주체가 '나'임을 깨달을 수 있습니다.[9]

운동 감각을 통해 우리가 체험하는 것은 우리의 움직임을 통해 만들어진 공간에 대한 느낌입니다. 이 감각은 우리가 몸을 움직일 때 우리의 근육과 관절들에 대해 의식하게 해 줍니다. 또한 주위 공간을 가로질러 우리가 활동하고 있다는 사실을 의식하게 해 줍 니다. 운동 감각이 발달함에 따라 아이는 자신의 속도대로 앉고 서 고 돌아다니는 법을 배웁니다.

운동 감각은 우리를 세상과 함께 움직이게 하고 나아가 영혼-정 신적인 영역으로까지 확장되게 합니다. 아이들에게 이러한 과정은

---

7) 어린아이들에게 동화를 들려줄 때 흔히 하는 방식의 구연동화는 좋지 않습니다. 과장된 표정과 말투를 사용하는 것은 아이들의 상상력을 제한할 뿐만 아니라 생명 감각을 약화시킵 니다. 책을 읽듯 차분하고 담담하게 들려주는 것이 좋습니다.
8) 바바라 J. 패터슨·파멜라 브래들리, **무지개 다리 너머** : 113.
9) 알베르트 수스만, **영혼을 깨우는 12감각** : 57.

상상이 아니라 실제입니다.[10] 아이들은 음악이나 시에 맞춰 움직이면서 자신의 물질체와 생명체 사이에서 조화를 경험합니다. 어린아이들이 있는 반에서는 실내에서뿐만 아니라 바깥 놀이에서도 아이들이 둥글게 모여서 움직이는 활동을 통해 운동 감각을 자극하고 풍요롭게 길러야 합니다. 아기의 경우 충분히 기어 다니고 자기 힘으로 서고 걸을 수 있도록 기다려 줘야 합니다. 보행기를 태우거나 빨리 걷도록 일부러 걸음마를 시킨다면 미숙한 관절에 무리를 주며 오히려 운동 감각의 발달을 방해합니다.

## 4) 균형 감각

우리가 촉각을 통해 자신의 몸을 의식하고, 생명 감각을 통해 몸의 건강 상태를 파악하며, 운동 감각을 통해 몸에 거주하고 있다는 느낌을 받는다면, 균형 감각을 통해 우리의 몸은 외부 세계와 관계를 맺습니다. 균형 감각은 땅 위에서 넘어지지 않고 똑바로 설 수 있게 하며 이를 통해 공간 안에서 방향 감각을 갖게 됩니다. 다시 말해, 균형 감각은 중력의 영향을 받는 존재의 감각입니다. 아이는 직립 자세를 취하게 되면서 본격적으로 균형 감각을 느낍니다. 어린 아이에게 균형을 잡고 똑바로 서는 일은 지상에서 획득해야 할 가장 큰 과업 중 하나입니다.

우리의 귀 안에는 90도 각도의 세 개의 반고리관이 들어 있습니다. 이 구조는 우리로 하여금 3차원 공간, 즉 위아래와 좌우, 앞뒤

---

10) 엘리자베트 괴벨, 학령기 전의 오이리트미, **발도르프 유아교육**, : 204.

에 있는 대상들과 관계를 맺게 해 줍니다. 사람들이 중이염을 앓으면서 현기증을 느끼거나 중심을 잃는 경험을 하는 것은 아직 발달상 준비가 되기도 전에 걷기를 배우는 아이의 감각 상태와 유사합니다.

균형을 잡는다는 것은 균형을 이루기 위해 지속적으로 노력하는 과정입니다. 우리는 타인과의 관계, 사물과의 관계, 어떤 상황과의 관계에서 균형을 이루기 위해 끊임없이 노력합니다. 그것은 무게중심을 잘 잡는다는 말과 같습니다. 무게중심은 오직 한 지점에만 존재하며 관계 속에서 변화합니다. 외부의 영향에 흔들리지 않고 자유롭게 움직이기 위해서는 자기중심을 확고히 하는 노력이 필요합니다.[11]

어린아이들은 함께 둥그렇게 모여 교사의 몸짓과 시, 전래 동요, 계절 노래에 맞추어서 제자리 뛰기, 건너 뛰기를 하고 발끝으로 평균대에 올라가는 활동을 할 수 있습니다. 실내와 실외에서 이루어지는 모든 활동은 아이들의 균형 감각을 훈련시키고 발달시킵니다. 건강한 아이라면 가능한 한 기회가 있을 때마다 균형 잡기 놀이를 하고 싶어 합니다. 그럼으로써 아이들은 걷기를 하며 높은 수준의 균형을 발견하는 경험을 하게 됩니다.[12] 오늘날의 아이들은 예전보다 움직임이 적어 똑바로 걷기를 잘하지 못하는 경향이 있습니다. 따라서 어린아이들에게 땅바닥에 놓인 줄을 밟고 걷게 하거나 평균대 걷기, 죽마 타기 등을 많이 하게 해서 균형 감각을 기를 수 있게 해야 합니다.

---

11) 김현경, **12감각을 깨워야 내 아이가 행복하다**, 물병자리, 2015 : 136-137
12) 프레야 야프케, **우리 함께 놀자!**, 윤선영 옮김, 창지사, 2008 : 83.

19강

# 중위 감각

중위 감각은 영혼 감각이자 정서 감각입니다. 정서 감각은 인간이 외부 세계와 결합하도록 매개 역할을 하는데, 영혼은 이 감각 기관들의 힘을 빌려 외부 세계를 인식합니다. 후각, 미각, 시각, 온각은 사물의 성질과 관련되어 물질의 냄새, 맛, 색 그리고 온도를 지각하는 기능을 합니다.[1] 이 감각들은 주변의 환경에 나타나는 대상을 받아들여 호감과 반감으로 작동하는 우리의 감정과 연결합니다. 후각과 미각은 감정과 좀 더 가깝게 연결이 되고, 시각과 온각의 경우에는 그렇게까지 느껴지지는 않습니다.

흔히 온각과 촉각은 혼동되곤 합니다. 촉각이 매우 의지적인 감

---

1) 알베르트 수스만, **영혼을 깨우는 12감각** : 103.

각이라면 온각은 상당히 감정적인 감각입니다. 그에 비해 시각은 인식적인 요소가 강하게 들어옵니다. 왜냐하면 우리가 어떤 사물을 볼 때 색채뿐만 아니라 그 색채의 경계선인 형태와 선을 보게 되기 때문입니다. 눈은 색채를 볼 뿐이지만 형태와 선은 운동 감각의 도움을 받아야 합니다. 운동 감각을 통해 사물의 형태를 인식하고 나서야 비로소 지각된 색이 연결되는 것입니다.[2]

## 1) 후각

후각의 가장 기본적인 특성은 외부 자극에 직접적으로 노출되어 거부할 수 없는 강제성을 띤다는 것입니다. 후각은 정서 감각 중에서 외부 환경에 가장 교감적인 특성을 지닙니다. 개인적인 의지로 냄새를 거부하지 못하고 너무나 쉽게 자극에 적응해 버리는 것을 보면 그 교감적인 특성을 잘 알 수 있습니다.

어린아이일수록 주위에 떠도는 강한 냄새에 대단히 민감하게 반응합니다. 한창 자라는 시기의 아이들에게 주위의 냄새는 아이의 생명체에 흡수되고 물질체의 형성에도 영향을 미칩니다. 만일 주위에서 좋은 냄새가 난다면 아이의 온몸은 그 냄새에 반응하여 감각을 열어 놓으려 할 것입니다. 반대로 유아기에 화학적이고 인공적인 악취에 자주 노출되면 아이는 자신의 감각을 닫아 버릴지도 모릅

---

2) 루돌프 슈타이너, **인간에 대한 보편적인 앎** : 185-186. 슈타이너는 이를 두고 우리의 눈이 오이리트미를 한다고 표현합니다. 사지를 이용해 형상을 표현하는 것처럼 시각은 운동 감각을 통해 사물의 형태를 파악합니다. 만약 파악이 안 되면 그 대상은 무의미한 것, 알 수 없는 것이 됩니다.

니다. 그로 인해 자기를 둘러싼 세계에 대해 신뢰를 잃어버리고 마음을 열지 못할 수도 있습니다.

그러나 냄새와 느낌의 관계가 원래부터 정해져 있는 것은 아닙니다[3] 예를 들어, 청국장의 냄새를 부정적으로 느끼는 아이는 그 냄새가 본래 거북스럽다기보다 그 음식을 꺼리는 부모에게 영향을 받았을 가능성이 큽니다. 소똥 냄새를 피하는 아이 역시 시골에서 살아 본 적이 없기 때문일 것입니다. 물론 강한 향수나 방향제는 후각의 발달을 방해합니다. 아이들 주변에는 늘 자연의 향기가 은은하게 존재하는 것이 좋습니다. 아이들에게 간식이나 식사를 내놓을 때는 각각의 재료가 풍기는 맛있는 냄새를 즐길 수 있도록 합니다. 아이들은 이런 냄새에 반응하여 마음을 열 것입니다.


## 2) 미각

미각은 외부 자극을 받아들일 때 후각보다 덜 직접적입니다. 개방되어 있는 코와 달리 입은 스스로를 보호할 수 있습니다. 미각은 후각과 달리 개인적 의지에 따라 열고 닫을 수 있습니다. 또 후각은 외부 자극을 변화시킬 힘이 없지만, 미각은 외부에서 받아들인 자극들을 적극적으로 변화시킬 수 있다는 특징이 있습니다. 강한 반감으로 입안에 들어온 물질을 뱉어 낼 수도 있습니다.

음식물의 소화는 입안에서부터 시작됩니다. 음식을 씹고 삼킬 때 우리는 미각을 통해서 물질과 자신을 하나로 연결시키는 과정

---

3) 볼프강 아우어, **감각을 깨우다** : 46.

을 시작합니다. 혀는 음식의 다양한 성질을 맛보게끔 구성되어 있고, 맛의 여러 성질들은 우리 몸에 각기 다른 영향을 미치게 됩니다. 짠맛은 지나치게 꿈꾸는 듯한 아이를 일깨우고, 단맛은 우울질의 아이에게 행복한 기분을 줍니다. 쓴맛은 동기가 부족한 아이의 의지를 일깨우는 데 효과적일 것입니다.

아이들을 위해서 가급적 유기농으로 재배한 과일과 식재료를 사용하는 것이 좋습니다. 어른의 기호에 맞춰 변형시킨 것이 아닌 자연 그대로의 상태로 아이에게 다양한 맛을 보게 하면 아이의 미각을 건강하게 발달시킬 수 있습니다. 반면 소금이나 설탕, 화학조미료 등을 과도하게 사용하면 몸의 자연스러운 요구와 우리의 미각 사이에 존재하는 관계를 파괴하게 됩니다. 마찬가지로 아주 어린 시절부터 아이스크림이나 청량음료, 사탕처럼 너무 단 음식에 길들여지면, 아이는 맛에 대한 방향성을 잃어버리고 다양한 맛의 세계를 경험하지 못하게 됩니다.[4]

평화로운 식탁 분위기를 만드는 일도 아이들의 미각을 보호하는 일입니다. 유치원의 경우 아이들과 함께 음식을 만들고 예의 바르게 식사하는 법을 배운다면 아주 이상적일 것입니다.[5]

이 음식을 내어 준 땅과

익혀 준 하늘과

우리를 이 자리에 있게 해 주신

---

4) 볼프강 아우어, **감각을 깨우다** : 42.
5) 미하엘 카스너, 유아교육 현장에서의 영양, **발도르프 유아교육** : 251-252.

모든 분들께 감사드립니다.[6]

## 3) 시각

시각은 후각이나 미각과 달리 태아의 발생 과정 중 그 유래가 뇌에서 출발합니다.[7] 이를 통해 우리는 시각이 사고에 가까운 감각임을 알 수 있습니다. 후각이 감정과 함께 의지에 긴밀하게 관계되고, 미각이 그 은밀한 성격으로 인간의 내적 감정과 연관된다면, 시각은 인간의 사고 작용에 중요한 역할을 하는 감각입니다. 시각이 인간의 사고 능력과 연관된다는 것을 알 수 있는 가장 좋은 예는 착시 현상입니다. 본능에 따라 움직이는 동물에게는 착시 현상이 존재할 수 없습니다. 잘못 본다는 것 자체가 판단 능력이 끼어들었다는 뜻입니다. 그러나 시각은 인지 감각이 아니라 정서 감각에 속합니다. 우리는 사물의 색채를 바라볼 때 다양한 감정을 느끼게 됩니다. 색은 우리의 내적 감정에 말을 겁니다.

시각을 통해 우리는 빛과 어둠, 색을 경험합니다. 인간은 실제로 지각하는 대상의 색을 내적으로 변형시키고 내면에서는 그것의 보색을 경험합니다. 아이들의 경우 이 내적인 색채의 경험이 훨씬 강하기 때문에 색을 일종의 치료 수단으로 사용할 수 있습니다. 무기력하고 위축된 아이에게 파란색 옷을 입히면 파랑의 보색인 주황의

---

6) 이 시는 글쓴이가 발도르프 학교의 식사 기도 중 하나를 짧게 고쳐 아이들과 사용했던 것입니다.

7) 알베르트 수스만, **영혼을 깨우는 12감각** : 156-157. 대부분의 감각 기관은 신체의 한 표면이 변화 발달하여 뇌의 기능과 연결됩니다. 이와 달리 시각은 호기심에 찬 뇌가 바깥세상을 향해 뻗어 나온 듯한 형상입니다.

활발함을 내적으로 느낄 수 있습니다. 지나치게 활발한 아이에게 빨강을 입히면 그 보색인 초록의 차분함을 느끼게 됩니다.[8]

어린아이들의 교실에는 가급적 벽에 그림과 포스터 등을 많이 장식해 놓지 않습니다. 어떤 벽은 아무것도 걸린 것 없이 텅 비어 있는 게 좋은데, 여기서 우리의 시각은 자극적인 이미지들로부터 자유로워져서 나름대로 쉴 수 있는 것입니다. 아이가 하게 되는 내적인 색의 경험은 가능하면 참되고 순수해야 합니다. 눈에 거슬리거나 자극적인 색을 사용하지 않도록 주의하고, 어린아이 방의 경우 벽은 부드러운 복숭아색으로 칠해 주면 좋습니다. 또 인공적인 광선보다는 얇고 투명한 커튼을 통해서 부드럽게 걸러진 자연광을 느낄 수 있도록 환경을 구성해 주는 게 좋습니다. 발도르프 학교에서는 1학년부터 12학년까지의 교실 벽이 자연스럽게 빨강에서 보라로 변해 갑니다.[9]

건강한 시각 발달을 돕기 위한 활동으로 습식수채화를 할 수 있습니다. 도화지를 미리 물에 적시고 수채화 물감으로 그림을 그리면 아이들은 색을 통과해서 나오는 빛을 경험할 수 있습니다. 색깔이 있는 비단 천이나 면으로 된 천들로 꾸민 인형극 무대 또한 아이들이 접하는 색깔 경험의 질을 높여 주는 역할을 하게 됩니다. 나이가 어린 때일수록 TV나 인터넷 등의 과도한 시각적 자극에 노출되지

---

8) 바바라 J. 패터슨·파멜라 브래들리, **무지개 다리 너머** : 125-126.

9) "1학년의 힘찬 빨간색으로부터 점점 더 색이 부드러워져 4학년 때는 오렌지색이 되고 그것에 점점 더 노란색이 많이 섞이게 되어, 7학년의 순수 노란색으로부터 8학년 때는 초록색으로, 9·10학년의 푸른색 톤은 결국 11·12학년에서 보라색으로 넘어간다. 이런 식으로 교실의 벽 색깔은 의지가 강한 1학년생으로부터(빨간색) '초록색'의 사춘기를 거쳐, 보라색으로 그 정신적 성숙이 표현되는 젊은 성인으로 발전을 반영한다." 마리엘레 자이츠·우르슐라 할바흐, **몬테소리 교육학과 발도르프 교육학** : 174.

않도록 하는 일도 시각을 보호하는 중요한 일입니다.

## 4) 온각

열 감각이라고도 하는 온각은 인간에게 가장 먼저 발달한 감각으로 다른 감각 기관들이 작용하기 위해 기본적으로 필요한 감각입니다. 온각은 그 속성상 따뜻함과 차가움, 즉 온기와 냉기를 느끼는 두 부분으로 이루어집니다. 따뜻한 곳에서 우리의 몸은 이완되고 긴장이 풀리는 반면, 차가운 곳에서는 긴장되고 근육이 수축됩니다. 정온 동물인 우리는 외부 온도에 적응하여 체온이 조절되지 않으면 병이 납니다. 만일 온각이 없었다면 인간은 생존 자체가 불가능했을 것입니다. 우리는 적극적으로 온도 변화에 대응합니다. 날씨가 추워지면 두툼한 옷을 입고 난방을 합니다. 반대로 더워지면 땀을 흘리며 차가운 물을 찾거나 부채와 선풍기로 땀을 식힙니다.

온몸에 분포되어 있는 온각은 사물의 본질에 가장 가까운 감각입니다. 이 앞에 따뜻한 차가 담긴 주전자와 컵이 놓여 있다 해도, 우리는 그것을 만지거나 마시지 않을 수 있습니다. 그러나 그 주전자와 컵에서 전달되는 따뜻한 온기를 막을 수는 없습니다. 우리의 의지나 감정과는 상관없이 그 사물 자체가 우리에게 그의 존재를 알리는 것입니다. 이렇게 열은 원칙적으로 모든 물질을 통과합니다.[10] 우주의 생성에서도 열은 빛보다 앞섭니다. 현대 과학자들은 우주가 엄청나게 높은 온도와 밀도의 특이점에서 시작했다고 봄

---

10) 알베르트 수스만, **영혼을 깨우는 12감각** : 181.

니다. 태초에 빛이 있기 이전에 열이 있었던 것입니다. 태양 역시 열에서 빛이 방출됩니다.

우리는 물리적인 더위와 추위뿐만 아니라 다른 사람이 우리를 향해 보내는 영혼의 따뜻함과 차가움 역시 경험합니다. 우리가 누군가와 만나 관계를 맺을 때 영혼의 따뜻함을 느끼면 마음의 문을 활짝 열게 됩니다. 그렇게 온각은 영혼으로부터 오는 반응을 느끼는 것에까지 확장됩니다. 어린아이는 어른보다 주위 사람들이 보이는 영혼의 반응에 더욱 민감하기 때문에 영혼의 온기를 지닌 어른이 따스하게 보살펴 줘야 합니다. 아이들이 몸을 따뜻하게 유지하도록 교사나 부모가 돌봐 주는 일만큼 영혼의 따뜻함이 공동체 전체에 많이 오갈 수 있도록 노력해야 합니다.

상위 감각은 정신 감각이며 인지 감각이기도 합니다. 인지 감각은 언어 및 사고 체계와 연결되어 정신 영역을 관장합니다. 정신의 영역은 개인의 쾌/불쾌, 호/불호의 감정을 넘어 외부 세계 그 자체가 우리에게 말하는 영역입니다. 이를 가능하게 하는 것은 인간에게 고차적인 능력이 있기 때문이고, 이러한 능력은 사고를 통해 형성됩니다. 사고 능력은 우리의 감각 속에 기반이 마련되어 있습니다. 귀를 통해 듣는 소리는 언어를 이해할 수 있게 해 줍니다. 그 결과 사고를 할 수 있으며, 사고를 통해 우리는 개념의 세계를 경험합니다.

상위 감각은 사회적 감각이기도 합니다. 하위 감각이 우리 자신의 신체에 집중되어 있고, 중위 감각이 개인적인 영혼 차원에 머물러 있다면, 상위 감각으로 인해 우리는 인간적인 관계를 형성하며 타인의 내면을 이해할 수 있습니다. 아이들은 이 고차적 감각들을 통해 사회성을 길러 갑니다. 교육이 한 인간을 인간적으로 만나는 작업이라고 할 때, 교사는 올바른 자아 감각을 지녀야 하며 늘 깨어 있어야 합니다. 자아체가 탄생하는 21세까지 아이들이 가장 영향을 많이 받는 것은 교사의 자아이기 때문입니다.

## 1) 청각

청각은 영혼을 넘어 정신의 영역에 속하는 감각입니다. 소리를 들을 수 있는 것은 진동하는 음파가 귀에 닿았기 때문이지만 우리가 궁극적으로 인식하는 것은 음향과 음정입니다. 다시 말해, 소리를 인식하기 위해서는 귀로 지각한 물리적 자극을 의식에서 지우고 더욱 심오한 차원으로 내면화해야 합니다. 우리가 남의 말에 귀를 기울인다는 것은 육체적인 차원을 넘어서서 정신적 차원에서 타인에게 몰입하는 행위입니다. 청각을 통해 우리는 서로의 소리를 들으며 관계를 형성해 나갑니다.[1] 인간이 사회적인 존재가 된 것은 청각이 있기 때문입니다.

소리에는 우리가 일반적으로 생각하는 것과 다른 신비로움이 있습니다. 어떤 물체에서 소리가 나기 위해서는 진동이 필요합니다. 그런데 이 진동은 지상의 물체로부터 해방되어 분리될 때 일어나는 것으로 우주를 향해 나아갑니다. 우리가 어떤 소리를 잘 듣기 위해

---

1) 알베르트 수스만, **영혼을 깨우는 12감각** : 241.

서는 자기 자신과 거리를 두고 그 대상에 몰입해야 합니다. 지상에서 분리된 소리는 우리가 스스로를 초월해야 진정으로 들을 수 있습니다. 따라서 청각은 인간 내부에서 벗어나 대상 자체로 향하는 정신의 속성을 지닙니다.

소리는 그렇게 우리에게 깊은 인상을 주지만, 아이들은 자기 주위에서 들리는 거슬리는 소리들을 막아 낼 능력이 없습니다. 개념적 사고에 익숙한 어른은 선별적으로 소리를 들을 수 있습니다. 개념이 자아를 보호해 주는 것입니다. 그에 비해 아이들은 온갖 소리들에 무방비 상태입니다. 어린아이일수록 라디오나 텔레비전, 컴퓨터 같은 기기들에서 나오는 전자음에 쉽게 노출됩니다. 이것은 아이들의 주의력을 분산시키고, 놀이나 학습에 집중하는 능력을 약화시킬 수 있습니다.

더구나 자신을 초월해 타인의 존재를 체험하는 것이 청각이므로 녹음된 소리는 청각의 발달을 도와줄 수 없습니다. 교실에서 아이들은 교사와 친구들의 육성을 듣고 싶어 합니다. 멀티미디어를 활용한 수업은 아이들의 청각에 좋지 않은 영향을 끼칠 수밖에 없습니다. 교사는 되도록 부드럽고 정확한 목소리로 이야기해야 하며, 녹음된 음악을 사용하지 않는 것이 좋습니다. 여럿이 화음을 넣어 노래를 부르는 합창 활동이 아이들에게 큰 도움이 될 것입니다.[2]

---

2) 김현경, **창의적인 아이로 키우는 발도르프 음악교육**, 물병자리, 2013 : 86.

## 2) 언어 감각

언어 감각은 다른 사람의 말을 알아듣는 감각입니다. 우리가 언어를 듣는 것은 단순히 소리를 듣는 것보다 고차적인 일입니다. 언어를 인지하게 되는 과정을 살펴보면, 우선 소리를 듣기 위해 음파를 지웁니다. 언어의 성조를 지각하기 위해 음계를 지우고 다시 언어의 모든 음악적인 요소를 지워야만 언어의 내용을 인식하게 됩니다.[3] 우리가 하나의 언어를 이해하기 위해 몰입할 때는 자신의 존재나 감정을 완전히 배제하고 개인적 차원을 넘어 정신적 차원으로 나아가게 됩니다. 이때 모음과 자음은 지상의 악기와는 차원이 다른 정신의 악기이며, 모음이 자음보다 언제나 더 정신적입니다.

다시 말해, 언어 감각은 언어가 작용하는 방식을 파악하게 해 주고, 단어와 문장이 어떻게 구성되는지, 소리와 단어들의 순서로부터 어떻게 의미가 파생되는지, 깊은 생각과 감정을 표현하기 위해서 단어들을 어떻게 사용할 수 있는지를 알게 해 줍니다. 그 다음 감각인 사고 감각은 다른 사람이 '단어들 너머로' 전하고자 하는 의미가 무엇인지를 인식할 수 있는 능력을 부여해 줍니다. 이 감각을 통해서 우리는 말소리가 불러일으키는 정서들로 세계를 지각하게 되는 것입니다. 이와 같이 언어 감각은 사회를 이해할 수 있게 해 주는 핵심 요소입니다. 그래서 언어 감각을 교제 감각, 또는 사교 감각이라고 할 수 있습니다.

운율이 맞는 시나 전래 동요를 되풀이해서 들려주게 되면 아이가 단어와 리듬 속에서 즐거움을 발견하며 말의 명확성과 언어에 대

---

3) 알베르트 수스만, **영혼을 깨우는 12감각** : 256.

한 진정한 느낌을 얻는 데 도움이 될 것입니다. 부모가 들려주는 노래와 옛이야기를 많이 듣고 자란 아이는 학교에서 언어적인 재능을 보여 줄 것입니다. 발도르프 유치원과 학교에서는 언어를 예술적으로 사용하는 일이 아주 중요한 부분을 차지합니다. 교사는 풍부한 언어적 그림들을 사용해 아이들에게 이야기를 들려줍니다. 외국어를 가르칠 때도 마찬가지입니다. 좀 더 큰 아이들을 위해서는 간단한 대화와 이야기를 따라 하면서 자주 외우게 하는 것이 좋습니다. 이런 작업을 통해 낯선 외국어는 무의식으로 들어가 언어 감각을 형성합니다.[4]

## 3) 사고 감각

사고 감각은 자신의 사고를 지각하는 것이 아니라 타인의 사고를 지각하기 위한 것입니다. 이 감각을 통해서 우리는 다른 사람의 생각에 참여할 수 있게 됩니다. 사고 감각은 우리가 언어의 한계를 넘어서 서로 연결될 수 있게 해 줍니다. 또한 다른 사람들의 생각과 개념 속에서 살아갈 수 있도록 길잡이 노릇을 해 주며, 사람들이 말을 통해 열심히 표현하고자 하는 바를 이해할 수 있도록 해 줍니다.

다른 사람의 사고를 지각하기 위해 언어는 필수적이긴 하지만 절대적이지는 않습니다. 언어는 단지 사고의 매개체일 뿐이며, 사고 속에 존재하는 개념들은 언어보다 높은 차원의 의식입니다. 언어를

---

4) 에르하르트 달, **어떻게 외국어를 배우는가?**, 이정희·한우근 옮김, 아르케, 2004 : 49.

초월한 개념의 세계에 도달할 때 비로소 다른 사람의 생각을 이해할 수 있습니다. 이때의 '개념'이란 슈타이너가 말하는 정신적 실체에 가장 가까운 의미입니다. 개별 음성과 언어 형식을 넘어선 개념은 순수 사고의 실체입니다.

개념의 세계는 인간의 육체적인 상태와는 전혀 무관합니다. 현기증이 심하다고 해서 중력의 작용이 멈추는 것은 아닙니다. 누군가가 설명하는 개념 세계의 참과 거짓이 그 설명을 듣는 사람의 몸 상태에 따라서 달라질 수는 없습니다. 그래서 사고 감각은 끊임없이 몸의 상태를 감지하는 생명 감각과 무관합니다. 영원불변하는 진리의 세계에 도달하기 위해 우리는 생명 감각의 작용을 의식해서는 안 됩니다. 역설적으로 사고 감각에 몰두하기 위해서는 생명 감각이 잘 발달되어야 합니다.[5]

사고 감각은 직접 생각하는 일의 어려움 속에서 길러지는 것이므로 이따금 아이들에게 어렵게 느껴지는 질문도 던져야 합니다. 쉽게 답을 주지 않고 스스로 궁리할 수 있는 시간을 주는 것도 좋습니다. 마찬가지로 아이들은 배고픈 것도 참을 줄 알고, 하고 싶은 것도 억누를 줄 아는 경험이 필요합니다. 인내심을 갖고 끝까지 해내는 일을 경험하는 것이 사고 감각을 고양시켜 주기 때문입니다.


## 4) 자아 감각

자아 감각은 나와 관계하는 타인도 나와 똑같은 자아의 존재이

---

5) 알베르트 수스만, **영혼을 깨우는 12감각** : 264-265.

고, 하나의 독립된 개체임을 인식하게 합니다. 슈타이너는 자신의 자아를 지각하는 것과 타인의 자아를 지각하는 것이 전적으로 다른 일이라고 말합니다. 타인의 자아를 지각하는 것은 '호감-반감'이 상호작용하는 것입니다. 호감 속에서 타인의 존재가 나에게 강력하게 들어오고, 반감 속에서 저항을 하는 과정이 반복됩니다. 사회성과 반사회성의 반복이라고 표현할 수도 있습니다. 호감이 형성되는 동안에 '나'는 타인 속으로 잠이 들고, 반감이 형성되는 동안에 '나'는 깨어나게 됩니다.

좀 더 설명하자면, 우리가 누군가를 대할 때 상대방이 나에게 인상을 남기면 이 인상이 내면에서 나를 방해합니다. 마치 공격을 받는 듯한 인상이므로 내적으로 방어를 합니다. 이 공격에 대항해 호전적으로 상대방을 대하면 나는 그에게 인상을 남기는 것입니다. 이 호전적인 상태가 무기력해지면 상대방은 나에게 다시 인상을 줄 수 있습니다.[6] 이것이 바로 타인을 '자아'로 지각하면서 대면하는 경우에 성립되는 관계라고 슈타이너는 말합니다. 호감-반감으로 영혼이 진동하는 과정입니다. 이것은 호감과 반감을 넘어 공감<sup>Empathie</sup>으로 나아가야 합니다.

이러한 심리적 작용은 식물이나 동물에게는 없는, 인간만이 가지는 고유한 것입니다. 자아는 오로지 인간의 영역이기 때문입니다. 자아 감각은 타인의 음성과 언어, 그리고 개념을 넘어 상대방이 말하는 것이 얼마나 그 스스로에게 내면화되고 체화되어 '자아화'했는지를 파악하게 해 줍니다. 어린아이들은 무의식적으로 그것을 파악합니다. 자아 감각이 제대로 발달되지 않은 사람은 지금 만나고

---

6) 루돌프 슈타이너, **인간에 대한 보편적인 앎** : 181.

있는 사람의 자아를 쉽게 무시하거나 상대방의 자아에 매몰되어 자신의 자아를 잃어버리기도 합니다.

가장 상위의 감각인 자아 감각은 신체 감각의 첫 번째인 촉각과 밀접한 연관이 있습니다. 촉각은 나와 세계와의 경계를 설정하는 감각입니다. 다른 사람과 물건, 그리고 세계에 대비된 나에 대한 기준이 명확하게 성립된 이후에야 타인의 자아를 올바로 파악할 수 있는 것입니다. 따라서 아기는 어른이 자주 안아 주고 만져 주는 스킨십과 말을 걸어 주는 경험을 통해 다른 사람과 내적인 상호작용을 할 수 있게 됩니다. 또한 자아 감각이 발달해 가면서 다른 사람의 개성 역시 느낄 수 있게 됩니다.

어린아이들은 아직 자아가 강하게 발달하지 않았기 때문에 타인의 자아의 긍정적인 측면뿐만 아니라 부정적인 측면도 흡수해 버립니다. 따라서 아이의 주변에 있는 어른들은 인격적으로 올바른 소양을 갖춰야 합니다. 아이들 앞에서는 더욱 올바르게 말하고 행동하며, 생각도 진실하게 해야 합니다.

슈타이너는 어린 시절에 촉각과 같은 하위 감각을 키우는 일의 중요성을 특히 강조합니다. 왜냐하면 하위 감각은 사회적인 관계성을 형성하는 상위 감각의 기초가 되기 때문입니다. 촉각이 잘 형성되면 자아 감각이 튼튼해져서 자존감이 강해지고 타인과의 관계 형성을 원활하게 할 수 있습니다. 자기와 타인의 경계를 넘나들어 공감을 할 수 있게 하는 자아 감각을 형성하기 위해 청각, 언어 감각, 사고 감각이 모두 필요한데 인지 감각은 의지 감각이 없이는 형성될 수 없는 감각입니다.

# 감각론과 치유 교육

감각의 사전적 정의는 '감각 기관을 통해 바깥의 어떤 자극을 알아차리는 능력'입니다. 이때의 자극이란 물질적인 세계에 한정되지 않습니다. 다시 말해, 물질적 자극 이외의 자극에도 인간의 감각은 반응하고 알아차립니다. 인간은 신체적 존재만이 아니라 영혼과 정신의 존재이기도 한 까닭입니다. 따라서 부모와 교사는 아이들에게 신체·영혼·정신적으로 올바른 자극을 주는 환경을 만들어 줘야 합니다 아이들의 감각 발달에 해로운 영향을 주는 자극을 차단하고 제거하는 일도 필요합니다. 많은 경우 아이들은 어린 시절 잘못된 자극에 의해 감각이 손상된 채로 학교에 옵니다. 교사는 아이들의 손상된 감각을 치유하는 일에 관심을 기울여야 합니다.

이때 기억해야 할 것은 모든 예술 활동이 치유적 성격을 띤다는 것입니다.[1] 아이들은 노래와 악기 연주, 시 암송과 리듬 활동, 연극, 그리고 조소와 회화 등 예술 작업을 통해 본래의 온전함을 회복합니다. 처음에는 잘 알아차리지 못했거나 미숙했던 활동이 반복을 통해 발전해 갑니다. 발도르프 학교의 수업은 이러한 예술 활동을 기반으로 합니다. 수업 방식뿐만 아니라 교육과정, 시간표, 교실 공간 등도 예술적으로 고려됩니다. 그러나 특별한 어려움이 있는 아이들에게는 단순한 예술 활동 그 이상의 것이 필요합니다. 치유 교육은 어려움을 가진 아이들의 약화된 감각 능력을 훈련하고 강화하여 개별화시키는 데에 그 목적이 있습니다.[2] 개별화된 감각 능력으로부터 건강한 자아가 형성됩니다. 특히 교육적 치유에서는 아이들의 하위 감각이 절대적으로 중요합니다.

촉각은 인간의 가장 기초적인 감각이자, 외부 세계와 물질적인 관계를 맺는 첫 관문입니다. 촉각을 통해 아이들은 자기 자신을 느끼고 바깥세상과 타인을 느낍니다. 피부를 통해 세상을 만나고 자기 자신을 확인하는 것입니다. 만일 촉각 경험이 부족하다면 세상은 물론 자기 자신도 느끼지 못하게 될 것입니다. 어디까지가 나이고 어디까지가 남인지 알 수 없는 상태가 됩니다. 무관심에 따른 방치나 폭력적인 자극은 아이의 촉각 경험을 왜곡시킵니다.

아기는 엄마의 뱃속에서 편안히 머물다가 물질적인 몸이 충분히 성장하면 세상에 태어납니다. 태어난 직후 엄마로부터 만져지고 안기는 것은 아기에게 대단히 중요합니다. 세상에 처음 나온 아기는 새로운 환경에 압도되면서 다시 엄마의 뱃속으로 돌아가고 싶어지

1) [에바 미스-크리스텔러, **인지학 예술치료**, 정정순·정여주 옮김, 학지사, 2004] 참고.
2) G. V. 아르님, 서문, 칼 쾨니히, **치료교육과 R. 슈타이너의 감각론**, 정정순 옮김, 특수교육, 2003 : 7.

기 때문입니다. 엄마와의 분리가 아기에게는 불안을 가져다줍니다. 이때 엄마와의 따뜻하고 안정된 피부 접촉을 통해 아기는 세상이 안전하고 좋은 곳임을 느낍니다. 세상에 대한 신뢰가 형성되는 것입니다.[3]

아기가 세상에 처음 나왔을 때 우리는 부드럽고 얇은 천으로 아기를 감싸 줍니다. 그러면 아기는 엄마의 자궁에 있을 때처럼 안정되고 편안해집니다. 아기를 꼭 싸 주는 또 다른 이유는 이 체험을 통해 자기 몸이 어디에서 끝나는지, 그리고 세상이 어디에서부터 시작되는지 그 경계를 아기가 느낄 수 있기 때문입니다. 큰 아이들 중에도 경계감 없이 날뛰거나 과잉 행동을 하는 경우에 이불로 꼭 감싸 주는 놀이를 하면 아주 좋습니다. 마사지를 해 주는 것도 좋은 방법인데, 만약 아이가 싫어한다면 전신 마사지보다 발 마사지를 해 줍니다. 대부분의 아이들이 발 마사지는 편안하게 받아들입니다.[4]

아이들은 촉각을 통해 세상과 관계를 맺어 갑니다. 무언가를 만진다는 것은 표면적인 느낌에서 끝나지 않습니다. 표면 너머에 있는 어떤 본질에 대해 이해하고자 하는 행위입니다. 어른들은 머리로 생각하며 세상을 이해하려 하지만 아이들은 온몸으로 부딪혀 보고 만져 보면서 세상을 이해해 갑니다. 사물에 내재된 본질을 아

---

3) 그러나 현대 사회에서는 출산 후 산모가 아기와 안정된 시간을 보내도록 배려하기보다 아기를 낳자마자 분리시켜 놓습니다. 한동안 엄마는 유리창 바깥에서 아기를 바라봐야 합니다. 사실 병원에서 하는 출산 자체가 엄마에게도 아기에게도 결코 유쾌한 경험은 아닐 것입니다. 자연주의 출산에 관심이 있는 분이라면《자연주의 출산 보고서 : 1%의 선택, 행복한 출산의 권리》를 권합니다. SBS 스페셜 〈아기, 어떻게 낳을까 - 자연주의 출산이야기〉를 책으로 만든 것으로, 한국의 병원 출산 시스템의 문제점, 한국, 미국, 일본 등 자연 출산 전문가들의 조언(인터뷰), 실제 엄마들의 생생한 자연 출산 경험담이 담겨 있습니다.
4) 제니나 파파스, **청계자유발도르프학교 외부 초청강사 강연록 - 제니나**, 2010 : 21.

이들은 촉각을 통해 직관적으로 느낍니다. 이러한 느낌이 없다면 아이들은 세상과 연결될 수도, 세상을 신뢰할 수도 없을 것입니다. 슈타이너는 이것을 '신성한 감각Gottgefühl[5]'이라고 불렀습니다. 이 '신성한 감각'이 방해를 받을 때 불안 증세가 나타납니다.

전통 사회에서 그토록 중시되던 촉각의 의미가 다시 부각된 건 극히 최근입니다. 촉각은 피부에 있는 것이므로 촉각 경험이 부족한 아이들이 힘들 때면 온몸의 피부를 통해서 불안 증세를 나타냅니다. 몸이 떨리고 식은땀이 나고 머리카락이 곤두서며 소름이 돋습니다. 급기야 안절부절 가만히 있지 못하고 몸을 움직입니다. 만약 불안 증세가 심한 아이가 사랑이 없는 비인간적 환경에서 자라거나 능력에 걸맞지 않은 과중한 학습에 시달린다면 공격적이고 폭력적인 행동으로 불안의 고통에서 벗어나려고 할 것입니다. 실제로 폭력적인 범죄를 저지르는 성인의 상당수가 어린 시절 촉각 경험이 상당히 부족했음을 밝혀낸 연구도 있습니다.[6] 촉각의 미발달은 자아 감각의 미숙으로 이어지며, 미숙한 자아 감각은 타인의 자아를 느끼지 못하게 합니다. 그런 사람은 다른 사람에게도 자아가 있고 존중받아야 한다는 사실을 알지 못합니다.

안절부절못하는 아이는 자신의 온전치 못한 생명 감각을 느끼지 않으려고 끊임없이 움직입니다. 아이가 회피하려고 하는 것은 두려움과 부끄러움입니다. 촉각의 그늘에 불안이 있다면 생명 감각의 이면에는 공포와 수치심이 있습니다. 생명 감각은 우리 안의 생명력과 관련되어 있고, 컨디션이 좋을 때는 잘 느껴지지 않습니다. 무언

---

5) 칼 쾨니히, **치료교육과 R. 슈타이너의 감각론**, 2003 : 42.
6) 라히마 볼드윈 댄시, **당신은 당신 아이의 첫 번째 선생님입니다** : 104.

가 정상이 아닐 때, 예를 들어 손가락을 칼에 베었을 때 비로소 나에게 손가락이 있음을 느끼는 것처럼 우리는 몸이 비정상적일 때 생명 감각을 감지합니다.[7] 불쾌감, 불만족, 쾌적하지 않은 느낌은 안정된 생활 리듬이 깨질 때 나타납니다. 안정된 리듬 속에서 아이들은 어제의 나와 오늘의 나가 분절되지 않습니다. 따라서 어린아이들일수록 생활이 규칙적이고 반복적이어야 하며, 생명의 리듬에 따라야 합니다.

생명 감각은 사고 감각과 밀접한 관련을 갖습니다. 영유아 시기에 자율신경계가 발달하면서 생명 감각의 기관은 교감 신경의 기능으로 교체됩니다. 상위 부교감 신경, 즉 미주 신경은 사고 감각의 기관이 됩니다.[8] 교감 신경은 생명 감각과 중요한 관련을 맺는 감각 기관으로 수유기가 끝날 때까지 계속해서 형성됩니다. 태어나서 약 9개월이 지난 뒤 아기는 점차 신체 감각 기관에 눈을 뜨게 되며, 이후 사고 감각을 통해 언어 발달이 이루어집니다.

언어를 깨우쳐 감에 따라 상위 부교감 신경은 점차 사고 감각 기관으로 형성되기 때문에 아기가 세 살이 되면 사고할 수 있는 능력이 생깁니다. 이 기간에 교감 신경과 부교감 신경에 장애가 발생하면 생명 감각과 사고 감각은 그 형성이 지체되거나 지나치게 빨라

---

7) 물론 내적으로 쾌적한 기분을 통해 생명 감각을 느낄 때도 있습니다. 감기로 고생하다가 어느 날 푹 자고 일어나서 감기가 말끔히 나은 것을 느낄 때 우리는 생명 감각을 느낍니다. 칼 쾨니히, **치료교육과 R. 슈타이너의 감각론** : 52.

8) 교감 신경 : 호흡, 소화, 혈액 순환 등을 조절하는 신경으로 척추 양쪽에 있는 한 쌍의 줄기와 그에 딸린 여러 갈래로 이루어져 있습니다.
부교감 신경 : 교감 신경과는 반대 작용을 하는 자율 신경으로 역시 호흡, 소화, 혈액 순환의 조절에 기여합니다.
미주 신경 : 연수延髓에서 나온 열 번째 뇌신경으로 목, 가슴, 배 등에 분포하여 감각적 지각과 운동, 분비를 맡습니다.

집니다. 이런 아이들은 자기 몸을 올바르게 조절할 수 없고, 신체와 정신의 부조화로 인해 자폐 증세가 나타나기도 합니다. 신체와 정신이 통일되지 못해 자기 몸이 '나'의 것으로 느껴지지 않고 하나의 짐짝처럼 여겨집니다. 그런 아이들의 표정에서는 기쁨이나 명랑함을 찾아볼 수 없습니다. 하나같이 무표정하고 우울해 보입니다.

인간은 생명 감각을 통해 '몸이 있는 자신'을 경험하게 됩니다. 아이들은 세 살이 되어서야 자기 몸을 자기 자신과 동일시할 수 있습니다. '나는 내 몸'이라는 경험을 통해 아이들은 구체적 지식을 체득하게 되고, 그 지식을 바탕으로 확고한 개성이 형성됩니다. 그러나 위에 언급한 아이들은 이런 신체적 경험이 부족하기 때문에 불확실과 불안정의 심리가 형성되며, 자주 공포에 시달립니다.[9] 이런 아이들은 음식을 먹는 것도 종교적 의식을 치르듯 형식적이고, 음료수를 마실 때는 특이한 모양의 컵만을 고집하며, 꼭 정해진 자기 자리에만 앉습니다. 이런 경우 상당수 아이들이 지적 장애와 언어 장애를 겪습니다. 다른 사람의 이야기를 듣고 이해할 수는 있지만 언어 자체의 진정한 의미는 알아차리지 못합니다. 사람들 속에서 고립감을 느끼고 세상으로부터 쫓겨난 듯한 기분입니다. 교사는 이 아이들을 따뜻하게 안아 줘야 합니다. 반복되고 안정적인 경험과 함께 신체적이고 영혼적인 따뜻함이 매우 중요합니다. 동화를 자주 들려주는 것도 좋은 방법입니다.

운동 감각에 어려움이 있는 아이들은 세상이 너무 빨라서 거기에 어떻게 들어가 모방해야 할지를 모르는 상태입니다. 자주 넘어지고, 컵을 자꾸 떨어뜨리고, 공이 날아와도 잡거나 피하지 못해 그

---

9) 칼 쾨니히, **치료교육과 R. 슈타이너의 감각론** : 74-75.

대로 맞곤 합니다. 움직임을 예상할 수 없기 때문입니다. 다 같이 윤무를 돌 때도 방향을 따라가지 못해 반대 방향으로 돌거나 밖으로 나와 구경을 합니다. 아이들은 보통 운동 감각을 통해 기쁨을 느끼고 자유로운 영혼이 되었다고 느낍니다. 그러나 이 감각에 어려움이 있는 아이들은 자기 몸을 감당하지 못하며, 성장하면 방향 감각에 문제가 생깁니다. 물리적인 문제뿐만 아니라 영혼-정신적으로도 삶의 방향을 잃을 수 있습니다.

균형 감각은 항상 운동 감각과 연결되어 있습니다. 균형 감각이 있기에 우리의 자아는 몸속에서 흔들리지 않고 편안히 있는 것입니다. 균형이 깨지면 자아를 잃어버리게 되고, 멀미를 하게 됩니다. 우리가 차분하고 평화롭게 앉아 있거나 서 있을 수 있는 것은 균형 감각 덕분입니다. 운동 감각과 균형 감각에 심각한 어려움이 있는 아이들은 주변에서 일어나는 일에 참여할 수 없다고 느낍니다. 친구들이 하는 놀이나 대화에 잘 끼어들지 못하고 겉돕니다. 세상에서 벌어지는 일에 어떻게 참여해야 할지 모르기 때문에 따돌림당한다는 느낌을 받습니다. 실제로 따돌림 현상이 벌어지기도 합니다.

이런 아이들은 주변에서 일어나는 일을 내적으로 경험할 능력이 부족합니다. 활동이 지나치게 많은 유치원이나 학교를 다닌다면 부담감에 짓눌려 자다가 소리를 지를 수도 있습니다. 이 아이들을 바라볼 때 교사와 부모는 인내심, 자비심, 공감의 힘이 필요합니다. 아이들과 교감할 때 감정의 균형을 잡는 것도 중요합니다. 활동을 지시할 때는 단순하고 명확하게 설명하고, 차분하고 천천히 말해 주어야 합니다. 특별히 어려움을 느끼는 아이에게는 영아기로 돌아가 아이가 가지지 못했던 단계들을 다시 겪을 수 있도록 해 줘야 합니다. 리듬 활동을 통해 기어 다니기를 하는 것은 저학년뿐만 아니라 어려움을 가진 청소년들에게도 큰 도움이 됩니다. 물개나 도마뱀, 애벌레와 같은 동물의 움직임을 상상하며 놀이처럼 활동할 수 있습니다.[10]

  교육이 교사와 학생의 '만남'이라고 한다면, 교육의 첫 번째 과제는 아이들을 느끼고 이해하는 것입니다. 교사는 모든 감각을 동원해 한 아이를 느낄 수 있어야 합니다. 모든 감각을 열어 놓고 한 존재를 느끼는 것은 그 존재의 본질에 대해 알아 가는 첫 번째 과정입니다. 아이에게 부족한 것이 무엇이고 그로 인해 아이가 무엇을 요청하는지 느낄 수 있어야 합니다. 다음으로 필요한 것은 애정 어린 시선으로 바라보는 것입니다. 앞의 작업이 '감지'라면 두 번째 과제는 '관찰'입니다.[11] 진정한 관찰은 관심에 의해 촉발되며, 판단을 하지 않음으로써 가능합니다. 아이의 생김새뿐만 아니라 의식적, 무의식적인 행동을 올바르게 관찰한다면 우리는 그 아이에 대해 많은 것을 알게 됩니다. 아이가 지상에 내려와 육화하면서 겪게 된 장애를 알게 되고, 그 장애물들을 치워 줄 수 있는 방법에 대해서도 알게 됩니다.[12] 이때 교사는 아이와 정신적으로 연결되어야만 합니다. 다시 말해, 그 아이를 진정으로 사랑할 수 있어야 합니다.

---

10) 어드리 맥알렌, **발도르프 도움 수업** : 142-147.

11) [수잔 하워드, 하위 감각에 어려움이 있는 아이들을 어떻게 도와줄 것인가?, **2013 AWTC 자료집**, 2013] 참고.

12) 슈타이너는 유전적인 장애의 경우 우연히 벌어진 일이 아니라 업(카르마)에 따라 불가피하게 생긴 일이라고 말합니다. 교사는 아이가 왜 유전적인 힘에 의해서 병이 든 장기를 선택하는지, 다른 한편으로는 왜 아이가 불완전하게 발달한 개인성을 통해 그 신체로 들어서려고 하는지 이해해야 한다고 조언합니다. 아이의 전생에서 무엇이 이어져 온 것인지를 알아야 한다는 것입니다. 루돌프 슈타이너, **발도르프 특수 교육학 강의** : 33-35.

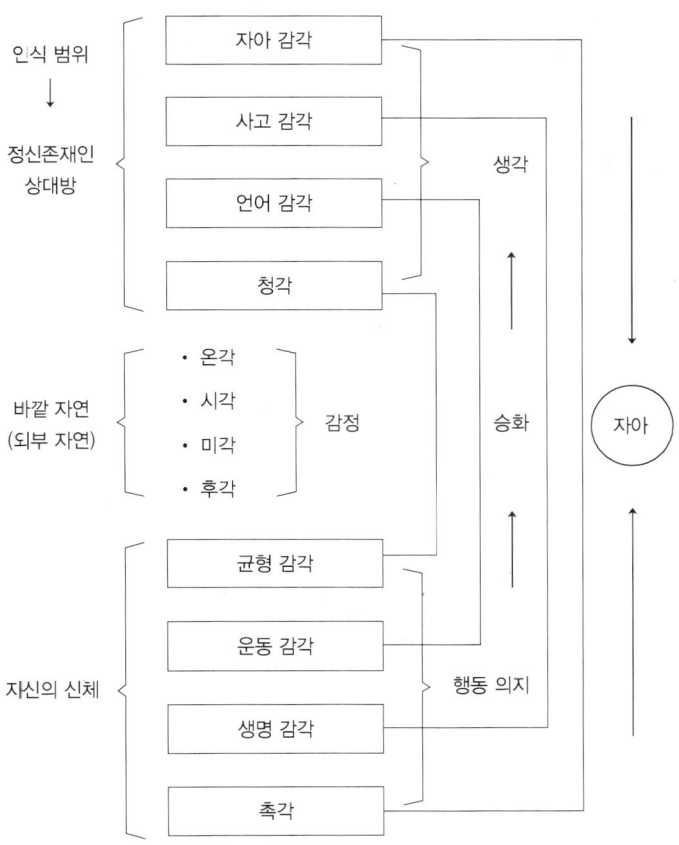

**〈12감각의 도식〉**[13]

인식 범위 → 정신존재인 상대방

자아 감각

사고 감각

언어 감각

청각

바깥 자연 (외부 자연)

• 온각
• 시각
• 미각
• 후각

감정

생각

승화

자아

자신의 신체

균형 감각

운동 감각

생명 감각

촉각

행동 의지

---

13) 르돌프 쿠츨리, **포르멘 I : 자아를 찾아가는 선그림 12단계**, 변종인 옮김, 해오름, 2004 : 127.

# 옛이야기와 인지학

옛이야기를 읽으면서 어린이는 즐거움을 느낄 뿐만 아니라 자신에 대해 많은 것을 깨닫게 되고 점점 성숙해진다. 옛이야기는 서로 다른 여러 차원의 의미를 지니며 다양한 방법으로 어린이의 삶을 풍요롭게 하기 때문에, 옛이야기만큼 어린이의 삶에 많은 기여를 할 수 있는 책은 없을 것이다.[1]

### 해와 달이 된 오누이[2]

옛날 어느 산골에 아주머니 한 분이 살았습니다. 집이 너무 가난해서 남의 집에 품을 팔아먹고 살았습니다. 아주머니에게는 젖먹이랑 어린 오누이가 있었는데 품 팔러 갈 적에는 집에 두고 갔습니다.

하루는 고개를 몇 개 넘어 잔칫집에서 방아품을 팔았습니다. 품 삯으로 떡을 받아 바구니에 이고 집으로 돌아오는데, 고개를 하나 넘어가니 호랑이가 떡하니 길을 막고 서 있었습니다.

---

1) 브루노 베텔하임, **옛이야기의 매력 1**, 김옥순·주옥 옮김, 시공주니어, 1998 : 25.
2) [김성민, **해와 달이 된 오누이**, 사계절, 2009]를 중심으로《한국구비문학대계》에 수록된 다양한 판본을 참고하여 원형에 가깝게 정리하고자 했습니다.

"아주머니, 아주머니, 떡 하나 주면 안 잡아먹지!"

"옛다, 떡 하나!"

"아주머니, 아주머니, 또 하나 주면 안 잡아먹지!"

"옛다, 또 하나!"

그렇게 고개를 넘을 때마다 떡을 한 개 주고 두 개 주고 다 줘 버렸습니다. 고개를 하나 넘어가니 호랑이가 또 길을 막고 서 있습니다.

"아주머니, 아주머니, 저고리 벗어 주면 안 잡아먹지!"

"옛다, 저고리!"

"아주머니, 아주머니, 치마 벗어 주면 안 잡아먹지!"

"옛다, 치마!"

그렇게 고개를 넘을 때마다 저고리도 주고 치마도 주고 다 줘 버렸습니다. 고개를 하나 넘어가니 호랑이가 또 길을 막고 서 있습니다

"아주머니, 아주머니, 팔 하나 주면 안 잡아먹지!"

"옛다, 팔 하나!"

"아주머니, 아주머니, 또 하나 주면 안 잡아먹지!"

"옛다, 또 하나!"

그렇게 팔을 한 개 주고 두 개 주고 다 줘 버렸습니다. 또 고개를 하나 넘어가니 이번에도 호랑이가 길을 막고 서 있습니다.

"아주머니, 아주머니, 다리 하나 주면 안 잡아먹지!"

"옛다, 다리 하나!"

"아주머니, 아주머니, 또 하나 주면 안 잡아먹지!"

"옛다, 또 하나!"

그렇게 다리를 한 개 주고 두 개 주고 다 줘 버렸습니다. 그러고는

데굴데굴 굴러가는데 또 호랑이가 나타나서는 아주머니를 한입에 덥석 잡아먹었습니다.

호랑이는 치마를 두르고 저고리를 입고 수건을 쓰고 함지를 이고 아주머니의 집으로 찾아갔습니다. 집 앞에 이르자 호랑이가 문을 마구 두드렸습니다.

"얘들아, 얘들아. 엄마 왔다. 문 좀 열어라!"

오누이가 들어 보니 걸걸한 게 엄마 목소리가 아니었습니다.

"아냐, 아냐. 우리 엄마 목소리가 아니야."

"찬바람을 쐬고 와서 목이 쉬어 그렇단다."

"그럼 문구멍으로 손 좀 디밀어 보우."

호랑이가 문구멍으로 손을 들이밀었습니다. 오누이가 만져 보니 꺼끌꺼끌한 게 엄마 손이 아니었습니다.

"아냐, 아냐. 우리 엄마 손이 아니야."

"떡방아를 찧느라 떡 반죽이 말라붙어 그렇단다. 엄마 추워 죽겠다. 어서 문 열어라!"

오누이가 그런가 하고 문을 열었습니다. 호랑이가 성큼 들어와 젖먹이를 안고 가서 잡아먹었습니다. 오도독 오도독 소리에 오누이가 물었습니다.

"엄마, 엄마, 뭘 그리 먹우?"

"잔칫집에서 콩 볶은 걸 얻어 와 먹지."

"우리도 주우."

"옛다!"

호랑이가 던져 준 것은 아기의 손가락이었습니다. 깜짝 놀란 오누이는 '아이쿠! 저게 엄마가 아니라 호랑이구나' 하였습니다. 그리고 오누이는 달아나려 꾀를 내었습니다.

"엄마, 엄마. 똥 마려워. 뒷간에 갈래."

"똥 마려우면 그냥 방에다 누어라."

"방에 구린내가 나면 어쩌려 그러우?"

"그럼 그냥 툇마루에다 누어라."

"엉덩이로 깔고 앉으면 어쩌려 그러우?"

"그럼 그냥 마당에다 누어라."

"지나다니다 밟으면 어쩌려 그러우?"

"그럼 그냥 뒷간에 가서 누어라."

그래서 오누이는 뒷간에 가는 척 밖으로 나와 우물가 큰 나무에 올라가 숨었습니다. 아무리 기다려도 오누이가 들어오지 않자 호랑이가 밖으로 쫓아 나갔습니다.

'이것들이 똥 누러 간다더니 어디로 사라졌나?'

여기저기 찾아봐도 아무 데도 없습니다. 우물 속에 숨었나 하고 들여다보니 오누이가 그 속에 있는 것이었습니다. 호랑이는 '저걸 조리로 건질까, 함박이로 건질까' 하다가 말했습니다.

"얘들아, 얘들아. 이리 나와라. 어서 나와라."

우물에 대고 외치는 꼴이 우스워서 오누이가 "하하하!", "호호호!" 웃었습니다. 그 소리를 듣고 호랑이가 오누이를 찾았습니다.

"얘들아, 얘들아. 어떻게 거길 올라갔니?"

"손에 발에 참기름을 바르고 올라왔지."

호랑이는 부엌에 들어가 손에 발에 참기름을 발랐습니다. 그리고 나무에 올라가니 쭈르르르 미끄러져서 올라갈 수가 없었습니다. 그 꼴을 보고 오누이가 깔깔 웃었습니다.

"하하하! 호호호! 아유, 우스워라. 도끼로 콕콕 찍으며 올라오면 될 텐데."

호랑이가 그 말을 듣고 도끼를 가지고 와 나무를 콕콕 찍으며 타고 올라갔습니다. 호랑이가 가까이 쫓아오니까 오누이는 더 높이 올라갔습니다. 그래도 자꾸자꾸 쫓아오니까 자꾸자꾸 올라가다 나무 꼭대기까지 왔습니다. 이제 조금 뒤에는 잡힐락 말락 합니다. 오누이가 하늘에다 빌었습니다.

"하늘님, 하늘님. 나를 살리려면 새 동아줄을 내려 주시고 나를 죽이려면 썩은 동아줄을 내려 주세요."

그랬더니 하늘에서 새 동아줄이 내려와서 오누이는 그걸 잡고 하늘로 올라갔습니다. 호랑이도 하늘에다 빌었습니다.

"하늘님, 하늘님. 나를 살리려면 새 동아줄을 내려 주시고 나를 죽이려면 썩은 동아줄을 내려 주시오."

그러니까 하늘에서 썩은 동아줄이 내려왔습니다. 호랑이는 그걸 잡고 하늘로 올라가다, 올라가다, 동아줄이 뚝 끊어져서 밑으로 떨어졌습니다. 떨어진 곳에 수수밭이 있었는데 "으아악! 쿵!" 수숫대 그루터기에 쿡쿡 찔려 죽었습니다. 그래서 수숫대가 지금도 빨갛습니다.

하늘로 올라간 오누이는 해와 달이 되었습니다. 밤길이 무서운 누이가 해가 되었고 오빠는 달이 되었습니다.


옛이야기를 싫어하는 아이는 아마 없을 것입니다. 아이들은 세상의 모든 이야기를 좋아하지만 특히 옛이야기를 좋아합니다. 수많은 상징과 비유가 마법처럼 숨어 있는 옛이야기에 어떤 매력이 있길래 한시도 가만있지 못하는 저 장난꾸러기들까지 숨죽인 채 귀를 기울이는 것일까요?

발도르프 학교의 저학년 아이들은 날마다 주요 수업이 끝날 즈음 옛이야기 선물을 하나씩 받습니다. 어쩌면 그 이야기를 듣기 위해 학교에 온 것처럼 아이들은 눈을 반짝이며 기쁜 마음으로 이야기를 즐깁니다. 우리나라의 전래 동화일 때도 있고 독일의 그림형제 이야기일 때도 있으며 세계 각국의 민담일 때도 있지만 아이들은 가리지 않습니다.

현대인의 상식으로 봤을 때 옛이야기에는 너무나 잔인하고 끔찍한 이야기, 허황되고 엉뚱한 이야기가 많습니다. 하지만 교훈을 좋아하는 어른이 볼 때 아무짝에도 쓸모없을 것 같은 이야기를 아이들은 무척이나 좋아합니다. 아이들은 아직 그림으로 사고하고 상상하기 때문에 끔찍해 보이는 내용도 상징처럼 받아들입니다. 파랑, 빨강, 노랑, 검정 등 색깔이나 향긋한 꽃향기, 매운 연기, 고린내 등의 냄새처럼 느낌으로 다가오는 것입니다. 그것은 마치 한바탕 꿈을 꾸는 것과 같습니다. 때로 악몽을 꾸기도 하지만 무서운 악몽 속에도 깊은 의미가 담겨 있는 법이어서 옛이야기를 듣고 난 아이들은 기분 좋게 포만감을 표시합니다. 대체 거기에 어떤 영양분이 있길래 그럴까요?

옛이야기는 단순하고 재미있는 형식에 그치는 것이 아니라, 그 속의 인물들이 우리의 삶과 영혼의 발전에 어떤 역할을 합니다. 진실한 이야기는 원형archetypes에 의지하는데 원형은 정신세계로부터 영감을 받기 때문입니다. 이를 통해 초감각적인 세계에 다시 연결될 수 있습니다. 옛이야기는 그렇게 아이들을 강하게 만들어 주고, 조화와 생명력을 불어넣어 줍니다.[3] 아쉽게도 현대에 와서 옛이야기는 그 원형이 많이 훼손되었습니다. 그림책이 널리 퍼지면서 이야기는 짧게 간추려졌고 삽화가 제시됨으로써 상상력의 범위가 축소되었습니다. 무엇보다 문제는 옛이야기에 담겨 있는 악과 잔혹함의 세

---

3) 모니카 골드, **상상력과 인지학**, 정흥섭 옮김, 푸른씨앗, 2012 : 10-17.

밀한 상징과 은유가 대부분 제거되었다는 데에 있습니다. 따라서 옛이야기일수록 그 원형을 찾아내는 게 중요합니다. 어른의 입장에서 재단된 이야기가 아니라 옛이야기 고유의 생명력을 잃지 않은 이야기, 〈해와 달이 된 오누이〉도 수많은 판본을 들춰 본 뒤에야 그 원형을 되짚을 수 있었습니다.

아프리카의 옛이야기 속에서 우리는 어떻게 이 세상에 '이야기'가 생겨났는지를 알 수 있습니다.[4] 거미인간 아난시가 하느님에게 이야기를 사고 싶어 하는데, 하느님인 니야메는 이야기 값으로 네 가지 조건을 제시합니다. 아난시는 아내인 아소의 지혜를 빌려 문제를 풀어 갑니다. 사람을 한입에 꿀꺽 삼키는 비단뱀 오니니, 무시무시한 이빨이 있는 표범 오세보, 몰려다니며 불처럼 왕침을 쏘는 말벌 음보로, 사람 눈에 안 보이는 요정 므모아티아를 잡아 하느님 앞에 데려가서 약속을 지킵니다.[5] 드디어 아난시는 이야기가 든 황금 상자를 갖고 땅으로 돌아오고, 아난시가 상자를 열자 모든 이야기들이 세상 구석구석까지 흩어졌습니다.

본래 '이야기'는 하늘, 즉 정신세계에 있던 것입니다. 정신세계의 것을 지상의 존재에게 불어넣고 정신세계와 지상 세계를 연결시켜

---

4) [안느 크리에프, 이 세상 첫 이야기와 거미 아난시 – 아프리카 옛이야기, 김주열 옮김, 샘터사, 2008] 참고.

5) 아난시는 맨 처음 야자나무 가지와 칡넝쿨을 잘라서 강가에 사는 비단뱀 오니니를 잡습니다. 두 번째로 정글에 가서 표범 오세보와 묶기 놀이를 해서 표범을 잡습니다. 세 번째로 바나나 나무 이파리와 물을 채운 호리병을 가지고 말벌 음보로에게로 가서, 바나나 이파리를 우산처럼 쓰고 호리병의 물을 음보로 집에 붓고는 비가 오니까 빨리 호리병 안으로 들어오라고 소리칩니다. 음보로가 호리병 안으로 들어가자 이내 병 뚜껑을 닫아 버립니다. 마지막으로 작은 나무 인형을 만들어서 인형에 끈적거리는 고무진을 바르고, 작은 대접에는 맛있는 얌 감자를 담아서 요정이 즐겨 춤을 추는 장소에 둡니다. 춤을 추다 배가 고파진 요정은 얌 감자를 먹고 나서 인형에게 고맙다고 인사를 하지만, 인형이 대답을 안 하자 화가 난 요정은 인형을 때려 주다가 손과 발이 인형의 고무진에 붙어서 결국 아난시에게 잡힙니다.

주는 것이 이야기입니다. 그래서 옛이야기를 듣는 시간은 신성하고 경외로운 시간입니다. 거미인간 아난시와 비단뱀 오니니, 표범 오세보, 달벌 믐보로, 요정 므모아티아는 정신과학적으로도 모두 상징하는 바가 큽니다. 비단뱀 오니니는 땅을 기어 다니며 길고 커다란 몸으로 살아 있는 것들을 한입에 꿀꺽 삼킬 수 있습니다. 모든 것을 돌질로 돌려보낼 수 있는 뱀은 유혹과 지혜의 상징이자, 죽음과 생명을 동시에 상징하며, 땅에 가장 가까운 존재입니다. 인간 구성체 중에서 물질체의 모습을 엿볼 수 있습니다. 표범 오세보는 범접할 수 없는 권위이자 힘입니다. 동물적 속성을 극복하고 영적인 특성을 가져올 수 있는 힘을 뜻합니다. 또한 날카로운 이빨은 꽉 무는 힘을 나타내는데 인간에게는 생명체가 해방되었을 때의 모습입니다. 아이들은 영구치가 나고 꽉 무는 힘이 생긴 뒤에야 비로소 학교에 가서 공부를 할 수 있습니다.

말벌 믐보로는 정확하고 날카롭고 번뜩이는 지혜 또는 영감입니다. 비단뱀 오니나나 표범 오세보와 달리 지상에서 좀 더 떨어져 있는 추상적 사고의 힘을 보여 줍니다. 벌이라는 특성 자체가 공동체 사회를 형성하고 벌집을 함께 짓는 모습을 지닙니다. 불처럼 쏘는 말벌은 사춘기 시기에 탄생하는 영혼체의 비유라고 볼 수 있습니다. 끝으로 요정 므모아티아는 춤을 추는 존재입니다. 춤이란 자유를 상징합니다. 자연, 사회 등 모든 구속에서 벗어날 수 있는 힘을 가진 므모아티아는 지상 세계 이면의 또 다른 존재, 그러니까 자아를 넘어서는 정신이라고 할 수 있습니다. 그렇다면 거미인간 아난시는 무엇을 상징하는 걸까요? 아난시는 이 모든 것을 제압할 수 있는 자아를 뜻합니다.

옛이야기는 마법과 같은 상징과 비유가 풍부하기 때문에 고정된 답이 있는 것이 아닙니다. 자유롭게 이야기를 해석할 수 있는 수많은 시선이 있을 수 있습니다. 마침 우리는 인지학의 시선으로 옛이야기를 이해하고 해석할 수 있는 것입니다. 물질체와 생명체, 영혼체와 자아, 그리고 정신이라는 인간의 구성체가 옛이야기 속에 어떻게 담겨 있는지 〈해와 달이 된 오누이〉를 통해서도 살펴볼 수 있습니다.

어머니는 어린 오누이와 젖먹이를 키우며 가난하게 살아갑니다. 아이들의 아버지는 보이지 않습니다. 사실 다른 판본의 이야기 중에는 간접적으로 아버지가 언급되기도 합니다. 집에 들어온 호랑이로부터 벗어나기 위해 똥을 누러 나가고 싶다고 오누이가 말할 때, 가령 이런 식입니다. "방에다 똥을 누었다가 아버지가 아시면 어쩌우." 여기서 아버지는 세상의 질서와 가치로서 정신적인 존재입니다. 아버지가 없다는 것은 정신적인 힘으로부터 떨어져 나왔음을 암시합니다. 그래서 가정은 찢어지게 가난하고 늘 위태롭기 짝이 없습니다. 어머니는 이런 상황 속에서 끊임없이 희생하며 반복적인 노동을 하고 있습니다. 어머니가 곧 오누이를 살아 있게 하는 생명체인 것입니다. 생명체의 헌신에 의해 오누이와 젖먹이는 안전한 집에 머물러 있습니다. 여기서 집은 몸, 즉 물질체를 뜻합니다.

인간의 발달단계에서 생명체는 7세경에 탄생하여 자유로워집니다. 몸 안의 온갖 기관을 발달시키는 임무를 마무리할 때 마지막은 몸에서 가장 단단한 부분인 치아입니다. 유치가 빠지고 영구치가 나오도록 하는 일을 끝내고 나면 생명체는 몸으로부터 자유로워져 자기의 힘을 영혼의 활동에 쏟아붓습니다. 이제 영혼체가 생명체의 도움을 받아 내적인 성장을 해야 하는 것입니다. 생명체는 아낌없이 자신을 내어 줍니다. 하지만 생명체의 생명력이 너무나 강력하면 영혼체는 그것에 억눌려서 성장할 수 없습니다. 이야기 속

어머니의 죽음과 호랑이의 방문을 그러한 시각으로 볼 수 있는 것입니다. 그러나 호랑이로 상징되는 영혼체는 욕구, 감정, 욕정, 충동 등을 가져오는 힘으로 어린 자아가 감당하기에는 벅찬 존재입니다.

조금 다른 측면에서 보자면, 우리가 어쩔 수 없이 자기 것을 내어놓아야 할 때 무엇부터 줄 수 있을까요? 아마 가지고 있는 재산부터일 것입니다. 아깝긴 하지만 돈이나 소유물과 같이 물질적인 것은 비교적 쉽게 내어 줄 수 있습니다. 그 다음에 또 무언가를 내어 줄 수밖에 없다면 그것은 피붙이나 수족일 것입니다. 구약성서에 나오는 욥에게도 그러한 순서로 재앙이 닥칩니다. 처음에는 재산을 잃고 다음에는 팔다리와 같은 피붙이를 잃고 끝으로 건강을 잃습니다. 이것은 죽음의 과정과도 같습니다. 마지막이 자기 목숨입니다. 〈해와 달이 된 오누이〉에서도 어머니는 제일 먼저 떡을 내어 주고 다음으로 저고리와 치마를 내어 주며, 팔과 다리를 모두 내어 준 뒤 목숨을 잃게 됩니다. 희생에도 순서가 있는 법입니다.

어머니를 잡아먹은 호랑이는 집에 들어가 젖먹이마저 잡아먹습니다. 젖먹이인 아기는 저 정신세계에서 이 지상으로 온 지 얼마 되지 않은 순수한 존재입니다. 그만큼 무력하고 취약한 존재이기도 합니다. 오누이는 호랑이의 걸걸한 목소리와 꺼끌꺼끌한 손을 접하고도 순진하게 믿었다가 젖먹이 동생이 잡아먹힌 뒤에야 정신을 차립니다. 오누이를 자아라 한다면[6] 호랑이는 영혼체입니다. 영혼체는 앞서 말한 것처럼 욕구, 욕정, 감정, 충동 등의 운반자입니다. 어떻게 보면 야만적인 짐승과 같은 것입니다. 영혼체에 사로잡힌 인간은 동

---

6) 영혼의 핵심 영역이라 할 수 있는 심혼의 두 측면인 지성혼과 감성혼을 오빠와 여동생이 나누어 갖고 있다고 볼 수도 있겠습니다.

물과 다르지 않습니다. 오히려 동물보다 못한 수준으로 떨어집니다. 영혼체에 휩쓸릴수록 사람은 충동적이고 감정의 변덕에 춤을 춥니다. 자아는 이러한 영혼체를 제압해야 합니다.

자아를 온전히 세움으로써 인간은 독립적이고 자유로운 존재가 될 수 있습니다. 하지만 자아는 항상 영혼체의 도전을 받거나 유혹에 시달립니다. 세상에서 벌어지는 수많은 죄악이 자아에 의해 제어되지 못한 탐욕과 분노와 어리석음 때문이라는 것을 우리는 잘 알고 있습니다. 지혜롭게 살피지 못하면 미혹에 빠지게 마련입니다. 그러나 오누이가 호랑이를 이겨 내기 위해 필요한 것은 지혜만이 아닙니다. 오히려 섣부르게 꾀를 내었다가는 곤경에 빠질 수 있습니다. 자아는 자기중심을 잘 세워야 하지만, 동시에 자기중심성에서 벗어나야 합니다. 나무 위로 올라온 호랑이를 피하기 위해 오누이가 한 최후의 일은 기도하는 것이었습니다. 자기를 완전히 내려놓고 절대적인 존재에게 자신을 맡기는 것, 자기중심주의에 빠져 있던 존재가 경외심을 회복하고 마음을 모으는 행위는 자아의 질적인 변화를 가져옵니다. 오누이는 믿음이라는 힘으로 동아줄을 타고 하늘로 올라간 것입니다.

하늘에 가서 해와 달이 되었다는 것도 생각할 거리를 많이 남깁니다. 왜 하필 해와 달일까요? 그 전까지는 해와 달이 없었다는 것일까요? 게다가 통속적인 상식과 달리 오빠가 달이 되고 누이가 해가 되었습니다. 본래는 오빠가 해가 되었지만 누이가 밤이 무섭다고 하도 투정을 부려 오빠가 바꿔 주었다는 판본도 있습니다. 그 판본에 따르면, 화가 난 오빠가 누이의 얼굴에 모래를 뿌려서 한낮에 해를 보면 눈에 모래를 뿌린 듯이 따가운 것이라고 합니다.

이야기의 내용을 기질적인 특성과도 연결시켜 볼 수 있습니다. 고개를 건너며 자기 것을 하나씩 호랑이에게 내어 주어야 하는 어머니의 이야기는 우울질의 특성에 가깝습니다. 반대로 호랑이는 담즙질적입니다. 호랑이는 자기가 원하는 걸 반드시 이뤄 내려고 하고 남들 위에 군림하려 합니다. 재치 있게 호랑이로부터 벗어나는 오누이의 모습에서는 다혈질을 엿볼 수 있습니다. 꾀를 내어 어리석은 호랑이를 속이고 골탕을 먹이는 모습은 전형적인 다혈질입니다. 동시에 젖먹이가 잡아먹히기 전까지 상황을 파악하지 못하는 오누이는 점액질의 모습을 보여 줍니다. 점액질은 의혹이 생겨나도 그대로 믿으려 하고 먹는 것에 관심이 많은 편입니다.

여기에서 인간이 고유하게 갖게 되는 기질이란 자유로운 성장에 장애가 되는 동시에 발달의 도구가 됩니다. 우리는 누구나 기질의 포로라고 할 수 있습니다. 서로 다른 기질 때문에 오해가 생기고 갈등이 벌어집니다. 하지만 그러한 어려움, 힘듦을 겪고 난 뒤에 사람은 자신이 누구인지 더욱 뚜렷하게 알 수 있습니다. 그리고 자기 안에 있는 기질을 계발할 수 있게 됩니다. 나아가 옛이야기는 감각 발달에서 어려움을 겪는 아이들의 문제 행동에도 치유적인 효과가 있습니다.[7] 인류의 비학적인 지혜가 듬뿍 담긴 옛이야기를 들으며 아이들은 세상이 무엇인지, 어떤 일들이 벌어지고 어떻게 대처해야 하는지, 그리고 나는 누구이고 무엇을 하기 위해 지상에 내려왔는지 깊은 의식 속에서 더듬어 나가게 될 것입니다.

---

7) [Susan Perrow, *Healing Stories for Challenging Behaviour*, Hawthorn Press, 2008] 참고.

## 마치며

    인지학에 따른 인간학의 핵심은 삼지성에 있습니다. 이는 천지인 삼재와 연관이 깊은데 하늘과 땅 사이의 인간은 '사이존재'입니다. 하늘의 속성과 땅의 속성을 모두 갖고 있으며 두 세계를 조화롭게 연결시켜 주는 존재가 인간입니다. 또 인간은 신체, 영혼, 정신으로 이루어집니다. 신체는 땅으로 상징되는 물질세계와 관련이 있고, 정신은 하늘로 상징되는 정신세계와 관계가 깊습니다. 영혼은 두 세계를 이어 줍니다. 세 지체는 서로 긴밀한 관계를 가지며 서로에게 직접적인 영향을 주어 변화하고 발달해 나갑니다. 지상의 삶이란 개인 고유의 카르마에 따른 정신적인 목적을 추구하는 데에 있는 것으로, 영혼과 신체는 정신의 소중한 도구라 할 수 있습니다.

    인간의 삼지체를 좀 더 자세히 들여다보면, 신체는 돌과 흙 같은 광물적 요소(물질체), 생기 있게 자라는 식물과 같은 요소(생명체), 감정과 욕구를 지닌 동물적 요소(영혼체) 등을 지닙니다. 인간은 여기에 자아라는 인간만의 고유한 요소를 갖추게 됩니다. 이때 자아는 정신으로 나아가야 합니다. 아직 정신적인 존재로 거듭나지 못한 인간에게 정신은 알 수 없는 신비입니다. 그러나 우리는 편견에 사로잡히지 않은 열린 사고와 자유로운 진리 감정을 통해 정신에 대해 알아 갈 수 있습니다.

영혼은 신체에 닿아 있는 감각혼과 정신에 닿아 있는 의식혼, 그리고 이성적이고 감성적인 지성혼이 있습니다. 영혼의 작용은 사고, 감정, 의지의 세 요소에 의해 이루어집니다. 영혼 안에서 사고와 의지라는 양극을 조화롭게 이어 주는 것은 감정입니다. 감정은 억제된 사고이자, 약화된 의지라고 할 수 있습니다. 거꾸로 보자면 사고는 표출된 감정이고, 의지는 강화된 감정입니다. 실제로 감정은 사고와 의지 사이에서 일어나는 중간자입니다. 이러한 감정생활을 풍부하게 하기 위해서는 어린 시절의 거룩한 존재에 대한 존경심과 자연에 대한 외경심, 그리고 반복적인 예술 활동이 도움이 된다고 슈타이너는 말합니다. 학령기인 7세부터 14세까지의 두 번째 시기는 특히 아이의 감정생활이 풍부하게 자라는 때입니다.

아이는 의지의 힘이 크게 자라는 첫 번째 시기를 지나 감정 영역이 자라는 두 번째 시기에 이르러서 자신의 삶을 살아가기 위해 세상을 배웁니다. 이때의 교육은 상상력을 자극하고 세상을 가슴으로 느낄 수 있도록 수업이 조직되어야 합니다. 지적인 사고 위주의 교육은 14세부터 21세까지인 세 번째 시기에 요구됩니다. 두 번째 시기를 충분히 누린 아이는 부모로부터 감정생활의 독립을 이뤄 내며, 본격적인 사고 활동을 할 수 있는 세 번째 발달단계에 진입합니다. 따라서 학령기의 아이에게 교육은 예술이 되어야 하고, 모든 교과 내용은 머리보다 가슴을 적시는 것이어야 합니다.

정신적인 측면에서 보자면 발달의 첫 시기에 있는 아이는 잠자는 의식 상태입니다. 두 번째 시기는 꿈꾸는 시기이며, 세 번째 시기에 이르러 비로소 아이의 의식은 완전히 깨어나기 시작합니다. 조기 교육은 충분히 잠을 자야 할 아이의 의식을 흔들어 깨우는 것입니다. 잠을 충분히 못 잔 아이는 예민하고 불안한 반응을 보여 줄 것이 분명합니다. 그것은 성장을 해서도 마찬가지입니다. 유아기 때부터 영어를 배우고 수와 셈을 하도록 강요받았던 아이는 의지의 힘이 약화되어 신체 기관이 건강하게 형성될 수 없습니다. 인간에 대해 올바르게 이해한다면 많은 교육적 문제에 대해 우리는 건강하게 합의할 수 있을 것입니다. 아이는 꿈을 꿀 나이에 마음껏 꿈을 꾸면 되는 것이고, 의식이 깨이는 시기에는 풍부한 상상력을 통해 배운 것들을 다시금 사고를 통해 과학적으로 탐구해 가야 할 것입니다.

되어 가는 존재인 인간에게 성장을 위해 필요로 하는 것들을 채워 주는 것이 바로 교육이라고 발도르프 교육학은 주장합니다. 이는 인간에 대한 올바른 인식을 바탕으로 교육이 이뤄져야 하며, 교사는 발달단계별로 요구되는 것을 명확히 알아야 함을 뜻합니다. 인간의 내부에서 교육이 시작되는 것입니다. 발도르프 교육학 전체를 관통하는 것은 인간의 '자기 인식'과 예술로서의 교육입니다. 물질세계와 정신세계 사이에 있는 인간을 위한 교육은 인간 교육이어야 하고, 신체와 정신 사이에서 두 지체를 조화롭게 연결해 주는 영혼이 핵심이므로 영혼 교육이어야 하며, 감정생활이 밑바탕이 되어야 하므로 예술 교육으로 이어지는 것입니다. 슈타이너는 그래서 '교육예술Erziehungskunst'이라는 용어를 창안해 내었습니다. 교육은 곧 교육예술인 것입니다.

| 루돌프 슈타이너 저서의 국내 번역 도서 |

초감각적 세계 인식, 양억관·타키하시 이와오 옮김, 물병자리, 1999
색채의 본질, 양억관·타키하시 이와오 옮김, 물병자리, 2000
신지학, 양억관·타키하시 이와오 옮김, 물병자리, 2001
교육은 치료다, 김성숙 옮김, 물병자리, 2001
교육의 기초로서의 일반인간학, 김성숙 옮김, 물병자리, 2002
고차 세계의 인식으로 가는 길, 김경식 옮김, 밝은누리, 2003
오이리트미 예술, 김성숙 옮김, 물병자리, 2003
자연과 사람을 되살리는 길, 변종인 옮김, 정농회, 2005
교육예술1 - 수업방법론과 교수법, 김성숙 옮김, 물병자리, 2005
발도르프 학교와 그 정신, 최혜경 옮김, 밝은누리, 2006
루돌프 슈타이너의 영혼달력, 이호경 옮김, 섬돌, 2006
인간에 대한 보편적인 앎, 최혜경 옮김, 밝은누리, 2007
자유의 철학, 최혜경 옮김, 밝은누리, 2007
정신과학에서 바라본 아동교육, 이정희 옮김, 섬돌, 2008
발도르프 특수 교육학 강의, 최혜경 옮김, 밝은누리, 2008
루돌프 슈타이너의 기독교적 세계관, 김민재 외 옮김, 인간사랑, 2009
인지학이란 무엇인가?, 조준영 옮김, 섬돌, 2009
루돌프 슈타이너의 기도와 명상, 오창진 외 옮김, 인간사랑, 2009
발도르프 교육 방법론적 고찰, 최혜경 옮김, 밝은누리, 2009
사고의 실용적인 형성, 최혜경 옮김, 밝은누리, 2010
사회문제의 핵심, 최혜경 옮김, 밝은누리, 2010
엄마와 아이들을 위한 기도, 조준영 옮김, 섬돌, 2011
세미나 논의와 교과 강의, 최혜경 옮김, 밝은누리, 2011
인간과 인류의 정신적 인도, 최혜경 옮김, 밝은누리, 2012
젊은이여, 앎을 삶이 되도록 일깨우라, 최혜경 옮김, 밝은누리, 2013
인지학 영혼달력, 이정희 옮김, 행동하는정신, 2014
부차수련, 이정희 옮김, 행동하는 정신, 2015

| 참고 자료 |

강남대학교 인문과학연구소, **발도르프 교육의 이론과 실제**, 1996

강상희, 발도르프 교육을 둘러싼 독일 교육학계의 논란, **한독교육학연구**, 제7권 제
1호, 2002

_____, 발도르프 교육학의 기초인지학 연구, 연세대학교 박사학위논문, 2003

강진원, **알기 쉬운 역의 원리**, 정신세계사, 2003

게하르트 베르, **영혼의 스승들**, 최호영 옮김, 뜰, 2008

고야스 미치코, **슈타이너 학교의 감성교육**, 임영희 옮김, 밝은누리, 1997

_____, **슈타이너 학교의 참교육 이야기**, 임영희·이연현 옮김, 밝은누리, 2003

고야스 미치코·아게마스 유우지, **슈타이너 학교의 예술로서의 교육**, 김수정 옮김, 밝
은누리, 2003

귄터 렐브뤼거, **인식의 상처와 치유**, 현욱 옮김, 서광사, 2012

김명호, **자연, 사람 그리고 한의학**, 역사비평사, 1995

_____, **한글을 만든 원리**, 학고재, 2005

김민하 외, **지금, 여기의 극우주의**, 자음과모음, 2014

김선자, **김선자의 이야기 중국 신화 – 상**, 웅진지식하우스, 2011

김성민, **해와 달이 된 오누이**, 사계절, 2009

김수업, **우리말은 서럽다**, 나라말, 2009

김연홍, 괴테의 자연개념, **독일문학**, 제81집, 2002

김정임, **발도르프 유아교육에 대한 이해**, 학지사, 2006

김현경, **창의적인 아이로 키우는 발도르프 음악교육**, 물병자리, 2013

_____, **12감각을 깨워야 내 아이가 행복하다**, 물병자리, 2015

대니얼 네틀, **성격의 탄생**, 김상우 옮김, 와이즈북, 2009

데이비드 커시·메릴린 베이츠, **나의 모습 나의 얼굴**, 김정택 외 옮김, 한국심리검사연
구소, 1993

디트리히 에스테를, **발도르프 학교에서 인지학이란 무엇인가?**, 이정희 옮김, 섬돌,
2010

라히마 볼드윈 댄시, **당신은 당신 아이의 첫 번째 선생님입니다**, 강도은 옮김, 정인출
판사, 2002

로이 윌킨슨, **루돌프 슈타이너의 교육론**, 고려대 교육사·철학연구회 옮김, 내일을여
　　는책, 1997

루돌프 쿠츨리, **포르멘 I : 자아를 찾아가는 선그림 12단계**, 변종인 옮김, 해오름,
　　2004

류영모, **다석 마지막 강의**, 교양인, 2010

리처드 니스벳, **생각의 지도**, 최인철 옮김, 김영사, 2004

마그리트 위네만·프리츠 바이트만, **발도르프학교의 미술수업**, 하주현 옮김, 푸른씨
　　앗, 2015

마리 루이제 콤파니·페터 랑 엮음, **발도르프 유아교육**, 이정희 외 옮김, 행동하는정
　　신, 2013

마리엘레 자이츠·우르슐라 할바흐, **몬테소리 교육학과 발도르프 교육학**, 이명환·곽
　　노의 옮김, 밝은누리, 2001

마셜 로젠버그, **비폭력대화**, 캐서린 한 옮김, 한국NVC센터, 2011

마이클 럭스포드, **도움이 필요한 아이들**, 조종상 옮김, 知와사랑, 2012

마틴 라지, **TV의 무서운 진실**, 하주현 옮김, 황금부엉이, 2012

막스 셸러, **우주에서 인간의 위치**, 이을상 옮김, 지식을만드는지식, 2012

모니카 골드, **상상력과 인지학**, 정홍섭 옮김, 푸른씨앗, 2012

바바라 J. 패터슨·파멜라 브래들리, **무지개 다리 너머**, 강도은 옮김, 물병자리, 2007

박영호, **다석 류영모가 본 예수와 기독교**, 두레, 2006

발도르프 교육 전문지 **거듭나기**, 창간호, 슈타이너교육예술연구소. 2009 : 47.

베티 스탤리, **형식과 자유 사이**, 과천자유학교출판국 옮김, 과천자유학교출판국,
　　2009

벤자민 체리, **청계자유발도르프학교 외부 초청강사 강연록 – 벤자민 체리**, 2010

볼프강 아우어, **감각을 깨우다**, 윤선영 옮김, 창지사, 2013

사이먼 베드내렉, 정신의학에 대한 도입 강연, **정신의학, 자기 자신의 운명에 따른
　　치유**, 2012

석문도문, **석문사상**, 석문출판사, 2010

수잔 하워드, 하위 감각에 어려움이 있는 아이들을 어떻게 도와줄 것인가, **2013
　　AWTC 자료집**, 2010

아르투르 쇼펜하우어, **의지와 표상으로서의 세계**, 홍성광 옮김, 을유문화사, 2015

안느 크리에프, **이 세상 첫 이야기와 거미 아난시 – 아프리카 옛이야기**, 김주열 옮
　　김, 샘터사, 2008

알베르트 수스만, **영혼을 깨우는 12감각**, 서영숙 옮김, 섬돌, 2007

어드리 맥알렌, **발도르프 도움 수업**, 김광선·임신자 옮김, 슈타이너교육예술연구소,

2009

에르하르트 달, **어떻게 외국어를 배우는가**, 이정희·한우근 옮김, 아르케, 2004

에른스트 페터 피셔, **과학한다는 것**, 김재영 외 옮김, 반니, 2015

에바 메스-크리스텔러, **인지학 예술치료**, 정정순·정여주 옮김, 학지사, 2004

오토 프리드리히 볼노브, **교육의 인간학**, 오인탁·정혜영 옮김, 문음사, 1999

요하네스 키르쉬, **발도르프 교육학**, 이정희·김정임 옮김, 아르케, 2004

요헨 부스만·힐데가르트 부스만, **우리 아이는 발도르프 학교에 다녀요!**, 최경은 옮김, 밝은누리, 2001

위잉스, **동양적 가치의 재발견**, 김병환 옮김, 동아시아, 2007

윤석빈, 훈민정음의 제자원리와 사이존재로서의 인간, **동서철학연구**, 제61호, 한국 동서철학회, 2011

이규호, **사람됨의 뜻**, 좋은날, 2000

이기상, **다석과 함께 여는 우리말 철학**, 지식산업사, 2003

이정도, **인지과학 개론**, 성균관대학교출판부, 2006

전창선, 어윤형, **오행은 뭘까?**, 세기, 1994

정영근, **인간과 교육의 이해**, 문음사, 1995

정영수, **인간교육의 탐구**, 동문사, 1995

정윤경, **루돌프 슈타이너의 인지학과 발도르프 학교**, 내일을 여는 책, 2000

_____, **발도르프 교육학**, 학지사, 2004

정재도, **우리말의 신비 'ㄹ'**, 지식산업사, 2005

정혜영, **교육인간학**, 학지사, 2005

_____, 발도르프 학교 교육의 사상적·이론적 기초, **교육학연구**, 제35권, 1997 : 5-6

제니나 파파스, **청계자유발도르프학교 외부 초청강사 강연록 – 제니나**, 2010

존 앨먼, 창조적 사고를 위한 교육 : 발도르프적 접근, 토린 M. 핀서, **8년간의 교실여행**, 과천자유학교출판국 옮김, 과천자유학교출판국, 2005

최숙연, 슈타이너의 12감각론과 교육, **발도르프 교육연구**, 제3권 제2호, 2011

최창렬, **어원의 오솔길**, 한국학술정보, 2002

카린 노이슈츠, **놀잇감으로 길러주는 상상의 날개**, 전경원 옮김, 한울림, 2002

칼 쾨니히, **치료교육과 R. 슈타이너의 감각론**, 정정순 옮김, 특수교육, 2003

크레용하우스(JAPAN) 편집부 엮음, **우리집은 발도르프 유치원**, 고향옥 옮김, 청어람미디어, 2010

크리스토프 린덴베르크, **두려움 없이 배우고 자신 있게 행동하기**, 이나현 옮김, 밝은누리, 2000

크리스토퍼 클라우더·마틴 로슨, **아이들이 꿈꾸는 학교**, 박정화 옮김, 양철북, 2006

클라이브 브롬홀, **영원한 어린아이, 인간**, 김승욱 옮김, 작가정신, 2004

토린 M. 핀서, **8년간의 교실여행**, 과천자유학교출판국 옮김, 과천자유학교출판국, 2005

페터 뢰벨 엮음, **발도르프 학교교육**, 이정희 외 옮김, 행동하는정신, 2013

프란스 칼그렌·아르네 클링보르그, **자유를 향한 교육**, 사단법인 한국슈타이너교육협회 옮김, 섬돌, 2008

프레야 야프케, **우리 함께 놀자!**, 윤선영 옮김, 창지사, 2008

플로렌스 리타우어, **기질 플러스**, 정숙희·박태용 옮김, 에스라서원, 2006

한국 철학사상연구회 편, **철학대사전**, 동녘, 1989

한동석, **우주 변화의 원리**, 대원출판, 2001

한스 게르하르트 비네켄, **청계자유발도르프학교 외부 초청강사 강연록 − 비네켄**, 2010

한스 쇼이얼, **교육학의 거장들 2**, 정영근 외 옮김, 한길사, 2004

한스 요하임 젠녹, **한국발도르프학교교사연합 연수강연집 제1~3회**, 2011

호리우치 세츠코, **0세에서 7세까지의 슈타이너 교육**, 강란혜·이선옥·최순자 옮김, 창지사, 2004

EBS 아이의 사생활 제작팀, **아이의 사생활**, 지식채널, 2009

F. 코플스턴, **중세철학사**, 박영도 옮김, 서광사 : 2003

R. B. 훼릴, **독일어 동의어 사전**, 조영수 옮김, 세기문화사, 2000

SBS 스페셜 제작팀, **자연주의 출산 보고서 : 1%의 선택, 행복한 출산의 권리**, 마더북스, 2013


Betty Staley, *Soul Weaving: How to Shape Your Destiny and Inspire Your Dreams*, Hawthorne Press, 2000

E. A. Karl Stockmeyer, *Rudolf Steiner's Curriculum for Steiner-Waldorf Schools*, translated by Roland Everett-Zade, Floris Books, 2015

Kevin Avison·Martyn Rawson, *The Tasks and Content of the Steiner Waldorf Curriculum*, Floris Books, 2014

Martyn Rawson·Kevin Avison, *Towards Creative Teaching*, Floris Books, 2013

Michael Newton, *Savage Girls and Wild Boys: A History of Feral Children*, Picador USA, 2000

Rene Querido, Role of Temperaments in the Life of a Child, *Creativity in Education the Waldorf Approach*, Rudolf Steiner College Press, 1995

Rudolf steiner, *The Mysteries of the Rose-Cross and Other Essays*, translated by George Adams, Temple Lodge Press, 1989

Rudolf Steiner, *Wahrspruchworte*, Rudolf Steiner Verlag, 1998

Rudolf Steiner, *An Outline of Occult Science*, translated by George and Mary
    Adams, Rudolf Steiner Press, 2011

Rudolf Steiner, *Mein Lebensgang : Eine Nicht Vollendete Autobiographie*,
    Hofenberg, 2013

Susan Perrow, *Healing Stories for Challenging Behaviour*, Hawthorn Press,
    2008

人智學研究的工具, **正式的人智學詞彙表**, 2011

교육공동체 벗

교육공동체 벗은 협동조합을 모델로 하는 작은 지식공동체입니다.
협동조합은 공통의 목적을 가진 사람들이 모여서 만든
권력과 자본으로부터 독립된 경제조직입니다.
교육공동체 벗의 모든 사업은 조합원들이 내는 출자금과 조합비로 운영됩니다.
수익을 목적으로 하지 않기에 이윤을 좇기보다
조합원들의 삶과 성장에 필요한 일들과
교육운동에 보탬이 될 수 있는 사업들을 먼저 생각합니다.
정론직필의 교육전문지, 시류에 휩쓸리지 않는 정직한 책들,
함께 배우고 나누며 성장하는 배움 공간 등
우리 교육 현실에 필요한 것들을 우리 힘으로 만들고 함께 나누고 있습니다.


조합원 참여 안내

출자금(1구좌 일반 : 2만 원, 터잡기 : 50만 원)을 낸 후 조합비(월 1만 5천 원 이상)를 약정해
주시면 됩니다. 조합원으로 참여하시면 교육공동체 벗에서 내는 격월간 교육전문지《오늘의
교육》과 온라인으로 조합 소식을 받아 보실 수 있습니다. 출자금은 종잣돈으로 가입할 때 한
번만 내시면 됩니다. 조합을 탈퇴하거나 조합 해산 시 정관에 따라 반환합니다. 터잡기 조합
원은 벗의 터전을 함께 다지는 데 의미와 보람을 두며 권리와 의무에서 일반 조합원과 차이
는 없습니다. 아래 홈페이지나 카페에서 조합 가입 신청서를 내려받아 작성하신 후 메일이나
팩스로 보내 주세요.

홈페이지 communebut.com
카페 cafe.daum.net/communebut
이메일 communebut@hanmail.net
전화 02-332-0712
팩스 0505-115-0712

# 교육공동체 벗을 만드는 사람들

※하파타순

후쿠시마 미노리, 황지영, 황정일, 황이경, 황윤호성, 황영수, 황선호, 황봉희, 황규선, 황고운, 홍정인, 홍승희, 홍순성, 홍성근, 홍성구, 홍서연, 현복실, 허창수, 허윤영, 허영주, 허성실, 허성균, 허보영, 허광영, 함점순, 함영기, 한학범, 한채민, 한진, 한지혜, 한은옥 한송희, 한성찬, 한석주, 한민호a, 한민호b, 한민혁, 한만중, 한낱, 한길수, 한경희, 하주현, 하정호, 하정필, 하인호, 하승우, 하승수, 하순배, 편경희, 탁동철, 최회성, 최현미, 최한나, 최진규, 최주연, 최정승, 최정아, 최은희, 최은정, 최은숙, 최은경 최원미, 최유리, 최원혜, 최우성, 최영식, 최연희, 최연정, 최승훈, 최승복, 최선자, 최선경, 최봉선, 최보람, 최병우, 최미영, 최류미, 최대현, 최광용, 최경미, 최경련, 채효정, 채종민, 채윤, 채민정, 차종숙, 차용훈, 진현, 진주형, 진응용, 진영준, 진냥, 기정순, 지수연, 주예진, 주순영, 조회정, 조혜originally, 조현민, 조향미, 조해수, 조진희, 조지연, 조정희, 조윤성, 조원희, 조원배, 즈용진, 조영현, 조영실, 조영herein, 조여은, 조여정, 조성희, 조성배, 조성현, 조석현, 조석영, 조남규, 조금종, 조경애, 즈경아, 조경삼, 조경미, 제남모, 정희영, 정홍은, 정현숙, 정혜레나, 정한경, 정춘수, 정진영a, 정진영b, 정진규, 정주리, 정중헌, 정종민, 정재학, 정이든, 정은희, 정은주, 정은균, 정유진, 정유숙, 정유섭, 정원탁, 정원석, 정용주, 정예현, 정예슬, 정애순 정소정, 정보라, 정민석, 정미숙a, 정미숙b, 정명옥, 정명영, 정득년, 정대수, 정남주, 정광호, 정광필, 정광일, 정관모, 정경완, 전혜원, 전지훈, 전정희, 전유미, 전세란, 전보애, 전민기, 전미영, 전명훈, 전난희, 장주연, 장인하, 장은정, 장윤영, 장원영, 장시준, 장상욱, 장병호, 장병학, 장병순, 장근영, 장군, 장경훈, 임혜정, 임향신, 임한철, 임하진, 임하영, 임지영, 임중혁, 딤종길, 임정은, 임전수, 임수호, 임수노아, 임성빈, 임선영, 임상진, 임동헌, 임덕연, 임경환, 이희옥, 이희연, 이효진, 이호진, 이혜정, 이혜영, 이혜린, 이현, 이혁규, 이향숙, 이한진, 이하영, 이태영, 이태경, 이치형, 이충근, 이진희, 이진혜, 이진주, 이지욱, 이지혜, 이지향, 이지완, 이지영, 이지연, 이중석, 이주희, 이주영, 우정, 우수경, 오중근, 오정오, 오재룡, 오은정, 오은경, 오유진, 오세희, 오명환, 오석, 엽정신, 여희영, 여태조, 엄창호, 엄재홍, 엄기호, 엄기호, 양현애, 양해준, 양지선, 양은주, 양은숙, 양유경, 양애정, 양선아, 양서영, 양상진, 양근라, 안효빈, 안찬원, 안지윤, 안준철, 안정선, 안옥수, 안영신, 안영빈, 안순억, 안미령, 심주호, 심은보, 심우향, 심숭희, 심수환, 심동우, 심나은, 심경일, 신충일, 신창호, 신장복, 신준휘, 신종식, 신은정, 신유준, 신소희, 신성연, 신선웅, 신미정, 신미옥, 송호경, 송혜란, 송한별, 송인혜, 송승로, 송아미, 송승훈a, 송승훈b, 송수연, 송송이, 송명숙, 송경화, 손현아, 손진근, 손지훈, 손은경, 손승연, 손민정, 손미숭, 소수영, 성현석, 성열관, 정보란, 설원민, 선미라, 석옥자, 석미화, 석경은, 서지연, 서정오, 서인선, 서은지, 서예원, 서명숙, 서금숭, 서강선, 상형규, 변현숙, 변나은, 백호영, 백현희, 백승범, 배회철, 배주영, 배정현, 배이상헌, 배영진, 배아영, 배성연, 배경내, 방득일, 방정over, 박회진, 박회영, 박효정, 박혜숙, 박혜명, 박혜미, 박춘애, 박철호, 박진희, 박진환, 박증미, 박진교, 박지희, 박지홍, 박지원, 박종구, 박정회, 박정미, 박재선, 박재란, 박은하, 박은아, 박은경, 박옥주, 박옥균, 박영실, 박영란, 박연지, 박신자, 박수진, 박수경, 박세일, 박성규, 박선영, 박상현, 박복희, 박복선, 박보애, 박미희, 박미옥, 박명진, 박명숙, 박동혁, 박도정, 박대성, 박노해, 박나실, 박기용, 박고형준, 박경화, 박경은, 박건오, 민병성, 문호진, 문용석, 문명주, 문연심, 문수현, 문수영, 문수희, 문경원, 문경희, 모은정, 맹수용, 마승희, 류창모, 류정희, 류재형, 류우종, 류명숙, 류대현, 류기정, 류경원, 도정철, 데와 타카유키, 노한나, 노영현, 노경미, 남효숙, 남정민, 남은정, 남윤희, 남원호, 남예린, 남미자, 남궁영, 나여훈, 나규환, 김회옥, 김홍규, 김훈태, 김효미, 김홍주, 김홍규, 김홍겸, 김혜영, 김혜림, 김혜민, 김현희, 김현주a, 김현주b, 김현영, 김현영, 김현실, 김헌태, 김헌웅, 김해경, 김필임, 김태훈, 김태원, 김찬, 김진희, 김진주, 김진숙, 김진, 김지혜, 김지원, 김지연, 김지환, 김지민, 김증미, 김준연, z주영, 김종현, 김종진, 김종원, 김종욱, 김종성, 김종선, 김정homes, 김정삼, 김재황, 김재현, 김재일, 김재민, 김임곤, 김이은, z은파, 김은아, 김은식, 김은숙, 김은수, 김윤주a, 김윤주b, 김윤자, 김윤우, 김원예, 김원석, 김우영, 김용휘, 김용양, 김요한, 김영회, 김영진, 김영주, 김영재, 김영삼, 김영미, 김영모, 김연정a, 김연정b, 김연미, 김아현, 김순천, 김수현, 김수진b, 김수정, 김수연, 김수경, 김소희, 김소혜, 김소영, 김세호, 김세원, 김성탁, 김성숙, 김성보, 김선희, 김선철, 김선우, 김선디, 김선구, 김석규, 김서화, 김서영, 김상희, 김상정, 김상규, 김봉석, 김보현, 김보경, 김병희, 김병훈, 김병기, 김범주, 김민회, 김민섭, 김민선, 김민곤, 김민결, 김미향, 김미진, 김미선, 김문숙, 김명회, 김명섭, 김동현, 김동일, 김동원, 김도석, 김다회ε, 김다회b, 김다영, 김남철, 김나혜, 김기훈, 김기언, 김규태, 김규빛, 김광백, 김광민, 김고종호, 김게림, 김경일, 김가연, 길지현, 기세라, 금현진, 금현옥, 금명순, 권혜영, 권혁천, 권혁이, 권혁기, 권태효, 권자영, 권유나, 권서희, 권미지, 국찬석, 구자숙, 구원회, 구완회, 구수연, 구본회, 구미숙, 광훈, 곽혜영, 곽현주, 곽진경, 곽노련, 곽노근, 공현, 공진하, 공영아, 고춘식, 고진선, 고은경, 고윤정, 고영주, 고영실, 고병헌, 고병연, 고민경, 고미아, 강화정, 강혜빈, 강현주, 강현정, 강하나, 강태식, 강준희, 강인성, 강이진, 강은영, 강윤진, 강유미, 강영일, 강영구, 강순원, 강수돌, 강성규, 강석도, 강서형, 강경모

※ 2026년 1월 22일 기준 763명